AI 领导力

AI LEADERSHIP

刘言午　著

未来领导者的关键能力与核心竞争力

中国科学技术出版社
·北　京·

图书在版编目（CIP）数据

AI 领导力 / 刘言午著 . -- 北京 : 中国科学技术出版社 , 2024. 11.（2025.6 重印）-- ISBN 978-7-5236-1081-7

Ⅰ . C933-39

中国国家版本馆 CIP 数据核字第 2024AH7100 号

策划编辑	李清云	责任编辑	胡天焰
封面设计	创研设	版式设计	蚂蚁设计
责任校对	焦　宁	责任印制	李晓霖

出　　版	中国科学技术出版社
发　　行	中国科学技术出版社有限公司
地　　址	北京市海淀区中关村南大街 16 号
邮　　编	100081
发行电话	010-62173865
传　　真	010-62173081
网　　址	http://www.cspbooks.com.cn

开　　本	880mm × 1230mm　1/32
字　　数	242 千字
印　　张	11.125
版　　次	2024 年 11 月第 1 版
印　　次	2025 年 6 月第 3 次印刷
印　　刷	北京盛通印刷股份有限公司
书　　号	ISBN 978-7-5236-1081-7/C · 270
定　　价	69.00 元

推荐语

本书详细介绍了 AI 战略框架和转型路线图，为企业在 AI 时代制定长远战略提供了宝贵的指导。通过实际案例的分析，帮助领导者更好地规划未来。同时,《AI 领导力》也是一个启点，引导更多领导者、管理者，参与到 AI 科技的大浪潮中，引发更多人共鸣、思考、更深入探索。

——**王璞** 北大纵横管理集团创始人、北大纵横管理咨询公司董事长、北京大学光华管理学院第一届 MBA、国务院授予全国劳动模范

《AI 领导力》融汇了作者近 15 年的管理经验和思考。在本书中，作者探讨了 AI 在各行业中的颠覆性影响，为高校与企业合作提供了创新思路。本书是连接理论与实践的桥梁，适合每位希望在 AI 领域推动合作的教育者和研究者。《AI 领导力》也为高校“新工科”教育的发展提供了很好的教材和课程体系。

——**田立勤** 工学博士、清华大学计算机方向博士后、国务院政府特殊津贴、中国应急管理大学计算机学院院长、河北省物联网工程中心主任

在《AI 领导力》这本书中，作者将中国传统哲学的智慧

与现代科技完美结合，通过道、法、术、器四个层面，为领导者提供了全面提升综合能力的路径。书中的理念如春风化雨，将科技与艺术、科技与哲学巧妙融通，开启了新的思维方式。期待这本书能引发更多读者的共鸣，带来更多的思考与启发，共同迈向“善用 AI，人人受益”的美好未来。

——**张有鱼** 北京大学人工智能博士、斯坦福创新创业导师、中国 AIGC 产业联盟副秘书长

《AI 领导力》帮助读者全面了解 AI 的核心概念和应用场景，提升在 AI 时代的认知水平。它为理解和应用 AI 提供了全面的知识基础。通过 AI 领导力飞轮和转型路线图，本书为组织在 AI 时代的持续发展提供了系统的方法。它帮助组织在快速变化的环境中保持竞争力。

——**陈柏珲** 博士，亚洲数字经济科学院院长

《AI 领导力》作为一把开启变革宝藏的钥匙，激发领导者拥抱变革的无畏勇气和超凡智慧。在风起云涌的崭新技术浪潮面前，作者精心呈上创新的思维模型和切实可行的实践方法。透过一个个鲜活真实的商业案例，您会惊喜地发现 AI 宛如一颗神奇的魔法石，强力催化着变革的进程。本书为希望在不确定性中引领团队的管理者提供可靠的指南。相信这本书将帮助您在变革中找到新的增长机遇。

——**蒋骏** 中智旅投资有限公司董事长、国家智慧旅游公共服务平台高级顾问、中国智慧旅游产业联盟秘书长、北京外国语大学国际商学院研究生产业导师

在当前纷繁复杂的竞争格局下，每个企业都在求新求变，拥抱变革，将新的技术转化为企业增长的动力和稳定行驶的航舵。AI 的发展引领技术浪潮，将新一轮科技变革渗透到各行各业。《AI 领导力》在技术与管理的交汇点上，为未来的领导者提供了独特的科学的视角。作者深入探讨 AI 如何在组织中引领变革，为管理者和计划的实施者提供了更多元的视角和高效的协同工具。通过详细的案例分析，本书揭示了如何更好地为企业服务，AI 在提高组织效率和创新能力方面的潜力。此书是每位希望在新时代保持竞争力的教育者和管理者的必备读物。

——**别林波**　积云教育创始人兼董事长

AI 时代的到来，带来企业管理的创新和变革，会遍布在世界的各个角落。《AI 领导力》通过系统化的方法论，深入剖析 AI 技术与领导力的结合，是引领技术创新、变革的必读之书。它为企业和个人在数字化转型中提供了不可或缺的指导。

——**陈磊**　精诚帮 & 京机私董会创始人、正和岛海邻北京运营中心负责人

作为亚太数字经济学会 AI 领导力课程的指定培训教材，《AI 领导力》得到了业界专家和学者的高度认可和推荐。为教育培训机构制定 AI 时代的领导力课程提供了丰富的素材和案例。它是教育工作者的重要参考资料。

——**刘金录**　教授，亚太数字经济学会 APGDE 理事

《AI 领导力》一书深入剖析了人工智能时代领导者的新角色和关键能力，为读者提供了一套全面的 AI 战略框架和实践方法。书中不仅点出了 AI 与领导力的结合路径，更指明了在新的时代领导者如何有效驾驭人工智能，引领个人能力与组织效能实现质的飞跃。

——**杜雨** 博士，未可知人工智能研究院院长

随着 AI 技术的迅猛发展，领导力的内涵也在不断演变。作者精准地捕捉到了这一趋势，提出了创新的管理理念。在《AI 领导力》这本书中，深入探讨了人工智能在现代管理中的变革力量。作为一名工学博士后，我深知技术与管理的融合将如何重塑行业格局。这本书为新时代的领导者提供了宝贵的思路和指导。

——**王喜文** 工学博士，博士后，高级工程师，华夏工联网智能技术研究院院长，九三学社中央科技委委员，高端产业研究领域知名专家

推荐序一

随着人工智能（AI）技术的迅猛发展，我们正处于一个前所未有的时代变革之中。在这个变革的浪潮中，领导力作为组织成功的关键因素之一，正面临着前所未有的挑战与机遇。作为一名长期致力于技术创新管理与科技政策研究的学者，我深感AI在现代管理和创新中的重要性。《AI领导力》一书的问世，无疑为我们提供了一个深入理解AI对领导力变革影响的宝贵机会。

AI时代领导力的新挑战——AI技术的广泛应用正在深刻改变着我们的工作和生活方式，同时也对领导力提出了新的要求。传统的领导力模式往往侧重于人的管理，但在AI时代，我们不仅需要关注人的管理，还需要关注如何与AI技术协同工作，实现人机共融的领导力。这要求领导者不仅要具备深厚的技术背景，还需要具备创新思维和跨界融合的能力。本书作者提出的AI领导力发展的阶段，从传统领导力到领导人才+AI（人机共融）的能力，再到中级领导AI自动化管理，最后到“全AI领导力”时代：领导具身智能，充分描绘了AI领导力的发展过程及未来愿景。

技术创新管理是我多年来关注的核心领域之一。在AI时代，技术创新的节奏和复杂性加速演变，传统的管理模式面临前所未有的挑战。AI不仅是技术本身的革新，更是管理思维和组织模式的深刻变革。AI领导力的核心在于如何利用AI技术推动组织创新，提高决策效率，优化资源配置，最终实现企业的可持续发展。

在AI技术迅猛发展的背景下，政府和相关机构同样需要制定科学合理的政策框架，以引导和规范AI技术的应用与发展。《AI领导力》一书不仅关注企业内部的管理变革，也探讨了外部政策环境对AI应用的影响，分别对国家、企业、学术和科研机构的人工智能战略做了对比和分析。

在世界局势不断变化，科技飞速发展的今天，政府应加强对 AI 技术研究与开发的支持，推动基础研究和前沿技术的突破。同时，需要制定和完善相关法律法规，确保 AI 技术应用的合规性与安全性。此外，政府还应推动 AI 教育与培训，培养适应 AI 时代的高素质人才，本书也倡议《AI 领导力》成为高校“新商科 X 新工科”建设的必修课以及 AI 时代下领导者的数字化素养模型。

在创业管理领域，AI 领导力同样具有重要意义。对于创业者而言，AI 不仅是一个强大的工具，更是一个重要的战略资源。如何利用 AI 技术提升创业企业的竞争力，是创业管理的重要课题。本书中专门有一个章节 AI+ 创新，介绍了人工智能赋能创新的挑战、好处、应用及未来，可以帮助创业者、企业家在组织内部引领 AI+ 创新提供有效的落地指导。

《AI 领导力》一书的出版，正值 AI 技术蓬勃发展的关键时期。AI 不仅是技术本身的革新，更是管理思维和组织模式的深刻变革。希望通过本书的阅读，广大管理者和创业者能够深入理解 AI 技术，掌握 AI 领导力的核心要义，推动企业和社会的创新发展。

陈劲
清华大学经济管理学院苹果公司讲席教授
清华大学技术创新研究中心主任
中国技术经济学会技术管理专业委员会理事长
《清华管理评论》执行主编

推荐序二

在数字化浪潮席卷全球的今天，人工智能不再是遥不可及的科幻概念，而是深刻改变着我们的生活方式、工作模式乃至整个社会的运行逻辑。作为长期深耕于信息化、网络经济领域的研究者与实践者，我深感 AI 技术的崛起，不仅是对技术边界的拓展，更是对人类领导力的一次全面考验与重塑。《AI 领导力》一书的问世，恰逢其时地为我们提供了审视这一变革的独特视角，它不仅是对 AI 技术应用的深入探讨，更是对未来领导者如何在智能时代引领变革、驾驭复杂性的深刻洞察。

AI 领导力与新质生产力——在数字化转型的浪潮中，人工智能正以前所未有的速度和深度改变着各个行业的面貌。作为一种颠覆性技术，AI 不仅提升了生产力的效率和质量，也催生了新的生产力形式。

AI 领导力与新质生产力之间存在着密切的互动关系。AI 领导力推动了新质生产力的发展，而新质生产力的发展反过来促进了 AI 领导力的提升。

作者在书中定义 AI 领导力的两层概念：AI for Leader 和 AI for Everyone，能体现出 AI 在现代管理、生活中的重要角色和价值。在技术层面，AI 领导力主要体现在推动 AI 技术的研发和应用，提升生产力的智能化水平。在管理层面，AI 领导力主要体现在利用数据驱动的决策和智能化的管理工具，优化资源配置和提升运营效率。在社会层面，AI 领导力主要体现在推动 AI 技术的普及和应用，提升社会整体的生产力水平。

AI 领导力与新质生产力的关系，是现代科技与管理变革的一个重要课题。在相互关联、相互影响的过程中，AI 领导力发挥着关键作用，通过推动技术创新、优化管理模式和促进社会进步，引领新质生产力的发展。

AI 领导力：智慧与勇气的并重——《AI 领导力》对 AI 时代的领导力进行了全面而深入的剖析。书中不仅阐述了 AI 技术的基本原理、发展趋势及其对经济社会的影响，更重要的是，本书提出了“AI 领导力”这一全新概念，并详细探讨了如何在智能时代培养、提升和应用这一领导力。

在我看来，AI 领导力是智慧与勇气的并重。智慧，体现在对 AI 技术的深刻理解和对未来趋势的精准把握上。领导者需要不断学习新知识、新技能，紧跟时代步伐，确保自己的决策能够顺应时代发展潮流。同时，他们还需要具备跨学科、跨领域的综合素养，能够在复杂多变的环境中做出科学、合理的判断。

而勇气，则体现在面对变革时的果敢与担当上。AI 技术的广泛应用，必然会对传统行业、传统模式造成冲击，甚至引发一系列未知的风险和挑战。在这个过程中，领导者需要勇于担当、敢于创新，敢于打破常规、突破束缚，以更加开放的心态和更加灵活的策略，引领组织在变革中寻找新的发展机遇。

《AI 领导力》一书的出版，为我们深入理解 AI 技术与领导力的结合提供了重要的理论框架和实践指导。作为一名资深研究学者，我深知 AI 技术对现代社会和经济的重要性。AI 不仅是技术本身的革新，更是管理思维和组织模式的深刻变革。

希望通过本书的阅读，广大读者尤其是管理者能够全面理解 AI 领导力的内涵和应用，推动个人和组织在 AI 时代的可持续发展，实现更加美好的未来。

姜奇平
中国社科院信息化研究中心原主任、信息化与网络经济室原主任
中国科学院《互联网周刊》主编
信息社会 50 人论坛理事
中国信息化百人会成员

作者序

在21世纪的今天，人工智能（Artificial Intelligence，AI）已经从一个遥不可及的科技概念，变成了我们日常生活和工作中不可或缺的一部分。它正在以惊人的速度改变着我们的世界，重塑着商业生态，引领着新一轮的工业革命。而在这个变革的时代里，AI领导力，对那些能够深刻理解AI，善于运用AI，并能引领团队和组织在AI时代取得成功的领导者，显得尤为重要。

本书旨在探索AI领导力的核心要素和实践方法，帮助广大领导者在AI时代把握机遇，应对挑战，实现组织和个人的持续发展。我们深入剖析了AI领导力的内涵，包括战略思维、创新能力、数据驱动、团队协作等多个方面，并结合丰富的案例和实践经验，为读者提供了切实可行的指导。

AI领导力不仅是关于技术的掌握和运用，更是一种全新的思维方式和领导哲学。它要求领导者具备前瞻性的视野，能够洞察AI技术的发展趋势，预见其对商业生态的深远影响；它要求领导者拥有开放的心态，敢于尝试新的方法和思路，勇于挑战传统的模式和规则；它要求领导者具备卓越的团队协作能力，能够激发团队的创造力和执行力，共同应对AI时代的复杂挑战。

本书在撰写过程中得到了众多业界专家和学者的帮助，他们的意见和建议使得本书的内容更加丰富和深入。同时，也感谢那些勇于尝试、敢于创新的领导者们，正是他们的实践经验和成功案例，为本书提供了启示和借鉴。

AI 领导力是一个不断发展的领域，新的理论和方法不断涌现。我们期待更多的领导者能够加入到这个探索的行列中来，共同推动 AI 领导力的发展和应用。

更多有关 AI 领导力发展的资讯、学习资料等，请登录我们的学习网站（www.aileadership.cn）。我们也建立了社群，邀请更多领导者参与到 AI 领导力的发展壮大中。

如何阅读本书

全书分为六个模块（见图 00-1），每个模块都有特定的主题和目标。以下是逐步阅读和理解本书的指南。

模块一：反思模块（第 1 章）

主要介绍 AI 领导力的基本概念，包括类型、内涵和模型。对 AI 技术进行了深入浅出的介绍，帮助读者了解什么是 AI 及其运作方式。探讨了成为 AI 领导者所需的数字素养。提供了 AI 领导力路线图，帮助领导者规划和实施 AI 战略。

阅读目标

认知提升：了解 AI 领导力的基本框架和构成要素。

自我反思：评估自身在 AI 领导力方面的不足，并制订改

图 00-1 《AI 领导力》六大模块

进计划。

模块二：分析模块（第 2 章）

分析 AI 如何赋能领导力。包括生成式 AI 如何改变商业和社会，AI 对领导力的影响，以及领导力的演进。

阅读目标

深度理解：分析 AI 对领导力的具体影响和变化。
战略思维：思考如何在组织中应用 AI 以提升领导力。

模块三：转型模块（第 3 章）

探讨制定 AI 战略和提升 AI 领导力的具体方法。包括 AI 战略的制定和实施路径，以及企业生成式 AI 实施指南。

阅读目标

转型策略：学会将传统领导力转型为 AI 领导力。
应用实践：了解实际应用中的 AI 领导力策略和方法。

模块四：练达模块（第 4 章）

讨论如何训练和提升 AI 领导力。涉及 AI 领导力能力飞轮的概念，以及认知升级和 AI 领导力的培养与发展。

阅读目标

能力提升：掌握提升 AI 领导力的具体方法和工具。

实际操作：学习具体的 AI 领导力实践方法。

模块五：行动模块（第 5 章）

介绍 AI 在各种场景下的应用。包括 AI+ 行业、AI+ 项目管理、AI+ 创新、AI+ 组织文化等内容。

阅读目标

创新应用：了解 AI 在不同场景下的创新应用和价值。

工具应用：掌握使用 AI 工具提升领导力的技巧。

模块六：创新模块（第 6 章）

探讨 AI 领导力的未来展望。包括现代商业中的首席人工智能官（Chief Artificial Intelligence Officer，CAIO）角色、具身智能，以及 AI 时代的领导哲学。

阅读目标

未来展望：思考 AI 领导力的未来发展和个人领导哲学的构建。

领导哲学：构建个人的 AI 领导哲学，为组织的可持续发展提供支持。

对应的领导者管理范围变化

管理自我：模块一（反思模块）

管理组织：模块二（分析模块）

管理情景：模块三（转型模块）

管理关系：模块四（练达模块）

管理变革：模块五（行动模块）

管理未来：模块六（创新模块）

通过系统地阅读和实践这些模块内容，领导者可以全面提升自身的 AI 领导力，适应并引领 AI 时代的组织变革。

AI 领导力的核心价值观：善用 AI，人人受益！

本书重点介绍 AI 领导力的“道”和“法”的内容，即提供思想、认知的提升，以及方法论的引导和阐述。作者积累了近 20 年的行业经验，有很多的思想及方法论的提炼。有助于领导者、管理者建立自己的知识体系、管理体系、领导哲学等。

希望本书能够成为广大领导者在 AI 时代的指南和伙伴，陪伴你们一起迎接挑战、抓住机遇，共同开创一个更加美好的未来。

愿每一位读者都能在 AI 领导力的道路上不断成长和进步，成为引领未来商业生态的智慧领导者。

最后，感恩我的家人，特别是爱人和女儿，在我撰写本书过程中给予的最大支持，我爱你们！

目　录

CONTENTS

绪　论　从数字经济到 AI 经济：一场生产力的革命　001

第 1 章　自我反思：AI 领导力　007

什么是 AI 领导力?　009

从领导人才到领导“AI+ 人才”的转变　009
宏观视角下的 AI 领导力　012
AI 领导力的类型　015
AI 领导力的内涵　018
通用 AI 领导力模型　022

深入浅出人工智能　031

什么是人工智能?　031
如何衡量人工智能是否像人类一样行事?　032
人工智能如何运作?　034
人工智能的目的是什么?　036
AI、机器学习和深度学习之间有什么关系?　038
什么是生成式人工智能?　038
生成式人工智能如何发挥作用?　040

将生成式人工智能融入你的组织 041

成为 AI 领导者的数字素养 044

数字素养对 AI 领导者的重要性 044
定义数字素养及其相关概念 045
AI 领导者的数字素养框架 046

AI 领导力路线图 047

AI 领导力的发展阶段 047
什么是 AI 领导力路线图? 050
AI 领导力路线图的核心要素 051

第 2 章 人工智能赋能领导力 053

生成式人工智能如何改变商业和社会 055

生产力巨变：黄金时代还是就业危机? 056
工作转型：重塑职业结构，重塑人才需求 057
消费者革命：个性化体验，情感连接 059
风险与机遇：构建安全可靠的人工智能生态 060
未来展望：共生共荣，创造人类与 AI 的新未来 061

领导力的演进：从领导力提升到 AI 领导力 063

领导力在现代社会的重要性 063
传统领导力与 AI 领导力 065
企业中各领导角色的 AI 领导力应用及价值 066

从 AI 管理学到 AI 领导力 068

从 AI 管理学到 AI 领导力 068
AI 管理学与 AI 领导力的融合与应用 070
AI 领导力会成为高校新商科与新工科建设的必修课 071

AI 领导力的道、法、术、器 073

道、法、术、器哲学 073
AI 领导力的道、法、术、器 074

第 3 章 制定人工智能战略 087

什么是人工智能战略? 089

国家级人工智能战略 089
企业级人工智能战略 091
学术和科研机构的人工智能战略 092

人工智能战略及落地路径 093

什么是企业 AI 战略? 093
企业 AI 战略的误区和挑战 094
制定 AI 战略 21 问 099

AI 战略框架（方法论） 102

谁来制定 AI 战略? 102
AI 战略框架概述 104
AI 战略框架实战 106
AI 战略框架核对清单 114

企业生成式 AI 实施指南 117

企业生成式 AI（大语言模型）实施四步法 118
构建和部署 AI 应用程序：最佳实践 129
AI 项目管理的道德考量与合规性 132
优化生成式 AI 项目管理流程 134

企业 AI 成熟度评估模型 136

高德纳 AI 成熟度评估模型 137
IBM AI 成熟度评估模型 141
企业 AI 成熟度模型的对比分析 146

AI 转型战略 148

什么是 AI 转型？ 148
数字化转型与 AI 转型 149
以人为本的 AI 转型战略 152
成功 AI 转型的五个步骤 158

第 4 章 训练与提升 AI 领导力 167

AI 如何让我们成为更好的领导者？ 169

AI 提升人类最优秀的品质 169
AI 智能增强，赋能领导力 170
新领导者三大核心特质 172
成为 AI 领导者 173

AI 领导力能力飞轮 176

AI 领导力能力飞轮价值 180
AI 领导力能力飞轮应用场景 181

认知升级 183

AI 思维：像机器一样思考？ 183
数据 + 人工智能 + 场景 = 价值 187
AI 边界：AI 无法取代的四项领导能力 191

AI 领导力的培养与发展 202

个人 AI 领导力升级路径 202
企业 AI 领导力的培养策略 204
如何评估 AI 领导力（AI 领导力评估模型）？ 207

自动化：AI+RPA 211

什么是自动化？ 212
什么是后台自动化？ 213
后台自动化的优势 214
后台自动化技术的类型 216
智能自动化的未来：AI + RPA 218

AI 生产力工具实战 222

如何与 AI 沟通？ 222
提示词工程 223
提示词框架 225
提示词原则 230

高级提示工程技术 232

第 5 章 AI 领导力场景应用 237

AI+ 行业：主要行业人工智能应用价值与场景分析 239

AI+ 工业制造 239
AI+ 零售 244
AI+ 金融 248
AI+ 数字政府 251
AI+ 企业营销服务 254
AI+ 办公协同 256
AI+ 企业研发 259
AI+ 企业安全 260

AI+ 项目管理：人工智能赋能项目管理 262

AI+ 项目管理的需求日益增长 262
生成式 AI 在项目管理中的核心价值 263
在项目管理中实施生成式人工智能的优势 269
拥抱 AI 在项目管理中的变革性未来 270

AI+ 创新：人工智能驱动创新 272

什么是人工智能驱动的创新? 273
人工智能可以创造新发明吗? 274
人工智能如何应用于创新? 275
人工智能驱动创新的好处 278
人工智能驱动创新的未来 280

AI+ 组织文化：人工智能增强组织文化 282

人工智能对企业文化的影响 283
将人工智能作为文化变革的推动者 284
建立负责任且合乎道德的人工智能文化 285
培育持续学习和适应的文化 287
AI+ 组织文化的三条建议 288

AI Agent（人工智能体）+ 企业：AI 智能体企业实战 290

AI 智能体（AI Agent） 290
人类与 AI 协同的三种模式 291
AI Agent 能做什么? 294
AI Agent 企业生产场景策略 295
AI Agent 在企业生产场景的运用效果 302
AI Agent 的未来 305

第 6 章 AI 领导力未来展望 309

现代商业中的 CAIO 角色 311

CAIO 的职责 311
CAIO 对组织的影响 313
CAIO 与 CDO 有何不同? 314
如何成为优秀的 CAIO? AI 领导力! 315

具身智能：人工智能的未来 317

什么是具身智能? 318
大语言模型——更强大的“大脑” 320

多模态——多功能的“小脑” 321
具身智能——精准决策和执行的“躯干” 321
未来的挑战 322

AI 领导力构建 AI 时代的领导哲学 324

什么是领导哲学? 325
AI 时代的领导力挑战 326
构建个人 AI 领导哲学的步骤 327

结　语 330

绪　论

从数字经济到 AI 经济：一场生产力的革命

随着科技的飞速发展，数字经济已成为推动全球经济增长的重要引擎。而在数字经济浪潮中，人工智能正逐渐崭露头角，引领着一场全新的生产力革命。

数字经济是以数字化知识和信息为关键生产要素，以现代信息网络为重要载体，通过有效使用数字技术的经济活动。它改变了传统经济的生产方式和商业模式，为经济增长注入了新的活力。然而，随着大数据、云计算、物联网等技术的不断发展，人工智能逐渐成为数字经济中的核心驱动力，推动着经济形态向更高层次演进。数字经济与 AI 经济的对比见表 0-1。

数字经济：主要依赖于数字计算技术，包括互联网、移动设备和云计算等。其核心是数据的生成、分析和使用。

主要特点

高效性：通过自动化和信息化，极大地提高了生产效率。

互联性：互联网连接世界各地，使得信息和服务能够快速传递。

创新性：新型商业模式层出不穷，如电商、共享经济等。

影响领域举例

商业领域：电商平台如亚马逊和阿里巴巴彻底改变了零售行业。

金融领域：区块链技术和电子支付改变了传统金融交易方式。

社会生活：社交媒体和在线视频平台丰富了人们的休闲娱乐方式。

AI 经济：以人工智能技术为基础，包括机器学习、自然语言处理和机器人技术等。这些技术通过模仿和增强人类智能来完成复杂任务。

主要特点

智能化：系统能够自主学习和适应，提高决策和操作的准确性。

自动化：从简单的重复性任务到复杂的决策过程，均可实现高度自动化。

个性化：通过大数据分析，可以提供高度定制化的产品和服务。

影响领域举例

制造业：智能工厂和工业机器人显著提升了生产效率和精度。

医疗健康：AI 辅助诊断和个性化医疗方案改善了患者的治疗效果。

交通运输：无人驾驶和智能交通系统大幅提高了道路安全性和运输效率。

表 0-1 数字经济与 AI 经济

对比维度	数字经济	AI 经济
定义	基于数字技术（如互联网、大数据、云计算等）推动的经济活动。	通过人工智能技术驱动的经济活动。
核心技术	互联网、大数据、云计算、区块链等。	机器学习、深度学习、自然语言处理、计算机视觉等。
应用领域	电商、金融科技、在线教育、数字营销等。	自动驾驶、智能医疗、智能制造、个性化推荐等。
数据需求	需要大量的结构化和非结构化数据。	需要高质量的标注数据用于模型训练。
增长潜力	持续增长，已经渗透到各行各业。	处于快速发展阶段，有巨大的潜力但也面临不少挑战。
主要优势	提高效率、降低成本、扩大市场范围。	供更高效、更智能的解决方案，提高决策准确性。
挑战与问题	数据隐私、安全问题、网络安全威胁。	技术伦理问题、数据偏见、透明性和解释性的问题。
政策支持	大多数国家积极推进数字基础设施建设。	不同国家政策支持力度不同，聚焦在 AI 创新和监管平衡。

AI 经济的未来发展趋势

展望未来，AI 经济将继续保持快速发展的势头。一方面，随着技术的不断进步，AI 将在更多领域发挥作用，推动经济的数字化转型。另一方面，政策环境将不断优化，为 AI 经济的发展提供有力保障。同时，我们也需要关注 AI 经济发展中的挑战和风险，如数据安全、隐私保护、伦理道德等问题，并积极寻求解决方案。

AI 经济将引领一场生产力的革命。传统生产力理论过于侧重要素投入，而 AI 经济则强调通过技术突破和创新配置来实现生产力的全面跃升。AI 技术能够模拟人类的认知过程，实现智能化决策和行动，从而在生产、服务等领域发挥巨大作用，推动全要素生产率的大幅提升。

AI 经济将促进全球经济的平衡发展。当前，全球经济发展存在不平衡、不充分的问题。AI 技术的普及和应用可以降低生产成本、提高效率，使得发展中国家有机会在某些领域实现跨越式发展，缩小与发达国家的差距。同时，AI 技术还可以促进跨国合作，推动全球经济实现更加均衡的发展。

AI 经济与新质生产力

随着科技的飞速进步，AI 经济已逐渐成为全球经济的重要驱动力。AI 技术的应用和普及，不仅催生了众多新兴产业，还推动了传统产业的转型升级。在这一过程中，新质生产力应运而生，成为推动经济社会发展的重要力量。

新质生产力，以科技创新为主导，摆脱了传统经济增长方式和生产力发展路径的束缚。它具备高科技、高效能、高质量等特征，符合新发展理念，代表着先进生产力的发展方向。新质生产力的出现，使得生产过程中的资源配置更加优化，生产效率大幅提高，从而推动了经济的快速增长。

在 AI 经济的推动下，新质生产力的发展更加迅速。AI 技术能够实现对海量数据的处理和分析，为决策提供更加精准的依据。同时，AI 技术还可以优化生产流程，提高生产效率，降低生产成本。因此，AI 经济与新质生产力具有天然的契合性，两者相互促进，共同推动经济社会的发展。

新质生产力与 AI 领导力

新质生产力的发展，不仅需要科技创新的推动，还需要具备前瞻性思维、创新能力和战略决策能力的领导者来引领。这些领导者，我们称之为 AI 时代的领导者；他们展现出的领导特征，我们称之为 AI 领导力。

AI 领导力体现在对 AI 技术的深刻理解和有效应用上。领导者需要把握 AI 技术的发展趋势，了解其在各个领域的应用前景，并能够将 AI 技术与企业的发展战略相结合，推动企业实现数字化转型和智能化升级。

AI 领导力还体现在对团队的创新引导和激励上。领导者需要鼓励团队成员积极学习 AI 知识，掌握 AI 技能，并能够将 AI 技术应用于实际工作中，解决实际问题。同时，领导者还需要为团队成员创造一个开放、包容、创新的工作环境，让团队成员能够敢于尝试、敢于创新。

AI 领导力还包括对伦理和价值的关注。在 AI 技术的应用过程中，领导者需要关注其可能带来的伦理问题和社会影响，确保技术的应用符合社会价值观和法律法规的要求。同时，领导者还需要通过 AI 技术的应用，为企业创造更多的社会价值和经济价值，实现企业的可持续发展。

AI 经济、新质生产力和 AI 领导力三者之间密切相关。AI 经济的发展推动了新质生产力的产生和发展，而新质生产力的发展又需要具备 AI 领导力的领导者来引领和推动。因此，在未来的经济社会发展中，我们需要更加注重培养具备 AI 领导力的领导者，以推动新质生产力的发展，进而推动整个社会的进步和发展。

CHAPTER 1

「第 1 章」

自我反思：AI 领导力

Self-Reflection: AI Leadership

反思模块

REFLECTION MOUDLE

CERTIFIED

AI领导力

AI LEADERSHIP

什么是 AI 领导力?

在当今快速发展的数字化时代，AI 技术已经成为企业发展和创新的核心驱动力。然而，如何有效地领导和管理 AI 技术和人才结合，成了摆在企业领导者面前的重要课题。因此，AI 领导力应运而生，成为当今企业领导者必须掌握的核心能力之一。

在企业管理层面，AI 领导力就是指企业领导者在领导和管理AI技术和人才，以及AI与人才相结合方面所具备的能力。这种能力不仅仅是传统的领导力，更是涵盖了对 AI 技术的理解、应用和创新的能力。

从领导人才到领导“AI+ 人才”的转变

在传统企业中，领导力往往聚焦于对人的管理和引导，通过激发员工的潜能、协调资源、制定战略等手段，推动企业向前发展。然而，随着 AI 技术的迅速发展和普及，领导力的内涵和外延也在发生深刻的变化。如今，领导者不仅需要具备传统的管理和决策能力，更需要具备领导“AI+ 人才”的能力，即能够理解和运用 AI 技术，将其与企业战略、团队建设和决策优化相结合，从而推动企业的数字化转型和智能化升级。

认知升级：从传统领导力到 AI 领导力的转变过程

要实现从领导人才到领导“AI+ 人才”的转变，首先需要进行认知升级。领导者需要深入了解人工智能技术的发展趋势和应用场景，认识到其在提高企业效率、降低成本、优化决策等方面的巨大潜力。同时，他们还需要转变对人才的看法，从单纯依赖人的经验和智慧，到重视人与机器的结合，实现人才与技术的互补和协同。

团队建设：打造跨学科的 AI 团队，实现人才互补与协同

在领导“AI+ 人才”的过程中，团队建设是至关重要的一环。一个优秀的 AI 团队应该具备跨学科的知识背景和技能，包括计算机科学、数据科学、机器学习、业务分析等领域。通过搭建这样一个多元化的团队，可以实现不同领域知识的融合和互补，从而更好地应对复杂多变的业务场景和挑战。

在团队建设过程中，领导者还需要注重团队成员之间的协同和沟通。他们需要为团队创造一个开放、包容、创新的氛围，鼓励成员之间积极交流、分享经验、共同探讨问题。同时，他们还需要建立有效的沟通机制和协作平台，确保团队成员能够实时了解项目进展、共享资源和信息，从而提高团队的执行力和创新能力。

沟通协作：提高团队成员间的沟通能力，确保信息畅通无阻

在 AI 团队中，沟通协作能力是至关重要的。由于团队成员来自不同的学科背景和专业领域，他们之间的思维方式和表达方式可能存在较大的差异。因此，领导者需要注重提高团队成员间的沟通能力，帮助他们跨越学科壁垒，实现信息的有效传递和共享。

为了实现这一目标，领导者可以定期组织团队会议、研讨会等活动，为成员提供交流和学习的平台。同时，他们还可以鼓励团队成员参加外部培训和交流活动，拓宽视野、增强能力。此外，建立明确的沟通规范和流程也是非常重要的，这有助于确保团队成员在沟通时能够遵循统一的规则和标准，减少误解和冲突。

决策优化：利用 AI 技术辅助决策，提高决策效率与准确性

在领导“AI+ 人才”的过程中，利用 AI 技术辅助决策是提升决策效率和准确性的重要手段。通过引入机器学习、数据挖掘等先进技术，领导者可以对海量数据进行深度分析和挖掘，发现隐藏在数据背后的规律和趋势，从而为决策提供有力的支持。

AI 技术还可以帮助领导者对不同的决策方案进行模拟和预测，评估其潜在的风险和收益，帮助领导者更加全面地了解

各种方案的优缺点，从而做出更加明智的决策。

利用 AI 技术进行决策还可以实现决策的自动化和智能化。通过训练机器学习模型，领导者可以让模型自动完成一些烦琐的数据处理和分析工作，从而节省时间和精力。同时，模型还可以根据实时数据自动调整决策策略，确保决策始终保持在最佳状态。

综上所述，从领导人才到领导“AI+ 人才”的转变，建立 AI 领导力是一个复杂而必要的过程。通过认知升级、团队建设、沟通协作和决策优化等方面的努力，领导者可以更好地适应数字化时代的挑战和机遇，推动企业实现持续的创新和发展。

宏观视角下的 AI 领导力

在国家层面，AI 领导力主要体现为政府制定和执行 AI 发展战略的能力。这包括对 AI 技术的深刻理解和把握，能够预见并应对技术变革带来的挑战和机遇。同时，国家层面的 AI 领导力还体现在推动 AI 技术的创新应用，以及制定相关政策和法规，为 AI 技术的健康发展提供有力保障。

尽管许多政府已经认识到了 AI 技术的重要性，并开始着手制定 AI 发展战略，但在实施过程中却面临着诸多挑战。例如，如何确保 AI 技术的公平性和透明度，避免技术滥用和侵犯个人隐私等问题，都是需要深入研究和解决的问题。此外，由于 AI 技术的快速发展和变革，政府需要不断更新和完善相关政策，以适应新的技术环境和市场需求。

在企业层面，AI 领导力则强调企业领导者在推动 AI 技术应用和创新方面的能力。这包括制定并实施 AI 战略，推动企业数字化转型，以及培养具有 AI 技能的人才队伍。企业领导者需要敏锐洞察市场趋势，把握 AI 技术的发展方向，并将其转化为企业的竞争优势。

企业层面主要挑战体现在技术应用和人才培养方面。许多企业虽然对 AI 技术抱有浓厚兴趣，但在实际应用过程中却往往面临着技术难题和人才短缺的问题。此外，由于 AI 技术的复杂性和不确定性，企业在制定 AI 战略时也需要充分考虑技术风险和市场变化，以确保战略的有效性和可持续性。同时，企业领导者还需要关注 AI 技术的伦理和社会影响，确保技术的应用符合社会价值观和法律法规。

在个人层面，AI 领导力则表现为个人在掌握和应用 AI 技术方面的能力和素质。这包括具备 AI 技术的相关知识和技能，能够熟练运用 AI 工具进行数据分析、预测和决策等任务。同时，个人还需要具备创新思维和解决问题的能力，能够运用 AI 技术解决实际问题并推动创新。主要挑战体现在技能提升和适应变化方面。随着 AI 技术的不断发展和普及，个人需要不断更新自己的知识和技能，以适应新的技术环境和市场需求。同时，个人还需要具备创新思维和解决问题的能力，以应对 AI 技术带来的新挑战和新机遇。此外，个人还需要具备团队协作和沟通的能力，能够与团队成员共同推进 AI 项目的实施和落地。

AI 领导力在不同层面都有着重要的价值和意义。国家需要具备前瞻性的 AI 战略规划和政策制定能力，企业需要具备创新性的 AI 技术应用和人才培养能力，个人则需要具备扎实的 AI 技术基础和创新能力。这些能力的综合发展将推动 AI 技术的广泛应用和深入发展，为经济社会的可持续发展提供有力支撑（见表 1–1）。

表 1–1　AI 领导力在不同层面的体现

层面	说明	价值	意义	挑战	限制
国家	政策制定、战略规划、资源整合等方面，以促进国家整体 AI 技术的发展和应用。	提升国家竞争力，推动经济增长，改善民生福祉。	有助于实现国家现代化、创新驱动和可持续发展。	需要解决政策制定、数据安全和隐私保护等问题。	技术发展可能带来就业结构变化、社会公平等挑战。
企业	领导者运用 AI 技术优化业务流程、创新产品和服务，提升企业竞争力。	提高生产效率，降低成本，创造新的增长点。	促进企业转型升级，实现可持续发展。	需要解决数据收集、模型训练、技术更新等问题。	技术门槛较高，需要专业人才支持。
个人	具备 AI 技能和思维，能够利用 AI 技术提升个人能力和职业发展。	提高工作效率，拓展职业领域，实现个人价值。	培养个人创新能力和适应未来社会的能力。	需要不断学习新技能，适应技术更新换代。	技术应用可能带来隐私泄露、道德伦理等问题。

本书重点讨论 AI 领导力对企业的价值及应用。作为具备 AI 的企业领导者，必须深入了解 AI 技术的基本原理和应用场景。只有掌握了这些基础知识，才能更好地指导团队进行 AI 技术的研发和应用。同时，还需要不断关注 AI 技术的最新进展和发展趋势，以便及时调整战略和业务模式，保持企业的竞争优势。

AI 领导者需要懂得如何管理和激励 AI 人才。与传统的人才管理不同，AI 人才更加注重自由、创新和挑战。因此，AI 领导者需要为团队创造一个开放、包容、富有创新精神的工作环境，激发团队成员的创造力和潜力。同时，还需要建立有效的激励机制，让团队成员有足够的动力去追求卓越和创新。

AI 技术是一个跨学科的领域，需要融合多个领域的知识和技能。因此，AI 领导者需要具备开放的思维方式和跨界合作的能力，与不同领域的专家进行深度交流和合作，共同推动人工智能技术的发展和应用。

AI 领导力是一个综合性的能力，需要企业领导者具备深厚的技术功底、卓越的管理能力和开放的创新思维。只有掌握了这些能力，才能更好地领导和管理人工智能技术和人才，推动企业的快速发展和创新。

AI 领导力的类型

站在以人为本的视角，我们深入剖析并定义了 AI 领导力，将其细化为两个主要分支。

- 大众普遍认知：针对领导者的 AI 领导力。
- 深层理解剖析：针对任何人的 AI 领导力。

针对领导者的 AI 领导力（AI for Leader）

在这一分支中，我们探讨的是领导者如何利用 AI 技术和工具来提升自身的领导力水平。例如，领导者可以借助 AI 进行数据分析和预测，从而更准确地把握市场趋势和业务发展方向；同时，AI 还可以辅助领导者进行决策，减少决策过程中的主观性和不确定性，提高决策的质量和效率。

领导者的 AI 素养

要有效利用 AI 技术，领导者需要具备一定的 AI 素养。这包括对 AI 技术的基本理解、数据分析能力以及对 AI 伦理和隐私问题的敏感度。

学习和理解 AI 技术

领导者需要不断学习和理解 AI 技术的基本原理和应用场景。通过参加培训、阅读专业书籍和参与行业交流，领导者可以保持对 AI 技术的前沿认知，及时应用最新的技术成果。

培养数据思维

数据是 AI 的基础，领导者需要具备数据思维，能够从数据中提取有价值的信息，并将其应用于决策和管理中。学习基础的数据分析和统计知识，掌握数据可视化工具，可以帮助领导者更好地理解和利用数据。

AI 伦理和隐私保护

在应用 AI 技术的过程中，领导者必须高度重视 AI 伦理和隐私保护问题。建立严格的数据管理和隐私保护机制，确保在数据使用过程中的合法性和合规性，是领导者的责任。

针对任何人的 AI 领导力（AI for Everyone）

在这个分支中，我们关注的是如何将 AI 领导力的理念和方法普及到更广泛的人群中，让每个人都能从中受益。通过将 AI

技术应用于日常工作和生活中，员工可以提高工作效率、增强创新能力，并实现个人和职业的发展。这包括培养员工的 AI 意识，提升他们的 AI 技能，以及构建一个适应 AI 时代的组织文化。

AI 技术的普及教育

要实现针对任何人的 AI 领导力，需要对全体员工进行 AI 技术的普及教育。通过系统的培训和学习资源，使员工掌握基本的 AI 知识和技能，从而能够在工作中有效应用 AI 技术。

AI 基础知识培训

通过在线课程、企业内部培训和沙龙等形式，向员工普及 AI 的基础知识和应用场景。内容可以包括 AI 的基本原理、机器学习算法、数据分析方法等，使员工对 AI 有一个全面的了解。这种基础知识的普及能够帮助员工在日常工作中更好地理解和应用 AI 技术。

实践应用培训

除了理论知识，更重要的是实践应用。通过实际项目和案例分析，帮助员工理解如何在具体工作中应用 AI 技术。提供工具和平台，使员工能够亲身体验和操作 AI 技术，加深对其应用的理解和掌握。例如，企业可以组织 AI 黑客马拉松或创新实验室，让员工在实际项目中应用和实验 AI 技术，提升他们的实践能力。

持续学习和发展

AI 技术不断发展，员工的学习和发展也需要持续不断。企业应提供持续的学习资源和发展机会，如定期的培训课程、在线学习平台和专业发展项目，帮助员工不断更新知识和技能，跟上技术发展的步伐。

AI 领导力的核心在于以人为本，无论是针对领导者还是全体员工，**AI 技术都应被视为赋能工具**，而不是单纯的技术手段。通过这两个分支，企业可以全面提升领导力和整体效能，实现持续创新和发展（见表 1–2）。

表 1–2　针对领导者的 AI 领导力与针对任何人的 AI 领导力对比

领导力类型	针对领导者的 AI 领导力	针对任何人的 AI 领导力
定义与特点	专注于领导者如何利用 AI 技术来优化团队管理和决策制定。	强调任何人都可以学习和应用 AI 领导力，以提升个人工作效率和团队协作能力。
核心能力	数据分析与洞察、AI 技术应用、团队协作与沟通、战略规划与决策。	AI 基础知识、创新思维、跨学科合作、自动化与效率提升。
应用场景	企业战略制定、项目管理、团队激励与沟通、风险控制。	个人职业规划、工作效率提升、跨部门合作、问题解决与创新。
发展趋势	智能化决策、数据驱动的领导风格、跨领域合作、持续学习与进化。	AI 技能普及化、个性化学习与成长、团队协作智能化、跨界创新。

随着 AI 技术的不断发展，其应用场景和潜力也会不断拓展。未来，AI 领导力将不仅限于当前的应用领域，还会在更多方面发挥作用。领导者和员工应保持开放的心态，积极拥抱变化，持续学习和适应新技术，以应对未来的挑战和机遇。

AI 领导力的内涵

在当今的数字化转型浪潮中，AI 不仅改变了业务运营模式，也对领导力提出了新的要求。为了在 AI 时代中脱颖而出，领导者必须具备特定的能力和意识。

不论是针对领导者的 AI 领导力，还是针对每个人的 AI 领导力，核心底层逻辑都是一致的，其内涵表现为**“三力两意识”：技术洞察力、变革管理力、跨界合作力，学习精神和创新意识、道德伦理意识**（见图 1–1）。

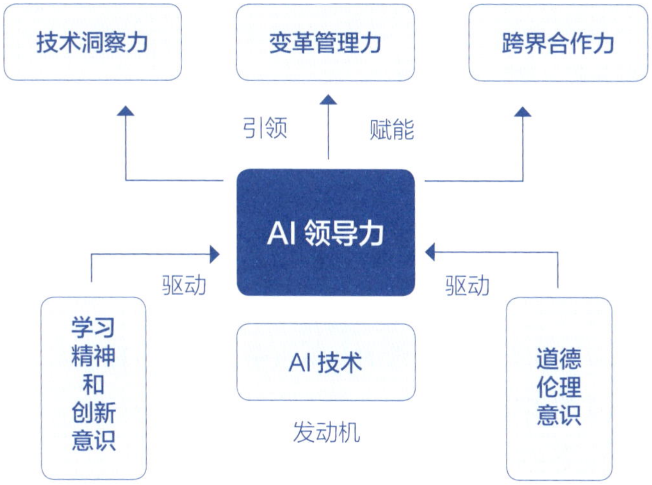

图 1–1　AI 领导力的内涵

（三力）技术洞察力

技术洞察力是 AI 领导力的基石。领导者必须具备对 AI 技术的深刻理解，包括其原理、应用场景和发展趋势。这不仅是对技术本身的了解，更是对其潜在影响和应用价值的洞察。

领导者应能够识别和挖掘 AI 在不同业务领域中的应用场景。例如，利用 AI 进行精准营销、优化供应链管理或提升客户服务质量。通过深入理解这些应用场景，领导者可以制定更具前瞻性的战略规划。

AI 技术日新月异，领导者需要持续跟踪前沿技术的发展动态，了解最新的研究成果和行业趋势。通过参加行业会议、阅读专业期刊和与技术专家交流，领导者可以保持对技术发展的敏锐嗅觉。

（三力）变革管理力

在 AI 的推动下，组织变革已成为不可避免的趋势。变革管理力是领导者在这一过程中必备的能力，要求他们能够有效地规划和实施变革项目，激发员工的积极性，并管理变革过程中的风险。

领导者需要制定清晰的变革策略，包括目标设定、资源配置和实施步骤。这一策略应能够回应组织的具体需求和挑战，确保变革的顺利进行。

变革过程中，员工的参与和支持至关重要。领导者应通过有效的沟通和激励措施，激发员工的参与热情，使他们成为变革的积极推动者。例如，通过培训和工作坊，提升员工的 AI 技能和认知水平，增强他们对变革的信心和认可。

（三力）跨界合作力

AI 的应用往往涉及多个领域和学科，因此跨界合作力显得尤为重要。领导者需要具备跨界合作的能力，能够协调不同部门和团队之间的合作，构建开放的创新生态。

在企业内部，领导者应推动不同部门之间的协作，打破信息孤岛。例如，技术部门和业务部门的紧密合作，可以更好地将 AI 技术应用于实际业务场景，提升整体效能。

领导者还应积极寻求外部合作，整合外部资源和专业知识。例如，与高校、研究机构和其他企业建立合作关系，共同开展 AI 技术的研究和应用项目，推动创新和发展。

（两意识）学习精神和创新意识

在快速变化的 AI 时代，学习精神和创新意识是领导者必须具备的核心素质。持续学习和创新不仅是个人发展的需要，也是推动组织持续进步的关键。

领导者应树立终身学习的理念，积极主动地学习新知识和技能。通过不断学习，领导者可以保持对新技术和新趋势的敏感度，及时调整战略和战术。

领导者应在组织内部培育创新文化，鼓励员工勇于尝试和探索。通过建立激励机制和创新平台，领导者可以激发员工的创造力，推动组织的持续创新。

（两意识）道德伦理意识

在应用 AI 技术的过程中，道德伦理意识是不可忽视的。领导者需要具备高度的责任感和伦理意识，确保 AI 技术的应用符合社会伦理和法律法规。

领导者应高度重视隐私保护和数据安全，建立严格的数据管理和保护机制，确保用户数据的合法和安全使用。通过透明的政策和措施，增强用户的信任。

AI 技术的应用应遵循公平和公正的原则，避免算法歧视和偏见。领导者应关注 AI 决策的透明性和可解释性。

总之，AI 领导力的内涵丰富多样，涵盖了技术、变革、合作、学习、创新以及道德伦理等多个方面。这些素质和能力的综合运用，将有助于领导者在 AI 时代引领团队和组织取得更大的成功。

通用 AI 领导力模型

传统的领导力模型在面对复杂的市场环境和快速变化的技术潮流时，已显得力不从心。为了应对这些挑战，作者根据近 20 年的管理、领导以及 AI 行业从业经验，建立了一个新的领导力框架——通用 AI 领导力模型。

通用 AI 领导力模型的诞生

在当今的商业环境中，领导者不仅需要具备战略眼光和决策能力，还需要深入理解和应用 AI 技术以保持竞争优势。AI 的应用范围广泛，从优化客户服务到提升管理效率，再到精准的营销策略，每一个领域都蕴含着巨大的潜力。然而，如何有效地将 AI 技术融入领导力中，成了企业亟待解决的问题。

ASMM 模型是一个全面的框架，旨在帮助领导者和企业在 AI 时代实现卓越的领导力，涵盖了 AI+ 服务（Service）、AI+ 管理（Management）、AI+ 营销（Marketing）三个关键方面，每一个方面都通过 AI 技术的应用来优化和提升。

模型的三个关键

1. AI+ 服务 = 智服

在客户服务领域，AI 技术可以通过智能客服、个性化推荐、情感分析等手段，显著提升客户体验。AI+ 服务部分强调利用 AI 技术改善服务质量和效率，从而增强客户满意度和忠诚度。例如，部署智能聊天机器人可以提供全天候的客户支持，利用情感分析技术可以及时了解客户反馈并进行相应调整。

2. AI+ 管理 = 智管

管理是企业运营的核心，AI 技术在这一领域的应用可以带来显著的效率提升。AI+ 管理部分关注通过 AI 优化资源配置、流程管理和决策支持。具体应用包括利用机器人流程自动化（RPA）减少重复性任务、通过数据分析进行绩效评估和人才管理，以及利用预测模型进行风险管理和战略规划。

3. AI+ 营销 = 智销

营销是企业获取和维持客户的关键环节。AI+ 营销部分致力于通过 AI 技术实现精准营销、个性化推荐和市场趋势分析。AI 可以帮助企业细分客户群体、优化广告投放，并通过大数据分析预测市场趋势，从而提升营销活动的效果和效率。

迎接 AI 领导力新时代

通用 AI 领导力模型为企业和领导者提供了一个全面而系统的框架，帮助他们在 AI 时代实现卓越的领导力。通过在服务、管理和营销三个关键方面应用 AI 技术，企业可以显著提升运营效率、优化客户体验，并在市场竞争中保持领先地位。

未来，随着 AI 技术的不断发展和成熟，ASMM 模型将继续演化和完善，为企业和领导者提供更加先进和有效的领导力解决方案。现在，是时候拥抱变化，迎接 AI 领导力的新时代。

此模型是一个通用的 AI 领导力框架。它帮助领导者在不同领域应用 AI 技术，提高效率、创新和竞争力。

模型应用到企业的策略

此模型提供了一个全面的框架来指导企业如何有效应用 AI 技术，提升服务、管理和营销能力（见图 1–2）。以下是具体的实施策略：

1. AI+ 服务

（1）个性化服务

客户数据分析：使用机器学习算法分析客户行为和偏好，提供个性化的产品和服务推荐。例如，电商平台可以根据用户的浏览和购买历史推荐商品。

聊天机器人和虚拟助手：部署自然语言处理（NLP）技术的聊天机器人，提供全天候的客户支持，快速处理常见问题和请求。

（2）自动化流程

智能客服系统：利用 AI 自动处理简单和重复的客户服务请求，提升响应速度和准确性。复杂问题可以自动转接给人类客服。

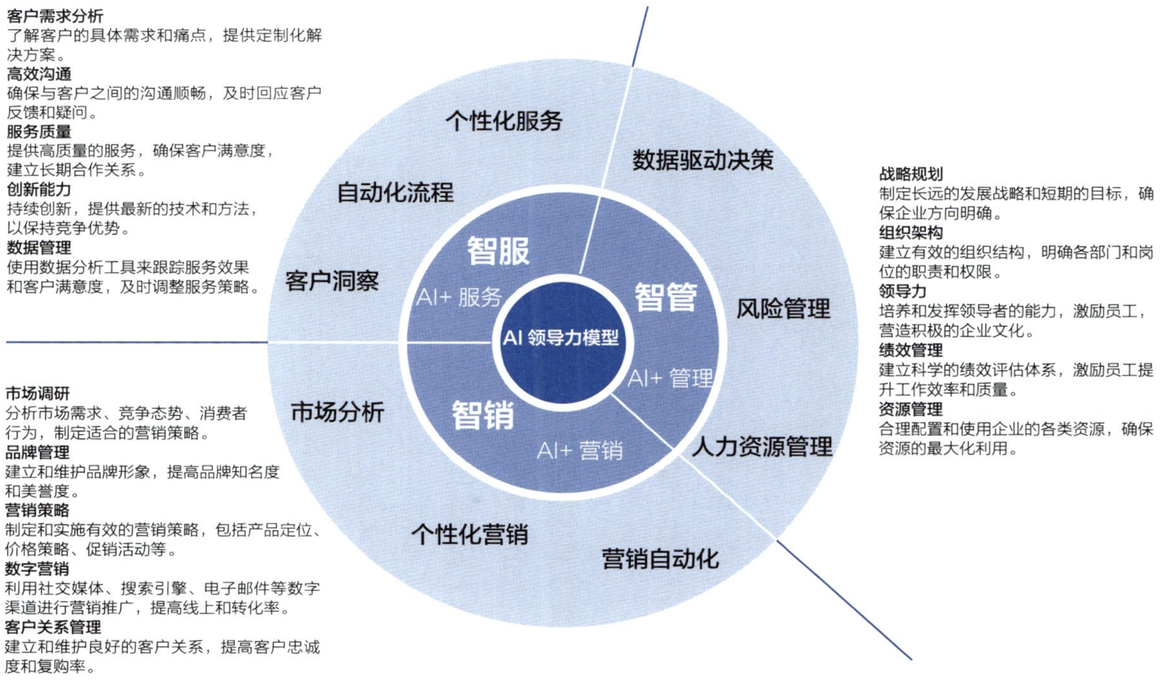

图 1-2　ASMM 模型框架

流程自动化：通过 RPA 工具处理日常事务，如订单处理、客户信息更新等，减少人工操作失误。

（3）客户洞察

情感分析：使用 NLP 技术分析客户反馈和社交媒体评论，了解客户情绪并及时调整服务策略。

需求预测：通过数据挖掘和预测分析，提前识别客户需求，进行前瞻性服务。

2. AI+ 管理

（1）数据驱动决策

大数据分析：使用 AI 分析海量数据，生成商业洞察，支持高效决策。例如，零售企业可以通过销售数据分析优化库存管理。

实时监控和报告：部署 AI 系统实时监控运营数据，生成动态报告，帮助管理层及时发现和应对问题。

（2）人力资源管理

人才筛选和招聘：使用 AI 简历筛选工具提高招聘效率和准确性，减少人为偏见。

员工绩效分析：通过 AI 分析员工绩效数据，识别潜在的高潜力员工和培训需求，制定个性化职业发展计划。

（3）风险管理

风险预测：利用机器学习模型预测市场风险和业务风险，提前采取应对措施。

自动化合规和审计：通过 AI 技术实现自动化合规检测和内部审计，确保公司运营符合法规要求。

3. AI+ 营销

（1）市场分析

市场趋势分析：使用 AI 分析市场数据和竞争对手动向，帮助企业制定精准的市场策略。例如，通过社交媒体分析识别新兴市场趋势。

消费者行为分析：通过大数据分析了解消费者行为和偏好，优化产品和服务。

（2）个性化营销

广告投放优化：利用 AI 算法优化广告投放策略，提高广告点击率和转化率。例如，使用程序化广告平台实现实时竞价和精准投放。

内容推荐系统：基于用户行为数据，使用推荐算法向用户推送个性化内容，提升用户参与度和忠诚度。

（3）营销自动化

自动化营销活动：使用营销自动化工具管理和优化多渠道营销活动，提高效率和效果。例如，通过邮件营销自动化工具实现个性化邮件发送。

绩效评估和优化：利用 AI 分析营销活动数据，评估效果并持续优化策略，确保最佳投资回报率。

通用 AI 领导力模型不但可以针对领导者、针对组织或企业进行 AI 赋能及领导，还可以针对每一个工作人员，通过其赋能工作。

模型应用到个人工作的策略

模型不仅可以应用于企业层面，也可以帮助个人在工作中提升效率、优化管理和增强营销能力。以下是具体的应用策略：

1. AI+ 服务

（1）提升个人服务能力

自动化助手：利用 AI 助手管理日常任务、安排日程和提醒事项，提高工作效率。

邮件管理：使用 AI 工具优化邮件内容，自动分类和优先处理重要邮件。

客户互动：通过聊天机器人在个人网站或博客中提供即时客户支持和互动。

（2）个性化服务

定制化推荐：使用推荐系统为客户或用户提供个性化建议，提升客户满意度。

情感分析：利用情感分析工具分析客户反馈和评论，及时调整服务策略。

2. AI+ 管理

（1）个人管理和决策

数据分析工具：使用数据分析工具分析个人项目数据，支持决策。

任务管理：利用 AI 驱动的任务管理工具自动化任务分配和进度跟踪。

（2）时间和效率管理

日程安排：利用智能日程安排工具优化会议和任务安排，减少时间浪费。

生产力工具：使用 AI 工具分析和优化个人的时间使用，提高生产力。

（3）风险管理

安全工具：使用 AI 驱动的安全工具保护个人数据和系统安全，预防风险。

财务管理：通过财务管理工具进行风险预测和管理，优化个人财务健康。

3. AI+ 营销

（1）个人品牌建设

社交媒体分析：使用社交媒体分析工具分析个人品牌在各平台的表现，优化发布策略。

内容推荐：利用 AI 驱动的内容推荐工具生成高质量内容，提升品牌影响力。

（2）个性化营销

邮件营销：使用 AI 工具进行个性化邮件营销活动，提高开信率和转化率。

广告投放：利用 AI 平台优化广告投放策略，实现精准营销。

（3）营销数据分析

市场洞察：使用市场分析工具获取市场趋势和竞争对手分析，制定有效的营销策略。

绩效评估：利用 AI 工具分析营销活动的效果，持续优化策略，实现最佳回报率。

通过 ASMM 模型，个人可以在工作中有效应用 AI 技术提升服务质量、优化管理流程和增强营销能力。以下是关键步骤：

识别需求：明确个人工作中的关键需求和目标。

选择工具：根据需求选择合适的 AI 技术和工具。

实施策略：制定和执行具体的应用策略。

持续优化：监控效果，通过数据分析持续优化。

通过这些策略，个人能够显著提升工作效率和效果，在职业发展中脱颖而出。

深入浅出人工智能

AI 是一种令人惊叹的技术。它通过一组能够自主完成任务的算法展现出了惊人的智能。这些智能机器不仅可以从自身行为中汲取经验，还能复制并优化人类的行为模式。它正在模仿并深化机器中的思维方式，使其越来越接近人类的智慧。

如今，无论是作为最终用户还是从事人工智能领域的专业人士，都渴望与人工智能技术建立深度联系。在本章节中，我们将带你领略人工智能的崭新面貌，深入探讨其多样化的类型、当前的发展趋势以及这个飞速发展的领域所蕴含的无限未来。

什么是人工智能？

人工智能，其本质可理解为数字计算机或受计算机操控的机器人所展现出的，那些通常与智慧生物相似的任务执行能力。同时，人工智能也被赋予更深层次的定义，即人类所创造的智能实体，在缺乏明确指令的情况下，仍能展现出卓越的智能执行任务能力，其思考与行动方式充满理性与人性化。

对于对技术稍有涉猎的普通人而言，他们往往会将人工智能与机器人紧密联系在一起，脑海中浮现出类似“终结者”般能够独立行动与思考的形象。然而，人工智能领域的专家会告诉我们，人工智能其实是一系列能够在没有明确指示的情况下产生结果的精妙算法。正是这些算法，使得机器展现出的智能被赋予了“人工智能”的美誉。

人工智能是对机器中自然智能的一种模拟，这些机器被精心编程，以学习和模仿人类的行为。它们不仅能够根据过往经验进行学习，还能执行类似人类的复杂任务。随着人工智能等技术的持续发展与进步，它们将对我们的生活品质产生深远影响。

这无疑是时代发展的自然趋势。无论是作为最终用户享受其带来的便捷，还是在人工智能领域谋求一份职业生涯，我们都无法忽视这一领域所带来的巨大潜力和机遇。

如何衡量人工智能是否像人类一样行事？

尽管人工智能有可能达到与人类行为相媲美的境地，但如何确保它持续以这种方式运作，仍是一个值得深思的问题。对此，我们可以从以下几个方面来考量人工智能实体的人类相似性：图灵测试、认知建模方法、思维法则方法和理性代理方法。这些方法为我们提供了不同的视角和工具，用以评估和优化人工智能的行为模式，确保其与人类的互动更为流畅和自然。

图灵测试

图灵测试的基础是人工智能实体应该能够与人类代理进行对话。理想情况下，人类代理不应得出他们正在与人工智能对话的结论。为了实现这些目标，人工智能需要具备以下品质：

1. 自然语言处理，以实现成功沟通。

2. 知识表示充当其记忆。

3. 自动推理使用存储的信息来回答问题并得出新的结论。

4. 机器学习，检测模式并适应新环境。

认知建模方法

这种方法试图构建基于人类认知的人工智能模型。要提炼人类心灵的本质，有 3 种方法。

1. 内省。观察我们的想法，并在此基础上建立模型。

2. 心理实验。对人类进行实验并观察他们的行为。

3. 脑成像。使用 MRI 观察大脑在不同场景下的功能，并通过代码复制它。

思维法则方法和理性代理方法

表 1–3 显示了两种不同的方法。

表 1-3 思维法则方法和理性代理方法的概念及面临的挑战

方法	概念	挑战
思维法则方法	一组帮助我们思考的规则，也可以用来对人工智能进行编程。	很难将这些规则应用于现实世界的问题，解决这些问题需要的不仅仅是固定的规则。另外，当存在很多不确定性时，人工智能可能很难模仿人类的行为。
理性代理方法	人工智能尝试根据当前情况做出最佳决策的策略，而不是仅仅遵循固定规则。	有时，没有单一的最佳选择，人工智能必须在许多选项中做出决定，每个选项都有自己的优点和缺点。这要求 AI 非常灵活。

人工智能如何运作？

构建人工智能系统是一个精密而细致的过程，它致力于对机器中的人类特征和能力进行逆向工程，并利用其强大的计算能力超越我们的能力极限。要深入了解人工智能的实际工作原理，我们需要潜入其内部，深入研究各个子领域的精髓，并探索这些领域如何巧妙地应用于行业的各个角落。

机器学习：机器学习是人工智能的基石，它教会机器如何根据过去的经验进行推理和决策。机器通过识别隐藏在数据中的模式，并分析历史数据来解读这些数据点的意义，进而推导出可能的结论。这一自动化过程不仅极大地节省了人力时间，还为企业提供了更为精准和高效的决策支持。

深度学习：深度学习是机器学习领域的一颗璀璨明珠。它教会机器通过层层递进的方式处理输入信息，从而实现分类、推断和预测等功能。深度学习模型中的神经网络结构，使得机器能够像人脑一样处理复杂的数据，并提取出有用的特征。

神经网络：神经网络的工作原理与人类神经细胞有着异曲同工之妙。它们由一系列算法构成，能够捕捉各种基础变量之间的微妙关系，并像人脑一样对数据进行处理和分析。神经网络在图像识别、语音识别等领域取得了令人瞩目的成果。

自然语言处理：自然语言处理是人工智能领域的另一重要分支，它致力于让机器能够阅读、理解和解释人类语言。当机器能够准确理解用户想要传达的内容时，它就能够作出相应的响应，为用户提供更为智能和便捷的服务。

计算机视觉：计算机视觉算法致力于让机器能够像人一样理解和分析图像。它们通过分解图像并研究对象的各个部分来提取有用的信息，从而帮助机器对图像进行分类和学习。计算机视觉在自动驾驶、安防监控等领域发挥着越来越重要的作用。

认知计算：认知计算是人工智能领域的一个前沿方向，它试图模仿人脑的分析和决策过程。通过深入分析文本、语音、图像和对象等信息，认知计算算法能够更好地理解用户的意图和需求，并给出更为精准和个性化的输出。

人工智能是一个充满活力和创造力的领域，它正在不断地推动着科技的发展和进步。通过对各个子领域的深入研究和应用，我们能够更好地利用人工智能的力量，为人类创造更加美好的未来。

人工智能的目的是什么？

从技术的视角出发，人工智能旨在强化人类的能力，辅助我们做出具有深远影响的高级决策。而从哲学的维度审视，人工智能有望助力人类摆脱繁重的劳作，享受更为充实的生活。同时，它还能协助我们管理错综复杂的个人、公司、国家及国际网络，使其以造福全人类的方式高效运转。

时至今日，人工智能所追求的目标，其实与我们过去所发明的各类工具和技术殊途同归——那便是**简化人类的工作流程，助力我们做出更明智的决策**。人工智能有望催生出一系列颠覆性的工具与服务，从而消除冲突、不平等与苦难，为我们的生活带来翻天覆地的变革。

然而，这些愿景仍显遥远，我们距离实现这些目标还有漫长的道路需要跋涉。目前，人工智能主要被企业用于提升流程效率、自动化资源密集型任务，并根据数据而非直觉进行业务预测。正如所有技术在问世之初都需要经历一段漫长的发展过程，人工智能的研究与开发成本也需要得到企业与政府机构的资助与补贴，才能逐步惠及广大民众。

人工智能用在哪里？

人工智能的应用场景广泛而多样，它能够在不同领域中发挥巨大作用，深入理解用户行为并根据数据提供精准的建议。例如，谷歌的预测搜索算法正是借助了过往的用户数据，成功预测了用户接下来可能输入的搜索内容，从而大大提升了搜索的效率和用户体验。

与此同时，抖音等视频平台也充分利用了用户数据，为用户推荐可能感兴趣的电影作品，使观众沉浸在丰富多彩的影视世界中，并有效延长了用户的观看时间。此外，微博、微信等更是通过分析用户过去的图像数据，自动为用户的社交圈提供标记建议，进一步丰富了用户的社交体验。

大型组织纷纷采用人工智能技术，旨在简化最终用户的生活，提升工作效率。人工智能在数据处理方面的应用尤为突出，包括在海量数据中快速搜索并优化搜索结果，以提供最为相关的信息；利用逻辑链进行 if–then 推理，根据特定参数执行一系列命令；通过模式检测识别大数据集中的关键模式，从而获取独特的见解；应用概率模型预测未来结果，为决策提供有力支持。

人工智能的应用范围广泛且深入，为我们的生活和工作带来了便利和惊喜。随着技术的不断进步，人工智能将在更多领域发挥更大的作用，推动社会的快速发展。

人工智能究竟带来了哪些令人瞩目的优势呢？

科技的力量，无疑为我们的生活增添了无尽的色彩与便捷。从个性化的音乐推荐，到精准的地图导航，再到便捷的手机银行服务，甚至是高效的预防欺诈，人工智能与其他先进技术已经深深渗透到我们日常生活的方方面面，发挥着至关重要的作用。

虽然人工智能的崛起伴随着挑战与争议，但我们不难发现其众多显著的优点。包括减少人为错误、7 天 ×24 小时可用、有助于重复性工作、数字助理、更快的决策、理性决策者、提高安全性以及高效沟通赋能等方面。

AI、机器学习和深度学习之间有什么关系？

AI、机器学习和深度学习通常可以互换使用。但是，它们并不完全相同。人工智能是最广泛的概念，它赋予机器模仿人类行为的能力。机器学习是将人工智能应用到系统或机器中，帮助其自我学习和不断改进。最后，深度学习使用复杂的算法和深度神经网络来重复训练特定的模型或模式（见图 1–3）。

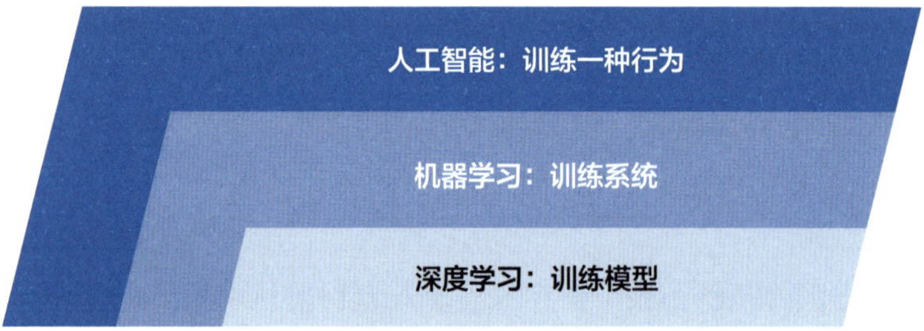

图 1–3　AI、机器学习和深度学习的关系示意图

什么是生成式人工智能？

生成式人工智能（Generative AI），作为人工智能技术的一个璀璨分支，具备着令人瞩目的内容生成能力，包括但不限于文本、图像、音视频及合成数据等多种类型。近年来，人们对这一领域的兴趣日益浓厚，而这在很大程度上得益于用户友好的界面设计，使得创建高质量文本、图形和视频变得轻而易举。

尽管听起来神奇，但生成式人工智能并非全新概念。早在20世纪60年代，它便以聊天机器人的形式亮相于世人面前。然而，直到 2014 年，随着机器学习领域生成对抗网络技术的问世，生成式人工智能才真正实现了令人信服的真实图像、视频和音频的创建，其逼真程度几乎可以媲美真实个体。

在这一过程中，计算能力的飞速提升以及大量数据集的可用性起到了关键作用。随着技术的不断进步，生成式人工智能的应用范围逐渐拓宽，从最初的图像生成拓展至自然语言处理领域中的复杂任务，如文本生成等。

值得一提的是，美国人工智能研究与部署公司 OpenAI 推出的 GPT 系列等新型生成式 AI 模型，无疑为这一领域的发展注入了新的活力。它们不仅巩固了生成式 AI 在人工智能和数据科学界的地位，更标志着人工智能领域的一个重要里程碑。

生成式人工智能具备从现有数据中学习的能力，能够大规模生成新颖、逼真的人工“制品”。这些“制品”在反映训练数据特征的同时，又不会简单地复制训练数据本身。因此，该技术能够创造出丰富多样的内容类型，包括图像、视频、音乐、语音、文本、软件代码以及产品设计等。

在技术上，生成式人工智能主要依赖于不断发展的基础模型。这些模型经过大量未标记数据集的训练，并通过额外的微调以适应各种任务需求。尽管创建这些经过训练的模型需要复杂的数学知识和强大的计算能力，但它们本质上是一种预测算法，能够根据自然语言请求生成内容，无须依赖编码知识或手动输入。

此外，生成式人工智能在企业应用中同样展现出了巨大的潜力。无论是药物和芯片设计的创新，还是材料科学的发展，生成式人工智能都能为这些领域带来前所未有的突破和变革。

生成式人工智能如何发挥作用？

生成式人工智能始于一个提示（Prompt）。这个提示可以是多元化的，比如文本、图像、视频、设计、音符，或者是人工智能系统所能解读的任何形式的信息输入。随后，借助各种先进的人工智能算法，这些提示将激发出全新内容的诞生。这些新生成的内容可能是一篇引人入胜的文章，可能是一个切实可行的问题解决方案，也可能是基于人物图像或录音创作出的栩栩如生的作品。

在早期的版本中，要使用生成式人工智能，通常需要借助应用程序接口（API）或经过一系列复杂的流程来提交数据。开发者们需要掌握诸如 Python 等编程语言，通过专业的工具并编写相应的应用程序来实现这一过程。然而，随着技术的不断进步，生成式人工智能的革新者们正致力于优化用户体验，让普通用户也能够以更加通俗易懂的语言表达自己的需求。

现在，用户只需简单地输入自己的需求，生成式人工智能就能够迅速做出初步回应。而且，用户还可以根据自己的喜好和需求，对生成内容中的风格、语气以及其他元素进行反馈，从而进一步定制和优化最终的结果。这种交互式的生成过程不仅提高了效率，也使得生成的内容更加符合用户的期望和品位。

将生成式人工智能融入你的组织

将生成式人工智能深度融入你的组织，人工智能正以前所未有的方式重塑我们的信息处理方式，为决策者提供更广阔的空间，以实施、扩展和更新机器学习及深度学习模型。如今，AI 平台工具已成为知识工作者的得力助手，帮助他们以更迅捷、更精准的方式开展研究、做出预测并执行任务，从而引领 AI 驱动的新时代浪潮。

生成式人工智能具备了与人类相似的互动能力，能够随时随地与客户和同事进行交流，从而彻底改变了业务运营的方方面面。它不仅能够快速响应需求，还能提供个性化的解决方案，使组织在激烈的市场竞争中脱颖而出。

因此，将生成式人工智能融入你的组织，不仅将提升工作效率和决策质量，还将为组织的可持续发展注入新的活力。

确定应用生成式人工智能的最佳领域

在寻找应用生成式人工智能的最佳领域时，我们应将目光聚焦于那些员工需遵循标准化程序或标准化作业流程

（SOP）的领域。生成式人工智能以其卓越的能力，能够综合来自不同渠道的信息，从而极大减少或消除手动数据输入的需求，进而自动化或加速这些任务的执行。

这种显著的效率提升，使得员工得以将更多的精力投入到更具价值、更具创造性或战略性的工作中。生成式人工智能不仅能够促进创新思维的涌现，打破写作的桎梏，更能够作为一位动态的合作伙伴，协助我们尝试并验证那些非传统的概念。

此外，生成式人工智能还具备筛选庞大数据集的能力，从中提炼出人类可能难以或无法发现的深刻见解，尤其是在处理那些从未被分析过的数据时。以银行业为例，生成式人工智能可能会提出一系列创新的客户服务或风险管理方案。而在人力资源领域，它能够助力我们制定更具创意的员工敬业度策略，从而提升员工的整体体验。

在确定生成式人工智能在企业内的适用领域后，还需要对其技术基础设施进行全面评估。成功的整合生成式人工智能需要综合考虑技能、工具和数据治理等多个方面，以确保过渡过程的顺利进行。同时，还需要明确用例的价值，设定关键绩效指标，并确定利益相关者，以确保生成式人工智能的应用能够紧密贴合我们独特的业务目标。

你的数据基础设施是否已经准备好迎接生成式人工智能的浪潮？

为了确保 AI 技术的有效应用，我们必须集中力量，对数据进行深度优化。在现实中，一家企业的数据往往分散于多个后端系统之中，因此收集和整合这些数据，并挖掘出它们的最大价值，显得尤为关键。

在企业准备精确、清晰的数据过程中，工具、数据治理以及相应的保障措施发挥着举足轻重的作用。在推进生成式人工智能的实施时，必须将可解释性、透明度和道德考量置于首要地位。这不仅仅是一个技术升级的过程，更是一个建立规范、确立指导原则的重要时刻。

为了确保 AI 技术的顺利运行，平台需要实时监控结果的准确性，并对成本、延迟、透明度、偏见以及安全性等方面进行全面把控。同时，还需要及时识别并选择那些生成式人工智能能够满足的特定业务需求，明确预期结果和衡量标准。

在评估业务准备情况时，我们需要综合考虑可用资源、预算以及技术专长等因素。随后，根据实际情况和具体需求，选择适当的生成式 AI 应用程序。在这个过程中，需要充分考虑用例的复杂性、数据的类型和质量，以及模型训练和部署所需的资源。

总之，我们需要从数据基础设施的优化、工具与治理的完善，到业务需求的明确和资源评估的深入等方面进行全方位的准备。如此，才能确保 AI 技术在企业中得到有效应用，并为企业带来真正的价值。

成为 AI 领导者的数字素养

数字素养对 AI 领导者的重要性

数字素养对 AI 领导者的重要性在于多个方面。首先，具备数字素养的领导者能够更好地理解和应用 AI 技术，包括机器学习、深度学习等。这种理解可以帮助领导者更好地制定 AI 战略，确保技术的正确应用并避免潜在的错误和陷阱。

其次，数字素养也是 AI 领导者在数据分析和决策制定方面的关键能力。在 AI 时代，数据是决策的基础，而具备数字素养的领导者能够更准确地解读数据，发现其中的规律和趋势，从而做出更明智的决策。

最后，数字素养还有助于 AI 领导者在团队中建立信任和合作。一个具备数字素养的领导者可以更好地与技术人员沟通，理解他们的需求和挑战，并为他们提供有效的支持和指导。这种沟通和合作有助于建立强大的团队，推动 AI 项目的成功实施。

综上所述，数字素养不仅可以帮助领导者更好地理解和应用 AI 技术，还可以提高他们在数据分析和决策制定方面的能力，并在团队中建立信任和合作。

定义数字素养及其相关概念

数字素养是指个体在数字时代所具备的一系列技能、知识和态度。这些技能、知识和态度使得个体能够有效地利用数字技术、信息资源和通信工具来解决问题、进行创新和实现目标。数字素养包括数字技能、数字安全意识、数字道德和信息素养等方面。

数字技能是指个体在数字设备、软件和应用程序上的操作能力，如使用电脑、智能手机、平板电脑等设备，以及掌握各种软件和应用程序的使用技巧。数字安全意识是指个体在使用数字技术时能够保护自己和他人的安全，如保护个人隐私、防范网络攻击、避免网络诈骗等。数字道德则是指个体在使用数字技术时应该遵守的道德规范和伦理准则，如尊重知识产权、保护他人隐私、不传播虚假信息等。信息素养是指个体在获取信息、处理信息、评价信息和利用信息方面的能力，如使用搜索引擎、评估信息来源的可靠性、处理和分析大量数据等。信息素养在数字时代尤为重要，因为数字技术使得信息的获取、传播和利用变得更加便捷和高效，但同时也存在着信息泛滥、虚假信息等问题，因此个体需要具备较高的信息素养来应对这些挑战。

总之，数字素养是个体在数字时代所必须具备的一种综合能力。通过提高数字素养，个体可以更好地适应数字时代的发展，更好地利用数字技术来解决实际问题，同时也能够保护自己和他人的安全和隐私。

AI 领导者的数字素养框架

表 1–4 涵盖了 AI 领导者需要具备的多个维度的数字素养，包括数据分析与解读能力、技术知识与应用能力、数据安全与隐私保护意识、数字化思维与创新能力、跨部门协作与沟通能力、战略眼光与决策能力，以及持续学习与自我提升意识。这些维度共同构成了 AI 领导者的数字素养框架，对于他们在数字化时代有效领导团队和推动企业发展具有重要意义。

表 1-4　AI 领导者的数字素养

数字素养	描述
数据分析与解读能力	能够理解和解读各种数据，包括结构化数据和非结构化数据，能够运用数据分析工具进行数据处理和分析，提取有价值的信息。
技术知识与应用能力	对 AI 技术、云计算、大数据、物联网等前沿技术有深入的了解，并能够将这些技术应用到实际工作中，提高工作效率和效果。
数据安全与隐私保护意识	了解数据安全与隐私保护的重要性，能够采取适当的安全措施保护企业和用户的数据安全，遵守相关法律法规和道德规范。
数字化思维与创新能力	具备数字化思维，能够用数字化视角看待问题，提出创新性的解决方案。同时，能够鼓励团队成员进行创新思维，推动数字化转型。
跨部门协作与沟通能力	能够与不同部门的团队成员进行有效沟通，理解他们的需求和问题，并协调资源解决问题。同时，能够与其他部门合作，推动数字化转型在整个企业的落地实施。
战略眼光与决策能力	能够从全局角度出发，制定符合企业发展战略的数字化规划。同时，具备决策能力，能够在复杂的数据和信息中做出明智的决策。
持续学习与自我提升意识	认识到数字化时代的快速变化，保持持续学习的态度，不断提升自己的数字素养和能力。同时，鼓励团队成员进行持续学习，提高整个团队的数字素养水平。

AI 领导力路线图

AI 领导力的发展阶段

随着 AI 技术的迅猛发展，企业通过不同阶段的 AI 赋能，逐步实现业务流程的优化和创新。这一过程可以被划分为六个阶段，每个阶段都展现出不同程度的 AI 应用和对企业发展的影响。

第一阶段：人类驱动

在这个初级阶段，企业的运作完全依赖于人类的智慧和劳动。决策、管理和执行等所有关键任务都由人类员工进行。AI 在这一阶段的应用非常有限，企业更多依靠传统的信息技术和数据分析工具。

第二阶段：AI 助理

进入第二阶段，AI 开始作为辅助工具出现，帮助人类完成部分任务。企业开始采用 AI 助手来处理简单重复性工作，如客服聊天机器人、基础数据分析等。AI 在这个阶段主要作为支持角色，提升人类员工的效率。

第三阶段：AI 驱动

在第三阶段，AI 从辅助角色转变为驱动角色。AI 系统开始承担更多复杂任务，如高级数据分析、智能推荐系统等，显著提升决策的准确性和效率。企业逐渐依赖 AI 来推动业务增长和创新。

第四阶段：半自动化处理

第四阶段标志着企业进入半自动化处理的时代。AI 与人类协作，完成更复杂的任务。自动化流程在各个业务环节中逐步实现，但仍需要人类进行监督和干预。这一阶段的重点在于提高生产力和优化资源配置。

第五阶段：全自动化处理

在第五阶段，企业实现了全自动化处理。AI 系统能够独立完成大部分业务流程，从数据采集、分析到决策执行，几乎不需要人类干预。全自动化处理极大地提高了效率，减少了人为错误，推动企业实现高度智能化运作。

第六阶段：具身智能

第六阶段是具身智能时代。AI 不仅具备强大的数据处理和决策能力，还能够进行物理操作，与现实世界进行互动。企业在这一阶段实现了全面的智能化，AI 系统可以独立运行并与人类员工共事，开启了“全 AI 领导力时代”。

AI 领导力的发展涵盖了上述六个阶段，而从传统领导力过渡到全 AI 领导力，又展现出不同的层次和特征。

数字领导力时代（第一阶段）

在传统领导力时代，企业的领导依靠人类的经验和智慧进行决策和管理。AI 的作用有限，领导力集中在如何有效利用人力资源和传统信息技术。

AI 领导力初级，领导 AI+ 人才时代（第二、三阶段）

AI 领导力初级阶段覆盖了第二和第三阶段。领导者不仅需要管理人类员工，还需要懂得如何有效利用 AI 助手和 AI 驱动系统。这个阶段的领导力强调人机协作，提升整体效率和决策质量。

AI 领导力中级，领导 AI 自动化时代（第四、五阶段）

AI 领导力中级阶段涵盖了第四和第五阶段。领导者的角色从管理人类和 AI 的协作转变为推动全自动化处理。领导力的核心在于如何设计和管理自动化流程，确保 AI 系统在高效运行的同时保持灵活性和适应性。

AI 领导力高级，“全 AI 领导力”（第六阶段）

AI 领导力高级阶段是第六阶段的核心。领导者需要具备全面的 AI 知识和技能，能够引领具身智能系统的部署和运行。这一阶段的领导力不仅在于管理 AI，还涉及如何与具身智能系统共事，实现企业的全方位智能化。

AI 领导力的六阶段演进（见图 1-4）不仅展示了人工智能与企业发展的深度融合过程，也为企业领导者提供了清晰的发展路径。在未来，随着 AI 技术的不断进步和应用，AI 领导力将继续推动企业走向更加美好的未来。

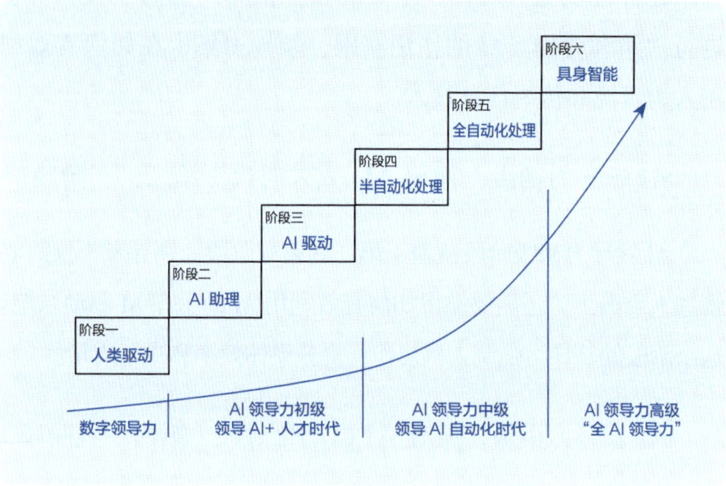

图 1-4　AI 领导力的发展阶段

什么是 AI 领导力路线图？

AI 领导力路线图是一份指导组织在人工智能领域实现领导力的计划。它旨在帮助组织了解 AI 技术的趋势、挑战和机遇，并提供一个明确的路线图，以指导组织如何有效地利用 AI 技术来提高业务效率和竞争力。

AI 领导力路线图的意义在于，它为组织提供了一个全面的视角，使其能够更好地理解 AI 技术的发展趋势和潜在影响。通过了解 AI 技术的趋势和挑战，组织可以更好地预测未来的变化，并制定相应的战略来应对这些变化。此外，AI 领导力路线图还可以帮助组织了解自己在 AI 领域的位置和优劣势，从而确定需要采取的行动来提高自己的竞争力。

AI 领导力路线图的目的在于，为组织提供一个具体的行动指南，以帮助其实现 AI 领导力。通过该路线图，组织可以确定需要采取的关键步骤，包括技术选型、人才培养、组织结构调整等方面，以确保有效地利用 AI 技术来推动业务发展和创新。此外，AI 领导力路线图还可以帮助组织与其他领先组织进行对标，从而不断改进和提升自己的 AI 战略和实践。

总之，AI 领导力路线图是一份重要的计划，它可以帮助组织更好地了解 AI 技术的发展趋势和潜在影响，并提供一个具体的行动指南，以指导组织如何有效地利用 AI 技术来提高业务效率和竞争力。

AI 领导力路线图的核心要素

AI 领导力路线图的核心要素主要包括以下六个方面：

战略规划与愿景设定：领导者需要明确 AI 在企业战略中的地位，制定长期和短期的 AI 发展计划，并确保全体员工对 AI 愿景有清晰的认识。

组织文化与团队建设：建立一种鼓励创新和持续学习的组织文化，同时打造具备多元化技能和背景的 AI 团队，以充分利用 AI 技术的潜力。

人才培养与激励：培养员工的 AI 技能和知识，同时激励他们积极参与 AI 项目，确保企业在 AI 领域的竞争力。

技术选型与部署：选择适合企业需求和资源的技术和工具，并确保它们能够有效地部署到各个业务领域中。

伦理与法规遵守：在推动 AI 发展的同时，确保遵守相关的伦理和法规要求，维护企业的声誉和信誉。

持续评估与优化：定期对 AI 项目的进展和效果进行评估，并根据评估结果进行调整和优化，确保 AI 战略能够持续为企业带来价值。

CHAPTER 2

「第 2 章」

人工智能赋能领导力

AI Enhance Leadership

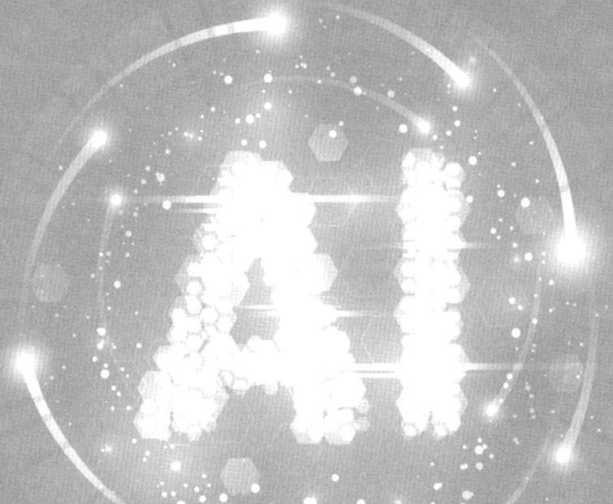

分析模块

ANALYSIS MOUDLE

CERTIFIED

AI领导力

AI LEADERSHIP

生成式人工智能如何改变商业和社会

生成式人工智能正在全球范围内引发一场革命，深刻改变着商业和社会的运作方式。其强大的生成能力和学习能力使得 AI 能够在各个领域发挥巨大的作用，从商业决策到社会服务，从艺术创作到科学研究，无所不包。

在商业领域，生成式 AI 正在改变企业的运营模式和竞争格局。通过大数据分析和预测，AI 能够帮助企业更准确地把握市场趋势和消费者需求，从而制定更加精准的市场策略。同时，AI 还可以自动化处理大量烦琐的数据和任务，提高工作效率，降低人力成本。此外，AI 的创新应用也在不断推动着商业模式的变革，为企业创造更多的商业机会和增长空间。

在社会层面，生成式 AI 同样发挥着越来越重要的作用。在教育领域，AI 可以为学生提供个性化的学习路径和精准的学习建议，帮助他们更高效地掌握知识。在医疗领域，AI 能够辅助医生进行疾病诊断和治疗方案制定，提高医疗水平和服务质量。在交通领域，AI 可以优化交通流量和路线规划，减少拥堵和交通事故的发生。

然而，生成式 AI 的发展也带来了一些潜在的挑战和风险。随着 AI 技术的不断进步和应用范围的不断扩大，人们需要更加关注数据安全和隐私保护问题。同时，AI 的决策过程也需要更加透明和可解释，以避免出现不公平或歧视性的情况。此外，AI 的广泛应用也可能导致一些传统职业的消失和就业结构的调整，需要社会各方共同努力应对。

生产力巨变：黄金时代还是就业危机？

生成式 AI 被誉为“生产力革命”的催化剂，其潜力巨大。这种技术能够自动化烦琐的任务，释放人类的时间和精力，使其能够专注于更具创造性和战略性的工作。然而，这种革命也引发了人们对就业的担忧。

生产力革命：潜力与现实

生成式 AI 的应用范围广泛，从金融到医疗再到制造业，各行各业都在受益。例如，在金融领域，AI 可以帮助金融顾问快速获取信息，提高工作效率；在医疗领域，AI 能够辅助医生进行诊断，让更多患者获得及时的医疗服务。

生产力的提升并不仅是时间和金钱上的节省，生成式 AI 还能提高工作质量。例如，通过分析大量数据，AI 能更准确地预测市场趋势，帮助企业做出更明智的决策。同样，在医疗领域，AI 通过对大量医疗记录的分析，能提供更准确的诊断建议，从而提高治疗效果。

自动化的力量

生成式 AI 的一个显著特征是其能够自动化大量重复性和规则性强的任务。例如，数据录入、客户服务，甚至是编写基本代码等，都可以由 AI 完成。而这不只是节省了人力成本，更重要的是，它提高了这些任务的准确性和效率。

然而，自动化也引发了人们对就业的担忧。某些岗位可能会因此消失，尤其是那些重复性和规则性强的岗位。人们担心 AI 将取代他们的工作，导致失业问题加剧。

创造性与战略性工作的提升

尽管自动化可能导致一些岗位的消失，但它也为创造性和战略性工作提供了更多的机会。当烦琐的任务被 AI 接手，人类就有更多的时间和精力投入到更具创造性和战略性的工作中。例如，设计师可以有更多的时间去构思和创作，而不是花费时间在制作基础模型上；管理者可以有更多的时间进行战略规划，而不是被日常事务所困扰。

工作转型：重塑职业结构，重塑人才需求

生成式 AI 不仅改变了生产力，还将重塑整个职业结构。随着“中层管理”岗位的消失，初级员工可能需要承担更高级别的职责。这意味着企业需要重新思考工作设计，并进行大规模的员工技能培训。

中层管理岗位的消失

传统的中层管理岗位主要负责监督和协调下属的工作，确保任务按时完成。然而，随着生成式 AI 的应用，很多监督和协调的工作可以由 AI 完成。例如，AI 系统可以实时监控项目进度，自动向团队成员分配任务，并在发现问题时即时提醒相关人员。这使得中层管理岗位的必要性大大降低。

初级员工的角色变化

与此同时，初级员工的角色也在发生变化。由于 AI 能够处理大量基础性工作，初级员工不再只是执行简单任务，而是需要掌握更多高级技能。例如，他们需要学会如何使用各种 AI 工具，如何与 AI 进行有效合作，以及如何进行批判性思考。

培训与发展

为了适应这种变化，企业需要对员工进行大规模的技能培训。这不仅包括技术技能的培训，如怎样使用 AI 工具，还包括软技能的培训，如沟通能力、团队合作能力和批判性思考能力。此外，企业还需要建立持续学习的文化，鼓励员工不断提升自己的技能和知识。

同样，**针对企业员工和领导者的 AI 领导力的培训也愈发重要。**

消费者革命：个性化体验，情感连接

生成式 AI 也将彻底改变消费者的体验。它能够提供个性化的产品和服务，从虚拟试衣到定制化营销方案，再到在线医疗咨询服务，AI 正在以多种方式满足消费者的需求。

个性化产品和服务

现代消费者越来越追求个性化的产品和服务，生成式 AI 恰好能够满足这一需求。例如，AI 可以根据消费者的购买历史和行为数据，推荐最适合他们的产品；它还可以根据消费者的体型和喜好，提供虚拟试衣服务，让消费者在购买前就能看到穿着效果。

情感连接

除了物质上的需求，消费者在情感方面的需求也在增加。生成式 AI 可以通过自然语言处理和情感识别技术，与消费者建立情感连接。例如，AI 聊天机器人可以理解消费者的情绪，并根据情绪提供相应的回应；AI 陪伴机器人可以通过互动和交流，为孤独的老人和孩子提供情感支持。

提高客户满意度

个性化的体验和情感连接不仅提高了客户满意度，还增强了品牌忠诚度。当消费者感受到品牌对他们的重视和理解，他们更有可能再次选择该品牌，并向他人推荐。这对于企业来说，是一种无形但非常重要的资产。

风险与机遇：构建安全可靠的人工智能生态

尽管生成式 AI 带来了许多机遇，但也带来了一些风险。这些风险包括误导性信息、侵犯知识产权、侵犯隐私，甚至被用于恶意目的。因此，需要建立完善的监管框架，确保 AI 的伦理使用，并保护个人和社会的利益。

误导性信息

生成式 AI 可以生成逼真的文本、图像和视频，这虽然提供了丰富的创作可能性，但也带来了误导性信息的风险。例如，深度伪造（Deepfake）技术可以通过 AI 换脸的方式，生成看似真实的视频，用于传播虚假信息和进行政治操纵。这不仅破坏了社会信任，还可能引发严重的社会问题。

知识产权与隐私

生成式 AI 在创造过程中，往往会引用大量已有的作品和数据，这涉及知识产权的问题。如果没有得到适当的授权和许可，AI 生成的内容可能侵犯他人的知识产权。此外，AI 在收集和分析用户数据时，也存在侵犯隐私的风险。例如，未经同意的数据收集和使用，可能导致个人隐私泄露和滥用。

恶意利用

生成式 AI 也可能被用于恶意目的。例如，网络犯罪分子可以利用 AI 生成的虚假身份进行诈骗，或者通过 AI 生成的恶意软件破坏计算机系统。这些恶意利用不仅对个人和企业造成损害，还可能威胁到国家安全。

建立监管框架

为了应对这些风险，需要建立和完善监管的框架。这包括制定法律法规，明确 AI 技术的使用规范和责任界限；建立伦理委员会，监督和评估 AI 技术的伦理问题；加强国际合作，共同应对跨国界的 AI 风险。此外，还需要鼓励公众参与，加强对 AI 技术的了解和监督。

未来展望：共生共荣，创造人类与 AI 的新未来

尽管面临许多挑战，生成式 AI 依然为我们描绘了一个充满希望的未来。它将与人类共存，并相互赋能，带来更高效、更个性化、更具创造力的体验，并推动人类不断进步。

人类与 AI 的协同合作

未来，生成式 AI 将成为人类的重要助手，协同合作，共同完成任务。AI 擅长数据处理和模式识别，而人类则在创造力、判断力和情感交流方面具有优势。通过结合两者的优点，

我们可以实现更加卓越的成果。

重新思考人类的价值

随着 AI 技术的发展，我们需要重新思考人类的价值。在某些方面，AI 可能比人类更高效，但人类独有的创造力、情感和道德观念，是 AI 无法替代的。这意味着我们需要更加重视培养这些独特的品质，并将其应用于各种领域，为社会创造更多的价值。

确保 AI 的发展符合人类利益

在推动 AI 技术发展的同时，我们必须确保其符合人类的利益和价值观。这需要我们在技术开发和应用过程中，始终坚持以人为本，关注社会的公平和正义，保护个人的尊严和权利。

生成式 AI 作为生产力革命的催化剂，既带来了巨大的机遇，也提出了诸多挑战。通过合理利用 AI 技术，我们可以提高生产力，重塑职业结构，改善消费者体验，构建安全可靠的人工智能生态。只有这样，才能实现人类与 AI 的共生共荣，共同创造美好的未来。

领导力的演进：从领导力提升到 AI 领导力

领导力在现代社会的重要性

随着科技的飞速发展和全球经济的一体化，现代社会正经历着前所未有的变革。这些变化不仅涉及技术层面，还包括文化、政治和经济等多个领域。在这样一个动荡的时代，领导力的重要性愈加凸显。无论是企业管理者、政府官员，还是非营利组织的负责人，都需要具备卓越的领导能力，以引领团队走向成功。

领导力不仅指在组织中担任领导职位的人所具备的能力，还包含了激励、指导和影响他人的综合素质。现代领导理论强调情商、影响力和适应能力的重要性，认为真正的领导者应当能够在各种复杂情况下做出明智决定，并带领团队实现目标。

领导力在不同领域的重要性

在商业领域，领导力直接影响到企业的运营效率和市场竞争力。具有卓越领导力的管理者能够通过战略规划、风险管理和人才培养，确保企业的长期稳健发展。例如，苹果公司在首席执行官史蒂夫·乔布斯的领导下，通过不断创新和精细管理，成为全球科技行业的巨头。

在政府与公共部门，领导力的重要性体现在政策制定与执行过程中。优秀的领导者不仅需要具备专业知识，还需要协调各方利益，推动公共政策的有效实施。以新加坡为例，其政府领导层通过科学决策和高效管理，使得国家在短时间内实现了跨越式发展。

在非营利组织，领导力同样起着至关重要的作用。领导者需要号召和团结志愿者，共同为社会公益事业奋斗。诺贝尔和平奖得主马拉拉·优素福扎伊（Malala Yousafzai）通过其卓越的领导力，在全球范围内推动了女童教育权利的改善，成为这一领域的象征性人物。

领导力在现代社会中的六个重要方面

1. 激发团队士气和凝聚力

优秀的领导者能够激励团队成员，使他们全心投入工作并最大程度地发挥其潜力。这不仅提高了工作效率，还增强了团队的凝聚力，使成员们在面对挑战时能够团结一致。

2. 战略规划与决策

领导者的远见和决策能力至关重要。在复杂多变的环境中，领导者需要制定明确的发展战略，并果断做出决策。这有助于组织在激烈的市场竞争中保持领先地位。

3. 适应变化与创新

现代社会充满了不确定性和快速变化。从技术革新到市场需求的变化，组织必须不断适应新的环境。有效的领导力能够引导组织拥抱变化，鼓励创新，从而保证持续的发展动力。

4. 建立信任与沟通

领导者的诚信和透明度对建立良好的内部文化和外部形象至关重要。他们通过有效的沟通，确保信息在组织内畅通无阻，解决误解和冲突，从而建立起信任关系。

5. 培养人才与传承

优秀的领导者重视人才培养，为下属提供学习和成长的机会。他们不仅关注当前的业绩，还注重未来的领导者培养，为组织的可持续发展做好准备。

6. 社会责任与影响力

现代领导者不仅需关注经济利益，还需承担社会责任。他们通过积极参与公益活动和环保项目，提升组织的社会声誉，树立良好的公众形象。

领导力不仅是个人成功的关键，也是组织和社会进步的动力源泉。通过加强情商、适应能力和创新思维的培养，我们可以塑造出更多卓越的领导者。

传统领导力与 AI 领导力

表 2–1 对比了传统领导力和 AI 领导力在定义、焦点、领导方式、决策过程、沟通方式、组织结构、培训与发展、创新动力、决策速度、战略视野和技术应用等方面的主要差异。

表 2-1　传统领导力与 AI 领导力对比

特点	传统领导力	AI 领导力
定义	领导人才的能力	领导 AI+ 人才的能力
焦点	人类员工的管理和激励	AI 技术、人类员工及其协作的管理和激励
领导方式	主要依赖个人经验、直觉和人际关系	依赖数据分析、算法和人机协作
决策过程	基于人类判断、经验和直觉	基于数据驱动、模型预测和自动化决策支持
沟通方式	面对面交流、语言沟通	多模态沟通（语言、文本、图像、视频等）
组织结构	固定的层级结构	更加扁平化、灵活的组织结构
培训与发展	人类员工的技能提升和职业发展	人类员工与 AI 技能的共同提升和发展
创新动力	人类员工的创新能力和想象力	AI 技术驱动的创新，结合人类智慧和创造力
决策速度	依赖人类反应速度和决策流程	快速、自动化的决策过程
战略视野	长期规划、战略思考	长期规划结合短期战术调整，利用 AI 进行预测和规划
技术应用	辅助工具，非核心领导力	核心领导力，AI 技术是战略和业务发展的重要组成部分

企业中各领导角色的 AI 领导力应用及价值

AI 领导力的出现和发展，使得领导力的内涵和形式发生了显著变化，更加强调数据驱动、人机协作和自动化决策等方面的能力（见表 2-2）。

表 2-2　企业中各领导角色的 AI 领导力

领导角色	应用	价值
首席执行官（CEO）	战略决策与规划	利用 AI 技术进行市场预测，制定长远战略规划
首席技术官（CTO）	技术创新与应用	引入 AI 技术优化生产流程，提高生产效率
首席运营官（COO）	运营优化与管理	通过 AI 分析，优化供应链管理，降低运营成本
首席财务官（CFO）	财务分析与预测	应用 AI 进行财务数据分析，预测企业发展趋势
人力资源发展（HRD）	人才招聘与培训	利用 AI 辅助招聘，提高人才匹配效率；通过 AI 进行员工培训需求分析
首席营销官（CMO）	营销策划与推广	利用 AI 分析消费者行为，制定精准营销策略
首席信息官（CIO）	信息安全与风险管理	通过 AI 技术保障企业信息安全，降低网络风险

从 AI 管理学到 AI 领导力

从 AI 管理学到 AI 领导力

AI 管理学是一种涉及心理学、生理学、行为科学、人类学的理论，它偏重于通过细分、量化和定性，用一些可操作的工具和方法来解决企业管理上的问题。AI 管理学将全面阐述人的智能与各个组织或整个社会的相互关系以及实用价值，通过智能价值进行增值交换，并具体解决管理中碰到的复杂问题。

而 AI 领导力则是指在 AI 时代中具备前瞻性思维、创新能力和战略决策能力的领导特征。这种领导力要求领导者能够引领组织有效利用 AI 技术，并在伦理、管理和创造价值等方面展现卓越素质。AI 领导力要求领导者具备变革管理能力，能够引导团队通过技术变革，同时保持团队成员的积极参与和高效能。此外，领导者还需要具备创新与实验精神，鼓励创新思维和试验新想法，通过小规模实验进行快速迭代，以适应新技术的发展。

在实际应用中，AI 管理学和 AI 领导力相互促进。一方面，AI 管理学为领导者提供了管理企业和智能价值的理论和方法，帮助他们更好地理解和应用 AI 技术。另一方面，具备 AI 领导力的领导者能够更好地引领组织进行 AI 技术的研发和应用，推动组织的创新和发展。

对于现代组织而言，不仅需要掌握 AI 管理学的理论和方法，还需要培养和发展具备 AI 领导力的领导者，以应对人工智能时代带来的挑战和机遇。

表 2-3 提供了一个简化的对比框架，用于理解 AI 管理学和 AI 领导力之间的主要差异和相似之处。在实际应用中，这两个领域可能会有更多的重叠和交叉点，需要根据具体情况进行深入分析和探讨。

表 2-3　AI 管理学与 AI 领导力的对比框架

对比维度	AI 管理学	AI 领导力
定义与范畴	专注于将 AI 技术应用于组织管理的理论与实践，以提升管理效率和效果。	强调领导者如何利用 AI 技术来增强领导效能，包括决策、沟通、团队协调等方面。
核心关注点	AI 技术的管理应用、管理流程的优化、数据分析与决策支持。	领导者与 AI 的协同工作、AI 驱动的决策制定、团队动力与文化的塑造。
技术应用	自动化管理流程、数据分析、预测模型、智能决策支持系统等。	AI 辅助的信息收集与处理、智能分析、领导决策支持等。
人机关系	强调人机协同，AI 作为辅助工具，人类管理者仍占主导地位。	领导者需要掌握 AI 技术，将其融入领导风格和决策过程，实现人机合一。
组织影响	提升组织运营效率、降低成本、增强创新能力。	增强领导者的决策能力、沟通效果，促进团队协作与创新。
人才培养	培养具备 AI 技能的管理人才，提升管理团队的数字化素养。	培养具备 AI 素养的领导者，强化领导者的战略思维与创新能力。
发展趋势	随着 AI 技术的发展，AI 管理学将越来越关注个性化、协同化和智能化。	AI 领导力将更加注重跨界融合、持续学习和情感智能。

AI 管理学与 AI 领导力的融合与应用

在数字化时代，AI 技术正逐渐渗透到各行各业，为企业和组织带来了前所未有的机遇和挑战。在这样的背景下，AI 管理学和 AI 领导力不再是孤立的领域，而是需要相互融合、共同发展的两个重要方向。

AI 管理学和 AI 领导力在技术应用上可以实现互补。AI 管理学侧重于将 AI 技术应用于组织管理的各个环节，通过自动化、数据分析和智能决策支持系统等方式提升管理效率和效果。而 AI 领导力则强调领导者如何利用 AI 技术来增强领导效能，包括决策、沟通、团队协调等方面。通过将 AI 技术应用于领导决策、信息收集和团队沟通等场景，可以进一步提升领导者的决策质量和团队协作效率。

人机关系在 AI 管理学和 AI 领导力中也呈现出融合的趋势。在 AI 管理学中，人机协同是一个重要的原则，强调人类管理者在 AI 辅助下发挥主导作用。而在 AI 领导力中，领导者需要掌握 AI 技术，将其融入领导风格和决策过程，实现人机合一。这种融合不仅有助于提升组织和团队的整体效能，还能够培养具备 AI 素养的领导者和管理人才，为组织的长期发展奠定坚实基础。

AI 管理学和 AI 领导力的融合也有助于推动组织的创新和变革。随着 AI 技术的不断发展和应用，企业和组织需要不断创新以适应新的市场环境和业务需求。通过融合 AI 管理学和 AI 领导力，可以推动组织在管理模式、领导风格和决策机制等方面的创新，提升组织的竞争力和适应能力。

综上所述，AI 管理学和 AI 领导力虽然各有侧重，但在实际应用中需要相互融合、共同发展。通过充分利用 AI 技术的优势，结合人性化的管理理念和领导风格，可以推动企业和组织在数字化时代实现更高效、更智能的发展。

AI 领导力会成为高校新商科与新工科建设的必修课

随着人工智能技术的快速发展和广泛应用，AI 领导力逐渐成为高校和商学院在新商科与新工科建设中的一项重要教学内容。AI 领导力不仅仅是指掌握人工智能技术，更重要的是将人工智能技术与管理、商业思维相结合，形成全新的领导力模式。

在新商科与新工科建设的背景下，AI 领导力的培养显得尤为重要。新商科强调商业模式的创新和管理思维的变革，而新工科则注重工程技术的创新和跨学科融合。AI 领导力的培养可以帮助学生更好地适应这种跨学科、综合性的发展趋势，提升他们的综合素质和竞争力。

通过 AI 领导力的培养，学生可以学习到如何运用人工智能技术来优化商业模式、提升管理效率、推动创新发展。同时，他们还可以掌握如何与不同领域的专家合作，共同解决复杂问题，提升团队的协作能力和创新能力。

在实际教学中，高校和商学院可以通过开设相关课程、组织实践活动、搭建实践平台等方式来培养学生的 AI 领导力。

例如，可以开设人工智能与商业决策、人工智能与团队管理等课程，帮助学生掌握相关知识和技能；可以组织学生进行实际项目的开发和实践，让他们在实践中学习和应用 AI 领导力。通过培养学生的 AI 领导力，可以提升他们的综合素质和竞争力，为未来的职业发展打下坚实的基础。

AI 领导力的道、法、术、器

道、法、术、器哲学

“道法术器”是老子《道德经》的精髓思想，强调五个字，那就是道、法、术、器、势。其中，“道”是天道，是最终的真理，囊括整个世界和宇宙；“法”是方法、路径、决策；“术”是技术、技巧、手段；“器”是有形的物质或有形的工具；“势”是从“道、法、术、器”中体现的势能，比如“军魂、班风”之类的气场、气势、执行力。

“道法术器”意思是做事做人要以道为根本，讲究方法和利用规律，通过采用最好的工具，采用最好的技术，来完成你要达到的目的。“道”是天道，“法”是人定的，就是说你该怎么跟着“天道”去做。“法”也有善恶之分。顺应天道的“法”就是善法，相反，违背天道的“法”就是恶法。“术”是指技术层面上的操作方法。“器”是指有型的物质或是有形的工具。有句话叫“工欲善其事，必先利其器”，指的就是这个意思（见图 2–1）。

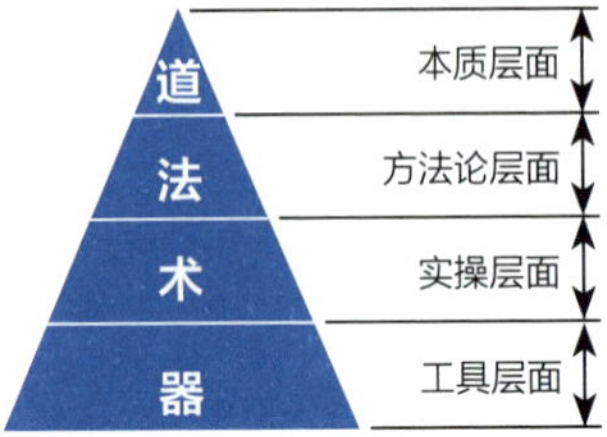

图 2-1 “道法术器”示意图

AI 领导力的道、法、术、器

AI 领导力的道、法、术、器是一个深入且全面的概念，涵盖了 AI 领导者在引导团队和组织时所应遵循的原则、方法、技巧和工具。详细阐述见图 2-2。

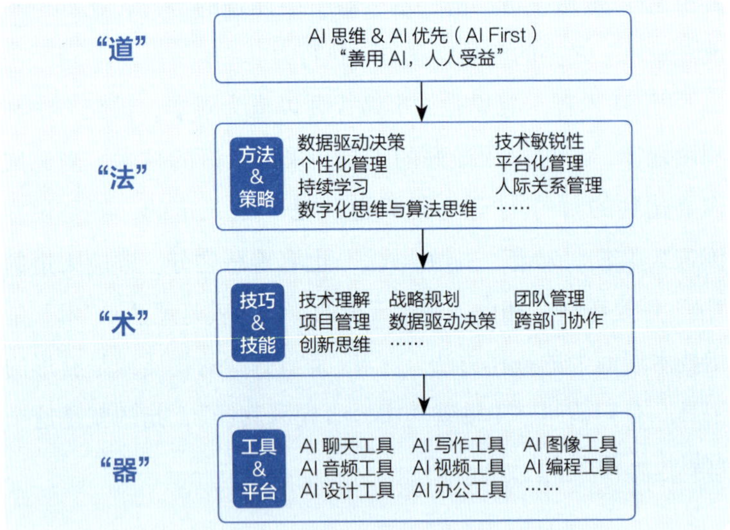

图 2-2 AI 领导力的道、法、术、器

AI 领导者“道”

在 AI 领导力中，“道”代表了领导者的核心价值观、愿景和使命。一个优秀的 AI 领导者需要有清晰明确的价值观，能够指引团队朝着共同的目标前进。同时，他们还需要具备前瞻性的视野，能够洞察未来趋势，为团队制定长远的发展规划。这种价值观和愿景的引领，是 AI 领导力的核心所在。

AI 领导者的“道”体现在他们对人工智能技术的深刻理解和坚定信念上，以及他们如何引领组织和企业朝着“AI 优先”的方向发展。

第一，AI 领导者坚信人工智能是推动社会进步和变革的关键力量。他们深刻理解 AI 技术的潜力和价值，并致力于将其应用于各个行业和领域，以解决实际问题、提升效率并创造新的商业模式。

第二，AI 领导者倡导并实施“AI 优先”的策略。在数字化时代，企业必须优先考虑利用 AI 技术来优化业务流程、提升产品和服务质量，因此他们积极推动企业内部的技术升级和创新，鼓励员工学习和掌握 AI 技能，并构建以 AI 为核心的企业文化。

第三，AI 领导者还注重跨领域的合作和资源整合。AI 技术的发展需要多学科的交叉融合和创新思维的碰撞，因此他们积极寻求与其他领域的专家、学者和企业的合作，共同推动 AI 技术的进步和应用。

第四，在领导风格方面，AI 领导者通常具备开放、包容和创新的特质。他们鼓励团队成员提出新的想法和解决方案，并为成员提供足够的支持和资源来实现这些想法。同时，他们也注重培养团队成员的 AI 技能和素养，帮助其成长为具有创新精神和实践能力的专业人才。

第五，AI 领导者的“道”还体现在以人为本的思想，对社会责任和可持续发展的重视上。AI 技术的发展不仅关乎企业的利益，更关乎社会的福祉和未来的可持续发展。因此，在推动 AI 技术应用的同时，也注重考虑其对社会、环境和伦理等方面的影响，并积极寻求实现可持续发展的途径。

AI 领导者的“道”是一种对人工智能技术的深刻理解和坚定信念的体现。他们以 AI 优先为策略，通过跨领域合作、开放包容的领导风格以及对社会责任的重视，引领组织和企业朝着更加智能化、高效化和可持续化的方向发展。其中，“善用 AI，人人受益”和“AI 优先”正是这种道的一个具体体现，它强调在决策和行动中优先考虑人为本和 AI 技术的应用，以实现更广泛的影响和更深远的发展。

AI 领导者的“法”

这里的“法”指的是 AI 领导者在管理和指导团队时所采用的方法和策略。有效的领导方法能够激发团队成员的积极性和创造力，提升团队的整体效能。AI 领导者需要了解团队成员的特点和需求，因材施教，采用灵活多样的领导方式。同时，他们还需要关注行业动态和技术发展趋势，及时调整战略和方法，以适应不断变化的市场环境。

AI 领导者的方法策略涵盖了多个方面，这些策略不仅涉及技术的运用，还包括对组织、员工和数据的深入理解与运用。

1. 数据驱动决策。AI 领导者善于收集、分析和利用大量数据来推动组织发展。他们通过数据洞察潜在问题和发展机会，进而制定有针对性的策略。

2. 技术敏锐性。保持对最新技术趋势的敏锐洞察是 AI 领导者的关键能力。他们需要时刻关注行业动态，以便能够把握机遇并做出及时的决策。

3. 个性化管理。在管理中，AI 领导者注重员工的个性化需求，提供定制化的支持和资源。他们通过利用 AI 技术了解每个员工的特长和喜好，以更精准地分配任务和提供发展机会。

4. 平台化管理。AI 领导者善于协调各方资源，创造良好的协作氛围，并利用互联网技术实现组织目标。他们通过搭建高效的信息共享和沟通平台，促进团队成员之间的合作与交流。

5. 持续学习。由于 AI 技术日新月异，AI 领导者需要保持持续学习的态度，不断更新自己的知识和技能。他们通过参加培训、阅读专业文献和与行业专家交流等方式，保持自身竞争力。

6. 数字化思维与算法思维。AI 领导者具备数字化思维，通过数据分析方法深入了解员工需求和市场趋势。同时，他们还具备算法思维，能够从数据中挖掘信息，并根据实际情况制定相应策略。

7. 人际关系管理。AI 领导者善于处理员工之间的复杂关系，建立良好的人际关系，以推动组织发展。他们通过倾听、沟通和协调等方式，化解矛盾、增进信任，促进团队和谐与稳定。

AI 领导者的方法策略的运用不仅有助于提升组织的绩效和竞争力，还能够促进员工的成长与发展。

AI 领导者的“术”

在 AI 领导力中，“术”代表了领导者在具体执行过程中的技巧和技能。这包括沟通技巧、决策能力、团队协作等多个方面。一个优秀的 AI 领导者需要具备良好的沟通能力，能够与团队成员建立信任和良好的合作关系。同时，他们还需要具备敏锐的洞察力和判断力，能够在复杂的情况下做出正确的决策。此外，团队协作和项目管理等技能也是不可或缺的。

在 AI 领导力中，这些技巧与技能帮助领导者有效管理、指导团队，推动 AI 项目的成功实施（见表 2-4）。

表 2-4　关键的“术”

“术”类别	具体技巧与技能
技术理解	1. 熟悉 AI 技术原理和发展趋势
	2. 掌握常用 AI 工具和平台
	3. 理解 AI 在业务场景中的应用潜力
战略规划	1. 制定 AI 项目目标和实施计划
	2. 分析市场需求和竞争态势
	3. 预测 AI 技术对未来业务的影响

续表

“术”类别	具体技巧与技能
团队管理	1. 选拔和培养具备 AI 技能的团队成员
	2. 激发团队成员的创新精神和协作意识
	3. 建立有效的沟通机制和激励机制
项目管理	1. 制定详细的项目计划和时间表
	2. 监控项目进度，确保按时交付
	3. 处理项目中的风险和问题，确保项目成功
数据驱动决策	1. 收集和分析 AI 项目相关数据
	2. 利用数据优化算法和模型
	3. 基于数据制定业务决策和战略调整
跨部门协作	1. 与其他部门建立有效的沟通渠道
	2. 协调资源，推动 AI 项目跨部门实施
	3. 促进 AI 技术在整个组织的普及和应用
创新思维	1. 鼓励团队成员提出新想法和解决方案
	2. 尝试新的技术和方法，提高 AI 项目效果
	3. 持续关注行业动态和技术发展趋势，保持创新动力

这些“术”是 AI 领导者在具体执行过程中需要掌握的关键技巧与技能，有助于提升团队的执行力和创新能力，推动 AI 项目的成功实施。

AI 领导者的“器”

这里的“器”指的是 AI 领导者在领导过程中所借助的工具和平台。随着技术的不断发展，越来越多的工具和平台被应用于 AI 领域。AI 领导者需要了解和掌握这些工具和平台的使用方法，以便更好地指导团队开展工作。同时，他们还需要关注新技术和新工具的发展动态，及时更新和升级自己的知识和技能。

AI 工具的分类

1. AI 聊天工具，是指使用人工智能技术构建的能够进行对话和交流的虚拟助手或聊天机器人。这些工具利用自然语言处理和机器学习等技术，能够理解用户的输入并做出相应的回应。例如 ChatGPT、New Bing、文心一言等。

2. AI 写作工具，是利用人工智能技术来辅助和提升写作过程的工具。这些工具可以根据用户输入的标题或提示语帮助用户生成、优化文本或提供写作建议。可以用于生成文章、生成营销文案、进行小说创作等。例如秘塔写作猫、Jasper、笔灵 AI 等。

3. AI 图像工具，是利用人工智能技术来分析和处理图像的工具。这些工具可以根据用户要求生成符合要求的图片，还具有背景移除、无损放大、图片修复、物体抹除等功能。例如 Midjourney、Stable Diffusion、美图等。

4. AI 音频工具，是利用人工智能技术来处理和生成音频的工具。这些工具可以生成符合要求的音乐、进行歌声合成、辅助音乐创作等，还具有语音转换文字、噪音消除等功能。例如网易天音、讯飞智作、ACE Studio 等。

5. AI 视频工具，是利用人工智能技术来生成和处理视频的工具。这些工具可以生成符合要求的视频、自动生成计算机动画、实现图片转视频等。还具有智能抠图、真人转动画等功能。例如 Runway、Wonder Studio、Sora 等。

6. AI 编程工具，是利用人工智能技术来辅助和加速编程过程的工具。这些工具可以提供代码自动补全、代码优化、错误检测等功能，帮助开发者提高编程效率和代码质量。例如 GitHub Copilot、CodeWhisperer、Cody 等。

7. AI 设计工具，是指利用人工智能技术来辅助和增强设计过程的工具。可以用于生成设计产品，如进行标识设计、网页设计等。例如稿定 AI、即时 AI、Looka 等。

8. AI 办公工具，是指利用人工智能技术来提高办公效率和工作质量的工具。包括 AI 幻灯片制作工具、AI 表格制作工具、AI 数据处理工具、AI 思维导图、AI 会议工具等针对不同办公需求的 AI 工具。例如爱设计 PPT、WPS Office 等。

国产综合 AI 工具简介

随着人工智能技术的快速发展，越来越多的 AI 大模型涌现，为企业和个人提供了丰富的选择。

接下来针对文心一言、Kimi、天工 AI、腾讯元宝和豆包等国内知名 AI 大模型进行个性化推荐，帮助不同行业、不同岗位的人选到最适合自己的 AI 助手。

1. 文心一言

是由百度公司精心打造的一款集自然语言处理能力和深厚知识储备于一身的新一代 AI 语言模型。

特色：中文语言理解基础深厚，能够精准捕捉用户需求，提供个性化的语言服务。其应用场景广泛，接口设计灵活，易于融入各行各业。

擅长：

（1）商务办公。提升撰写报告、策划文案的效率。

（2）客户服务。智能问答支持，快速响应客户需求。

（3）教育与培训。辅助教师制作课件，提供智能学习辅导。

2. Kimi

Kimi 以其多模态数据处理能力著称，具备处理文本、图像、语音等多种数据类型的能力，能够为用户提供全面的信息支持。

特色：图像识别和语音交互功能强大，尤其在提炼和归纳文件核心内容上表现出色，适合长文本与大文件解析。

擅长：

（1）医疗健康。协助医生进行病例分析、影像识别，提高诊断效率。

（2）智能制造。优化生产流程、实现智能监控，提高制造效率。

（3）安全与监控。进行人脸识别、行为分析等，保障公共安全。

3. 天工 AI

天工具备高度的可定制性和扩展性，能够根据用户需求进行灵活的模型调整和优化。其强大的计算能力和数据处理能力，使其成为科研和数据分析领域的得力助手。

特色：功能全面，包括文生图、写歌、视频转绘。特别适合需要个性化搜索服务的学术和科研工作。

擅长：

（1）科学研究。支持复杂的科学计算和模拟实验，推动科研进步。

（2）金融服务。进行风险评估、投资决策等金融领域的智能分析。

（3）物流运输。优化运输路线、提高运输效率。

4. 腾讯元宝

腾讯元宝是腾讯公司推出的 AI 大模型，凭借其丰富的数据资源和强大的技术能力，为用户提供全方位的智能服务。

特色：腾讯元宝注重于社交和娱乐场景的优化，能够提供更加自然、流畅的交互体验。

擅长：

（1）社交娱乐。支持智能聊天、语音交互等社交功能，丰富用户的娱乐生活。

（2）电商推荐。根据用户喜好和行为数据，提供个性化的商品推荐和购物体验。

（3）游戏开发。提供智能角色设计、游戏策略优化等支持。

5. 豆包

豆包能够理解和表达情感，为用户提供温暖的情感支持。其独特的情感计算模型，使其成为心理咨询、情感陪伴等领域的优秀选择。

特色：语音交互优秀，设计简洁，适合需要情感交互的场合。

擅长：

（1）心理咨询。协助心理咨询师进行心理分析和治疗。

（2）情感陪伴。为用户提供情感支持和陪伴，缓解孤独和压力。

（3）智能家居。提供智能语音控制、情感交互等智能家居服务。

6. 智谱清言

它是一款以深度学习和自然语言处理技术为核心的 AI 大模型，以其卓越的语言理解和生成能力在多个领域得到应用。

特色：擅长处理复杂的语言逻辑，生成自然流畅的文本，适合需要高质量文本输出的场合。

擅长：

（1）内容创作。辅助撰写高质量的文章、博客和创意文案。

（2）法律咨询。提供法律文件审核、合同起草等智能辅助服务。

（3）政策分析。帮助政府部门或研究机构进行政策文本的分析和解读。

7. 讯飞星火

讯飞星火以其先进的语音识别技术和自然语言处理能力著称。它能够理解和处理复杂的查询，支持多种语言，适用于广泛的行业和场景。

特色：智能语音图像识别，多场景定制交互，持续学习优化，高效精准信息处理。尤其适合多语言环境和需要语音交互的场景。

擅长：

（1）教育个性化应用。定制化教学方案，智能优化学习路径，支持互动问题解答。

（2）医疗健康诊断。AI辅助症状分析与诊断建议，提升医生工作效率。

（3）企业智能化客服。自然语言处理实现客户服务自动化，提高满意度，降低成本。

（4）内容创作辅助。市场分析与趋势预测，生成创意文案，增强内容吸引力。

（5）语音交互设备。在智能家居和车载系统中提供高效语音识别与交互功能。

8. 通义千问

通义千问是阿里云自主研发的多模态预训练模型，不仅擅长文本生成和理解，还能跨领域应用，包括代码生成、视觉理解等。

特色：融合了阿里巴巴集团的业务场景和技术积累，具有丰富的电商、金融等领域的专业知识，且能够生成高质量的文本和代码，还支持图像生成。

擅长：

（1）电商推荐。基于阿里巴巴集团的丰富电商数据和场景，通义千问能提供个性化的商品推荐和营销文案生成，提升销售转化率。

（2）代码编写。通义千问可以生成代码片段，解答编程问题，辅助软件开发人员快速解决问题，提高开发效率。

（3）金融分析。在金融领域，通义千问能够分析市场趋势，撰写研究报告，提供投资建议，辅助决策制定。

综上所述，AI 领导力的道、法、术、器是一个相互关联、相互作用的整体。只有在这四个方面都具备优秀的素质和能力，AI 领导者才能有效地引领团队应对挑战和机遇，推动组织的持续发展。

CHAPTER 3

「第 3 章」

制定人工智能战略

Develop AI Strategies

转型模块

TRANSFORMATION MOUDLE

CERTIFIED

AI领导力

AI LEADERSHIP

什么是人工智能战略?

“智能是人类的本质，人工智能是人类的延伸。”这句深刻的话语，犹如一盏明灯，为我们揭示了人工智能在人类未来发展中的重要地位与深远影响。

本章将深入探讨人工智能战略的方方面面。所谓人工智能战略，是指一个国家、组织或企业为了开发和利用人工智能技术所制订的长期规划和措施。

下文详细分析人工智能战略在国家、企业、学术科研机构和公共部门是如何落地的。

国家级人工智能战略

部分国家已发布了自己的人工智能战略文件，以确保在全球竞争中占据优势（见表 3-1）。这些战略通常包括以下内容。

研发投资：增加对 AI 基础研究和应用研究的投资。

人才培养：通过教育和培训项目培养 AI 专业人才。

数据政策：制定开放数据和隐私保护的相关政策。

伦理和法规：建立 AI 伦理准则和相关法律框架。

表 3-1　世界人工智能战略政策梳理

国家	文件	政策概述	主要特点
美国	美国政府发布了《国家人工智能研发战略规划》和《保持美国在人工智能领域的领先地位》的行政令。	鼓励创新和投资，同时注重监管。	设立人工智能研究与发展中心；资助人工智能研究和教育项目；强调数据隐私和安全。
中国	中国政府发布了《新一代人工智能发展规划》，明确了到 2030 年成为世界主要 AI 创新中心的目标，并设定了具体的里程碑。	加速人工智能产业发展，提升国际竞争力。	实施人工智能国家战略；建设人工智能产业园区；加强人才培养和引进。
欧盟	欧盟发布了《欧洲人工智能战略》，旨在通过协调成员国的努力，提升欧盟在全球 AI 领域的竞争力。	强调伦理和可持续性，推动人工智能发展。	制定人工智能伦理指南；设立人工智能研究中心；鼓励公私合作，推动人工智能应用。
日本	日本政府推出了“社会 5.0”战略，旨在通过 AI 和其他先进技术实现社会和经济的全面数字化转型。	强化人工智能在产业和社会中的应用。	制定人工智能国家战略；加强人工智能技术研发；促进人工智能在医疗、交通等领域的应用。
韩国	韩国政府制订了“人工智能产业发展计划”，目标是到 2025 年成为全球 AI 技术的领导者之一。	建设人工智能强国，提升国家竞争力。	实施人工智能国家战略；加强人工智能人才培养；推广人工智能在公共服务领域的应用。
俄罗斯	继 2019 年批准《2030 年前国家人工智能发展战略》后，俄罗斯总统普京 11 月 24 日在“2023 人工智能之旅”国际人工智能与机器学习大会上宣布，批准新版《国家人工智能发展战略》	支持科学研究，保障人工智能的先进发展； 设计和开发利用人工智能技术的软件； 提高人工智能技术开发所需数据的可用性和质量； 增加解决人工智能领域任务所需的硬件供应； 提高俄罗斯人工智能技术市场合格人员的供应水平以及民众对此类技术可能使用领域的认识水平； 创建一个综合系统来调节因人工智能技术的开发和使用而产生的社会关系。	重点任务之一就是扩大生成式人工智能和大型语言模型领域的基础和应用研究；到 2030 年俄罗斯的总计算能力应达到每秒 6.2 浮点运算次数。

企业级人工智能战略

企业级人工智能战略侧重于如何将 AI 技术应用于业务流程以提高效率、创新产品和服务等（见表 3-2）。

表 3-2　部分大型企业结合人工智能战略实施列举

企业名称	战略内容	特点	价值
谷歌	利用人工智能改进搜索引擎和广告业务。	强调数据驱动，不断迭代算法以提高搜索质量。	提升了搜索效率，增加了广告收入。
亚马逊	使用人工智能优化电商平台，提升用户体验。	结合大数据分析和机器学习，个性化推荐商品。	提高了用户购物满意度，增加了销售额。
微软	开发人工智能云服务，为企业客户提供智能化解决方案。	提供丰富的 AI 工具和平台，帮助企业实现数字化转型。	提升了企业的运营效率，增加了微软云服务市场份额。
阿里巴巴	借助人工智能推进新零售业务，优化供应链和物流。	整合线上线下数据，提供智能决策支持。	提高了物流效率，提升了消费者购物体验。
特斯拉	应用人工智能开发自动驾驶技术，推动智能交通发展。	创新性强，持续投入研发，追求技术领先。	提高了驾驶安全性，推动了汽车产业的智能化升级。

技术部署：评估和采用适合的 AI 工具和解决方案。

数据管理：建设高质量的数据收集和分析系统。

跨部门合作：促进各业务单元之间的协作，共享 AI 成果。

变革管理：关注员工技能升级和文化转变。

学术和科研机构的人工智能战略

学术和科研机构主要通过以下方式推进 AI 技术的发展（见表 3–3）。

表 3–3　部分学术和科研机构在人工智能领域的战略

机构名称	战略内容	价值
麻省理工学院 AI 实验室	开发先进的人工智能算法和技术，推动人工智能在各个领域的应用。	促进科技进步，推动经济和社会发展。
斯坦福大学人工智能实验室	聚焦人工智能基础理论研究和创新应用，培养高端人才。	提升国家科技实力，培养创新人才。
牛津大学机器智能研究所	探索人工智能的伦理和社会影响，推动可持续发展。	增进社会福祉，促进可持续发展。
德国人工智能研究中心	专注于人工智能在工业、医疗等领域的应用研究。	提升产业竞争力，推动经济转型升级。
中国科学院自动化研究所	开展人工智能前沿研究和创新应用，加强国际合作。	促进国内人工智能领域发展，提升国际影响力。

研究计划：设立专项研究基金，推动前沿科学探索。

跨学科合作：鼓励不同学科之间的交叉研究。

国际合作：与全球顶尖研究机构和企业合作，分享知识和资源。

人工智能战略是多层面的，包括多个维度，每个领域都需要根据自身特点和需求，定制相应的战略规划，以最大化利用 AI 技术带来的潜力和益处。

人工智能战略及落地路径

什么是企业 AI 战略?

企业 AI 战略是指企业在组织内整合先进的人工智能技术，以增强各种业务功能，实现数字化转型和智能化升级的整体规划和行动方案。这涉及自动化生产、数据分析、智能客服等多个方面的应用，旨在提升生产效率、优化运营流程、增强市场洞察力，从而提升企业的竞争力。

在实施企业 AI 战略时，企业需要明确转型目标，评估现有技术基础设施和人才储备是否能够支持 AI 的集成和运行。同时，制定预算并进行成本效益分析，考虑 AI 解决方案的总成本以及潜在的回报。

企业 AI 的核心是 AI 软件工具，这些工具利用最先进的方法，如机器学习、自然语言处理和计算机视觉等，使组织能够实现流程自动化，简化复杂的业务功能，自动执行重复性任务，并充分利用所积累的数据。

然而，实施企业 AI 战略也面临诸多挑战，如技术基础设施的投资、人员技能的培训、数据安全和隐私保护等问题。因此，企业需要综合考虑技术、人才、成本和市场等多方面因素，制定出符合自身实际情况的 AI 战略。

企业 AI 战略是企业实现数字化转型和智能化升级的关键，通过合理规划和实施，可以为企业带来显著的经济效益和竞争优势。

企业 AI 战略的误区和挑战

AI 的价值并非孤立存在，而需要在完整的体系架构中得以实现，因此，企业 AI 战略的制定，必须考虑到整个业务生态的协同与融合，确保 AI 技术的价值能够最大化地发挥。

同时，AI 的应用并非一蹴而就，而是需要经历一个客观的成长周期，类似于个人的成长需要经历学习和实践的过程。企业需要制定长期稳定的 AI 战略规划，逐步推进技术应用，以实现持续的创新与发展。

下文将以“误区”为视角，尝试勾勒出企业 AI 战略的边界轮廓，帮助企业更好地理解和把握这一战略的核心要素和关键挑战。

态度误区

态度误区，是近两年来我在 AI 领域探索过程中深感痛楚与无奈的现象。无论是在专注于 AI 大模型研发的企业，还是在致力于 AI 应用落地的企业，我都深刻感受到了这种双重困境的存在。

一方面，无论是高层领导还是基层员工，似乎都急于看到即时的成果。这种迫切的求成心态，使得我们在面对挑战和困难时，往往缺乏耐心和深入探究的勇气。当目标难以实现时，我们又会迅速退回到自己的舒适区，故步自封，不愿再进一步思考或尝试。

另一方面，在应用价值层面，ChatGPT 等 AI 技术的崛起确实激发了人们的想象力，我们误以为所有神奇的功能都能够立等可取。然而，当面对现实中无法立刻实现的需求时，我们却往往选择逃避，认为这与自己无关，转而投身于其他看似更为紧迫的事务。

在企业战略层面，社会的热烈氛围与顶层的高度重视，与基层的实际执行力和效果之间形成了巨大的落差。这种不确定性使得大家都在混沌的状态中摸索前行，有些人选择明哲保身，有些人则沉迷于表面的光鲜，都不愿去深入探究问题的本质。

在资本市场和政府引导方面，同样存在着等待结果、“等待风来”的心态。我们期待着标杆案例和光鲜业绩的横空出世，就像期待下一个 ChatGPT 或 Sora 的惊艳亮相一样。然而，这种等待往往忽略了创新和探索的过程，以及其中蕴含的风险和挑战。

这种态度误区反映出了我们视野和立场的碎片化和短视化。我们的心态和状态往往处于急而躁、躁而浮、浮而浅的状态，缺乏深入思考和长期规划的能力。然而，从另一个角度看，这种困境也为我们提供了更好的机会，激励我们跳出舒适区，勇于探索和创新。

所以，我们需要放松心态，以更平和的心态看待 AI 技术的发展和应用。此外，我们也应该认识到，真正的创新者往往能够在混沌中找到机会，开辟出一片全新的蓝海。

技术误区

我们需明确，企业 AI 应用远非仅仅局限于开发所谓的“大型语言模型（LLM）”。单纯依赖行业大数据来打造“行业大模型”无疑是一种技术上的“空想”。企业 AI 应用也并非仅仅局限于业务问答场景的开发。虽然“问答”在一定程度上体现了 AI 大模型的“认知计算”能力，但它并不具备真正的生产力价值。在生产力领域，大多数岗位需要的是熟练工的技能和经验，而非简单的业务问答。因此，将业务问答视为企业 AI 应用的全部，就如同认为拥有电动机就等于拥有了电气化时代的所有电器一样，是一种过于简化和片面的看法。

需要强调的是，企业 AI 应用并非“唯 AI 大模型论”所能概括。虽然 AI 大模型作为“认知引擎”在数字化时代具有重要地位，但它并不能脱离其他基础条件和因素而单独存在。相反，AI 大模型需要建立在数字化的基础之上，以数据和知识为“燃料”，同时还需要以行业的知识积累、知识工程为核心，通过知识和认知来连接所有的生产要素（如劳动者、劳动对象、劳动工具），并重构所有的生产关系（如分工协作、价值分配）。

因此，我们在推进企业 AI 应用时，应摒弃“唯 AI 大模型论”的狭隘观念，充分认识到 AI 大模型在数字化时代的重要作用，同时也要注重与其他基础条件和因素的协同配合，以实现 AI 技术在企业中的全面应用和价值发挥。

形态误区

AI 在企业中的应用，其最终形态并非某种具象化的产品，而是一个错综复杂的系统工程。它远非单一的 APP，更非多个 APP 的简单聚合，而是由无数 APP 相互交织而成的庞大操作系统。

所以我们要窥见整个系统工程的全貌，这样才能准确认知和评估每一个单独应用的价值。

AI 在企业中的应用，是一场深刻的知识工程、认知工程、数智工程的革命。它旨在构建一个由 AI 驱动的全新业务数智系统，涵盖产品、客户、员工以及物资流、信息流、资金流、认知流等多个维度。这是一场从要素到结构，再到流程的全面重构工程。

在推进 AI 在企业中的应用时，我们固然需要从具体的功能点入手，如同建造“摩天大楼”时从一块砖头、一根钢筋、一罐混凝土开始。然而，若没有清晰的“摩天大楼”的蓝图作为指引，我们便无法确定应采用何种材料、何种技术来构建这些宏伟的工程。同样，若未能明确这些工程所带来的商业价值，我们又怎能吸引足够的资源来支持它们的建设？

从产品的角度看待 AI 的企业应用，我们可能会陷入简单的采购逻辑之中，追求明确的功能、性能指标，清晰的投入、产出比，以及成功的应用案例。然而，目前 AI 产品距离这些具体的应用需求还有相当的距离，难以直接满足传统产品采购逻辑下的要求。

因此，我们需要从系统工程的角度重新审视 AI 的企业应用。这意味着我们需要开展严谨的论证、规划和设计，深入掌握 AI 应用的第一性原理，规划出未来蓝图，并进行可实施性的论证和试验。我们还需要制定详细的结构设计和施工组织设计，确保有足够的资金和资源保障，并制定切实可行的实施计划。

正如企业数字化进程所展现的那样，这并非简单的产品采购过程，而是一场持久的系统再造工程。AI 在企业中的应用同样如此，尽管其速度、深度和强度可能超过企业数字化，但其本质依然是一个更为复杂、更为庞大的系统工程。

战略误区

在企业 AI 战略实践中，我们时常观察到一种现象：战略方法与战术方法的错配。这种错配不仅阻碍了企业对 AI 变革的深刻理解和有效应对，更可能导致企业错失战略机遇。

具体而言，许多企业在制定 AI 战略时，往往容易陷入战术问题的泥沼，用战术思维来替代战略思考。他们只关注具体的场景和产品层面，而忽视了从系统层面来审视和规划 AI 变革的影响。同时，他们通常只关注短期内的效益和成果，缺乏对长期发展的深入思考和规划。

然而，战略问题的核心在于解决“做正确的事”和“把事做正确”这两个关键问题。我们需要深刻理解 AI 变革的技术本质及其对企业和产业的深远影响，清晰描绘出 AI 变革下的未来图景，并统一企业内外的共识。在此基础上，我们需要系统规划实现路径，进行严密的论证和实验验证，确保每一步都走得稳健而有力。

如果我们只停留在场景产品层和战术层面，就无法看到 AI 变革带来的全局性影响和潜在价值。这种短视和片面的做法不仅限制了企业的创新能力和发展潜力，更可能使企业错失 AI 变革带来的战略机遇。

此外，战略与战术的错配还可能导致企业 AI 创新能力的“瘫痪”。用战术方法对待战略问题，无法构建出具有前瞻性和指导性的战略蓝图和路径。同时，缺乏战略层面的资源和投入保障，战术层也难以实现真正的突破和进步。最终，企业的 AI 战略可能只是浮于表面，难以取得实质性的成果和进展。

因此，我们必须高度重视战略与战术的匹配问题，确保在制定和执行 AI 战略时能够充分考虑到战略和战术的协同作用。只有这样，我们才能真正抓住 AI 变革带来的机遇，推动企业实现可持续发展和创新突破。

制定 AI 战略 21 问

那么，企业如何制定切实可靠的、符合自己企业特色的 AI 战略？我梳理了以下 7 个方向 21 个问题，领导者基于这些问题进行解答即可对战略有更加清晰的认知。

1. 战略定位与愿景

（1）如何明确 AI 在企业中的战略地位？

（2）如何设定 AI 愿景，确保与企业的整体战略相契合？

（3）如何评估 AI 技术对企业未来发展的潜在影响？

2. 市场分析与竞争态势

（4）当前 AI 技术在行业内的应用现状如何？

（5）竞争对手在 AI 领域的布局和动向如何？

（6）如何识别并抓住 AI 技术带来的市场机遇？

3. 资源与能力评估

（7）企业内部在 AI 领域的资源和能力现状如何？

（8）如何识别并弥补资源和能力的不足？

（9）如何通过内外部合作提升 AI 能力？

4. AI 战略框架构建

（10）如何设计 AI 战略的整体框架？

（11）如何确定 AI 战略的关键目标和指标？

（12）如何制定实施 AI 战略的具体行动计划？

5. 风险管理与合规性

（13）AI 技术在应用中可能面临哪些风险和挑战？

（14）如何制定风险应对策略，确保 AI 技术的安全可控？

（15）如何确保 AI 技术的合规性，避免法律和政策风险？

6. 组织变革与文化塑造

（16）如何推动组织结构和流程变革以适应 AI 技术的发展？

（17）如何培养员工的 AI 意识和技能，提升组织的 AI 素养？

（18）如何塑造支持 AI 发展的企业文化？

7. 持续学习与优化

（19）如何建立 AI 战略的监测与评估机制？

（20）如何根据实际效果调整和优化 AI 战略？

（21）如何保持对 AI 技术发展趋势的敏锐洞察，确保战略的前瞻性？

AI 战略框架（方法论）

在当今飞速发展的数字化时代，AI 已成为推动创新和提升组织竞争力的核心动力。AI 不再仅仅是科技公司的专属工具，而是各行各业实现转型和增长的关键引擎。然而，AI 的应用也伴随着复杂的挑战和风险。因此，构建一个系统化的 AI 战略框架至关重要，这不仅能确保 AI 技术与组织的整体目标相一致，还能通过有效的治理和管理，最大程度地发挥其潜力，降低潜在风险。

谁来制定 AI 战略?

这确实是一个与企业的组织特性息息相关的问题。每个组织都有其独特的架构、文化以及发展方向，因此，AI 战略的制定需要反映这些独特性。

领导者。一个强大的领导层是不可或缺的。在这个领导层中，执行团队和部门负责人是关键角色。他们不仅需要参与讨论，还要在采用新技术方面做出最终的战略决策，并批准 AI 战略。同时，领导层还要在建立治理和负责任的 AI 方法上发挥关键作用，确保 AI 技术的发展与应用能够与社会、伦理和法律规范相协调。

员工。员工的参与同样重要。他们作为一线工作人员，对业务流程和实际需求有着深入的了解。他们可以提出关于自动化的创新想法，提供 AI 解决方案和生成式 AI 工具的用例。这种自下而上或自中而上的规划参与方式，有助于识别出重大的 AI 机遇，并推动 AI 的采用和实施。

战略规划促进者（咨询专家）。为了更有效地指导 AI 战略过程，引入外部战略规划推动者是一个明智的选择。他们具有丰富的经验和专业知识，可以帮助组织将 AI 的智能与人类智慧相结合，指导 AI 战略部署并鼓励参与。此外，他们还可以协助处理由 AI 推动的重大文化转变和变革管理工作，确保团队能够顺利应对这些挑战。

IT 团队。IT 团队在 AI 战略制定过程中同样发挥着重要作用。他们需要参与讨论，评估当前技术堆栈的结构、功能和局限性，以便为实现 AI 机遇提供技术支持。此外，他们还需要与 AI 专家紧密合作，共同探索新的技术解决方案，为组织的数字化转型提供有力支持。

AI 专家。他们是制定 AI 战略过程中不可或缺的力量。他们可以评估 AI 机会、确定其规模，并引导团队根据 AI 的功能进行讨论。他们还可以帮助团队了解生成式 AI、机器学习、自然语言处理等技术的区别和联系，以及可用的新 AI 工具。在决策过程中，AI 专家的专业知识和经验将发挥无价的作用。

法律团队。在 AI 战略制定过程中法律团队也扮演着重要角色。他们精通与商业中使用 AI 相关的法律问题，能够提出重要问题并提供风险管理、知识产权保护和合规方面的建议。在 AI 技术日新月异的今天，法律团队的参与有助于确保组织在遵守法律法规的同时，充分利用 AI 技术的潜力推动业务发展。

AI 战略框架概述

随着人工智能技术的迅猛发展和普及，越来越多的组织开始认识到 AI 在提升生产力、优化业务流程和开辟新市场方面的巨大潜力。从制造业的智能自动化到金融领域的风险预测，从医疗健康的精准诊断到零售业的个性化推荐，AI 正在深刻改变各个行业的运作方式。然而，AI 的成功应用并非一蹴而就，它需要一个系统化的方法论来指导组织如何有效地实施和管理 AI 项目。

AI 战略框架作为一套系统化的方法论，为组织提供了从愿景对齐、伦理治理、机会识别、路线图制定到组织赋能的全方位指导。通过这一框架，组织可以在 AI 驱动的数字化转型过程中，实现创新、增长和持续竞争力的全面提升。

AI 战略框架的五个步骤

步骤 1：对齐 AI 愿景

AI 战略框架的首要任务是将 AI 愿景与组织的更广泛使命、愿景和增长战略相匹配。这意味着 AI 的应用必须服务于组织的整体目标，而不是孤立地进行技术实验。通过对齐 AI 愿景，组织可以确保资源的有效配置，避免重复投资和技术孤岛的形成。此外，这种对齐还可以增强组织内部的凝聚力，使各部门在共同目标的驱动下协同工作，推动 AI 项目的成功实施。

步骤 2：伦理与治理

AI 技术的广泛应用带来了隐私、安全、公平性等一系列复杂的伦理挑战。建立健全的 AI 治理方法，可以确保 AI 技术的道德使用，并有效降低相关风险。治理框架应包括透明的决策过程、明确的责任分工以及持续的风险监控。这不仅有助于维护组织的声誉和公众信任，还能确保 AI 技术的可持续发展。

步骤 3：机会识别

有效的 AI 战略框架需要具备识别 AI 机会的能力。通过深入分析组织的业务需求和痛点，识别出 AI 在提升生产力和推动组织转型方面的关键机会，是 AI 战略成功的基础。这一过程需要结合行业趋势、技术发展和市场动态，同时也需要充分考虑组织的资源和能力。这种前瞻性的机会识别，可以帮助组织在激烈的市场竞争中抢占先机，实现持久的竞争优势。

步骤 4：路线图与目标

在识别出 AI 机会后，制定清晰的路线图和具体的目标至关重要。路线图应详细描述 AI 项目的实施步骤、时间节点和资源配置，以确保项目的顺利推进。与此同时，设定明确的目标和关键成果，可以帮助组织衡量 AI 项目的进展和效果，及时调整战略和战术，确保项目的最终成功。

步骤 5：组织赋能

AI 的成功应用不仅依赖于技术本身，还需要组织在文化、结构和能力方面的全面赋能。首先，组织需要通过培训和再培训，提高员工的 AI 技能和认知水平。其次，组织结构可能需要进行调整，以适应 AI 驱动的业务模式和工作流程。此外，数据作为 AI 的核心资源，其管理和利用也需要全面优化。通过有效的数据治理和管理，组织可以确保高质量的数据输入，进而提升 AI 模型的性能和可靠性（见图 3-1）。

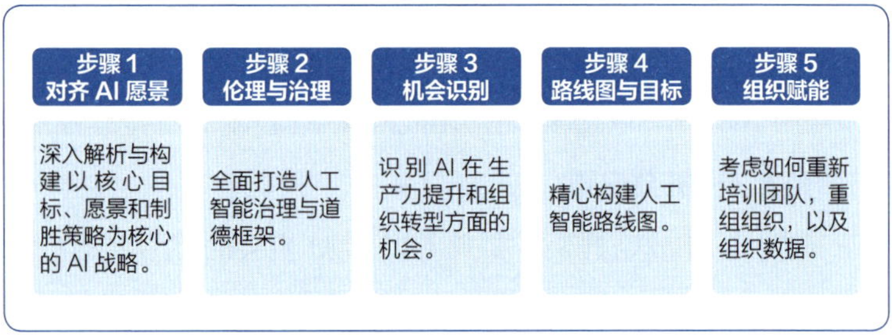

图 3-1　AI 战略框架

AI 战略框架实战

对齐 AI 愿景阶段：深入解析与构建以核心目标、愿景和制胜策略为核心的 AI 战略

在构建 AI 战略的首要阶段，我们需要深刻理解和把握组织的核心目标、未来发展方向以及关键的制胜策略。AI 并不是组织的终极目标，而是一个强有力的工具，一个任务倍增器，它能帮助我们更高效、更精准地实现这些目标。

因此，我们强烈推荐在构建 AI 战略的过程中，将组织的使命、愿景和制胜策略作为指引方向的灯塔。AI 战略和计划应紧密围绕这些核心要素展开，确保与组织的整体战略计划保持高度一致。

以下是一些具体步骤和考虑因素，以帮助我们更深入地理解和实施这一战略。

1. 理解并明确使命。首先，我们需要清晰地理解组织的使命，这是我们存在的根本原因。通过深入思考，我们可以确定 AI 在支持这一使命中可能发挥的作用和方式。

2. 与愿景对接。接着，我们需要将 AI 战略与组织的愿景相结合。愿景描绘了我们希望实现的未来图景，而 AI 可以帮助我们更快地、更准确地实现这一目标。

3. 强化制胜策略。制胜策略是我们在竞争中保持领先的关键。在构建 AI 战略时，我们需要考虑如何利用 AI 来强化这些策略，使其更具竞争力。

4. 确保一致性。AI 战略和计划必须与组织的战略计划保持一致。这种一致性不仅可以确保 AI 的有效利用，还可以使其成为推动组织使命和愿景的强大催化剂。

为了确保 AI 战略与组织的基础保持一致，我们需要不断地进行反思和调整。通过回答诸如“我们的人工智能战略如何支持我们的使命？”“我们的人工智能战略如何支持我们的愿景？”“人工智能如何支持我们的增长战略？”等问题，我们可以确保 AI 战略始终与组织的整体目标保持一致。

在这个过程中，我们需要充分利用 AI 的潜力，同时也要警惕其可能带来的风险。只有当我们真正理解并掌握了 AI，才能将其转化为推动组织发展的强大动力。

伦理与治理阶段：全面打造人工智能治理与道德框架

在 AI 日益融入我们生活的今天，构建一套全面且深入的人工智能治理与道德框架显得至关重要。这一框架，我们称之为 **AI 治理蓝图**，它不仅为组织在业务流程、管理、部署和学习等各个层面提供了明确的指导原则，更是确保 AI 技术得以负责任、可持续地应用的关键。

首先，我们需要明确 AI 在组织和市场中的定位与范围。这需要我们深入了解 AI 技术的发展趋势、应用场景以及市场潜力，同时明确组织内部 AI 应用的现状和未来规划。此外，我们还需要关注组织所处的监管环境，了解并遵守相关的法律法规，确保 AI 应用的合规性。

其次，我们需要制定明确的道德政策目标。这些目标应当反映组织的核心价值观和长期发展战略，同时也应当与 AI 应用的实际情况紧密结合。我们需要明确 AI 使用的道德界限，制定相应的风险缓解策略，以确保 AI 技术能够在遵守道德原则的前提下发挥最大价值。这些策略可能包括使用限制、网络安全保障、偏见减少、数据保护以及 AI 团队的专业培训等。

再次，在确定了道德政策目标和风险缓解策略之后，我们需要构建一个完善的 AI 治理结构。这个结构应当包括一个专门的治理机构或委员会，负责监督 AI 应用的整个过程，确保安全性和合规性。同时，我们还需要将这一结构集成到组织的日常运营中，使其成为组织文化的一部分。

最后，我们需要通过全面的培训赋能员工，使其能够成功采用 AI 技术。这些培训应当包括 AI 技术的基础知识、应用场景、操作方法以及相关的道德和法律知识。此外，我们还需要创建一个知识共享和讨论 AI 工具的平台，鼓励员工之间交流经验和想法，共同推动 AI 技术在组织中的应用和发展。

机会识别阶段：深入探索并把握人工智能机会

当你的 AI 愿景已经明确，并且治理策略也得以实施后，接下来便是激动人心的探索 AI 机遇的时刻。这不仅仅是为了提高组织的效率，更是为了彻底地改变你的组织，引领其走向新的高度。我们的 AI 框架在这一阶段将引导你深入了解组织的当前运营状况，并激发你对 AI 应用的无限遐想，以全新的视角思考如何为客户创造价值，如何提供更为出色的产品或服务。

1. 实现人工智能驱动的组织高效化（流程改进）

在这一步骤中，我们将专注于如何利用 AI 来优化或自动化你的当前流程。通过自动化和优化，我们旨在提升工作任务的执行效率和效果，实现所谓的人工智能“自动化”。具体来说，你可以考虑以下方面。

（1）加速高度手动的任务：AI 可以自动处理那些烦琐且重复的手动任务，让你的员工有更多的时间和精力去处理更为复杂和有价值的工作。

（2）优化具有明确指示的可重复模式或流程：利用 AI 技术，你可以自动识别并优化那些具有明确指示和可重复性的流程，从而提高整体运营效率。

（3）处理大量活动：AI 在处理大量重复请求、标准化内容、对话聊天等方面具有得天独厚的优势。通过引入 AI 工具，你可以轻松应对这些海量数据，确保客户需求得到及时响应。

2. 引领人工智能驱动的组织变革

在实现了日常自动化 AI 的广泛应用后，我们将进一步探讨 AI 如何为你的组织带来更为深远的变革。在这一阶段，我们需要全面思考如何利用 AI。

（1）改变为客户创造价值的方式：通过引入 AI 技术，你可以重新设计产品或服务，以更贴近客户需求、更快速地响应市场变化。AI 可以帮助你更好地理解客户需求，预测市场趋势，从而为你的客户提供更为个性化、高质量的产品或服务。

（2）拓展新的市场领域：AI 不仅可以提升你的产品和服务质量，还可以帮助你发现新的市场机会。通过分析海量数据，AI 可以帮助你识别潜在的目标客户群体，了解他们的需求和偏好，从而为你拓展新的市场领域提供有力支持。

（3）优化组织管理方式：AI 在人力资源管理、财务管理等方面也具有广泛应用前景。通过引入 AI 技术，你可以更高效地管理员工绩效、优化资源配置、降低运营成本等，从而为你的组织创造更大的价值。

在这一阶段，我们建议你保持开放的心态，勇于尝试新的 AI 应用，不断挑战自己的极限。通过不断探索和实践，你将能够发现更多 AI 机遇，引领你的组织走向更加美好的未来。

路线图与目标阶段：精心构建人工智能路线图

一旦明确了 AI 的机会和潜力，紧接着的重要步骤便是精心构建一个详尽且全面的 AI 路线图。这不仅是一个单纯的计划，更是一个指导组织从当前状态逐步迈向 AI 驱动未来的指南。以下是制定 AI 路线图时的一些关键考虑因素和最佳实践。

1. 制定目标与详细大纲

AI 路线图的起点是明确的目标。这些目标应该是具体、可衡量、可达成、相关性强且有时间限制的通用 AI 领导力原则。在此基础上，我们需要制定一个详细的大纲，列出每个阶段的主要任务、里程碑和关键绩效指标（KPI）。

2. 时间表的制定

与大纲同样重要的是时间表。这不仅包括项目的启动和结束日期，还包括每个阶段的具体时间节点。这有助于团队了解项目的进度，并更好地进行资源分配。

3. 优先级的确定

AI 路线图需要清晰地列出哪些 AI 机会或项目具有最高的优先级。这通常基于机会的影响、紧迫性和可行性进行评估。通过确定优先级，我们可以确保有限的资源被用在最重要的地方。

4. 战略计划的概述

路线图的核心是战略计划。这包括了将 AI 机会变为现实的详细步骤和方法。它应该包括市场分析、技术选型、团队构建、风险评估和应对策略等多个方面。

5. 关键问题的考虑

在制定 AI 路线图时，我们还需要问自己一些关键问题。例如，我们现在可以立即着手实现哪些成果或抓住哪些机会？哪些人或团队将成为这些机会的领导者？要实现这些目标，我们需要哪些特定的技能或能力？为了达成这些目标，我们必须满足哪些具体的业务或技术需求？

6. 结构化的重要性

一个结构良好的 AI 路线图对于项目的成功至关重要。它提供了清晰的前进方向，确保团队知道在何时何地应该做什么。同时，它也确保了 AI 项目与组织的整体战略目标保持一致，从而确保项目的有序和有效执行。

7. 持续迭代与更新

AI 是一个快速发展的领域，新的机会和挑战层出不穷。因此，AI 路线图不应该是静态的，而应该是一个持续迭代和更新的过程。随着项目的进行和市场的变化，我们需要不断调整和优化我们的路线图，以确保其始终与组织的战略目标保持一致。

综上所述，制定一个详尽且全面的 AI 路线图对于实现 AI 驱动的未来至关重要。通过明确目标、制定详细大纲和时间表、确定优先级、概述战略计划以及考虑关键问题等多个方面，我们可以确保 AI 项目有序、有效地进行，并最终实现预期的成果。

组织赋能阶段：确保组织全面支持人工智能战略框架

在人工智能战略框架的最后阶段，我们不仅要关注技术的实施，更要深入考虑如何将员工与人工智能紧密结合，以最大限度地发挥其潜力。此阶段的核心任务是对员工进行再培训、再教育和团队重组，确保他们能够适应由人工智能带来的全新工作模式和挑战。

我们需要正视员工对于人工智能的普遍担忧："人工智能会取代我的工作吗？"这种担忧是合理的，因为任何新技术的引入都可能带来工作方式的变革。然而，我们坚信人工智能的真正价值在于提高任务效率，并为团队带来前所未有的能力。因此，我们不会简单地用技术取代团队，而是要通过合理的规划和策略，让技术与人力协同工作，共同推动组织的发展。

在推出人工智能项目时，我们需要考虑如何重新培训员工以有效地使用这些新技术，包括提供培训课程、在线学习资源和实际操作机会，使员工能够熟练掌握人工智能工具，并将其应用于日常工作中。此外，我们还需要鼓励员工保持对新技术的开放态度，并积极参与创新实践，以不断提升自己的技能和能力。

除了员工再培训外，我们还需要利用人工智能作为人才库的一部分来重组组织。这意味着我们需要根据人工智能的特性和优势，重新评估各个部门和团队的工作内容和职责，以实现资源的优化配置。同时，我们还需要建立灵活的组织架构，以便能够快速响应市场变化和技术进步带来的挑战。

我们还需要为人工智能重构数据架构。这包括优化数据存储、处理和分析的流程，以确保人工智能系统能够高效、准确地处理大量数据，并为组织提供有价值的洞察和决策支持。

通过重构数据架构，我们可以提高人工智能系统的性能和准确性，进一步推动组织在数字化时代的转型和发展。

在人工智能战略框架的最后阶段，我们需要全面考虑员工、组织和数据架构等方面的因素，确保人工智能能够与人力协同工作，共同推动组织实现更高效、更智能的发展。

AI 战略框架核对清单

以下是 AI 战略的全面核对清单，确保你的 AI 战略蓝图涵盖所有关键要素。遵循此清单，你将拥有一个卓越的 AI 战略，为你的业务增添无限可能。

1. 使命与愿景的结合

（1）识别组织使命中的关键领域，并研究 AI 如何增强或加速这些领域的表现。

（2）制定明确的策略，确保 AI 技术与组织使命紧密相连，并持续评估 AI 在此过程中的影响。

（3）鼓励员工思考 AI 如何支持他们的日常工作，并将 AI 融入组织文化中。

2. 人工智能如何支持你的愿景?

（1）设定明确的短期（12 ~ 24 个月）和长期（3 ~ 5 年）目标，描述 AI 在实现愿景中的作用。

（2）思考 AI 如何助力组织在市场竞争中脱颖而出，并持续评估 AI 对愿景实现的贡献。

（3）鼓励跨部门合作，共同探索 AI 在实现愿景中的创新应用。

3. 道德与政策

（1）制定明确的道德原则和标准，指导 AI 技术的开发和使用；

（2）涵盖数据隐私、偏见缓解、透明度和问责制等方面，确保 AI 技术符合组织价值观；

（3）定期进行道德审计，评估 AI 技术的合规性和风险，确保 AI 政策得到有效执行。

4. 工作流程优化

（1）识别可通过 AI 实现自动化或改进的工作流程、流程或系统；

（2）制定详细的实施计划，包括时间表、资源分配和预期的改进效果；

（3）评估 AI 优化后的工作流程对员工的影响，并提供必要的培训和支持。

5. 组织变革

（1）识别 AI 带来的根本性变革机会，如重新定义业务模式、开拓新市场或改变价值提供方式；

（2）制定变革管理计划，包括员工沟通、角色调整、流程优化等方面；

（3）鼓励创新思维和跨部门合作，共同探索 AI 带来的新机遇。

6. 实施策略

（1）制定详细的行动计划，包括步骤、里程碑和关键绩效指标；

（2）分配必要的资源，包括资金、人力和时间，确保 AI 战略的有效实施；

（3）设立监控机制，持续评估 AI 项目的进展，并根据需要调整策略。

7. 人才与培训

（1）评估员工当前的技能水平，确定与 AI 相关的技能差距；

（2）制定培训计划，为员工提供必要的技能和知识，以适应 AI 驱动的工作环境；

（3）重组团队和部门，以适应 AI 带来的变化，确保组织结构的灵活性和适应性；

（4）鼓励员工参与 AI 项目，提供实践机会，促进员工在 AI 领域的成长和发展。

企业生成式 AI 实施指南

生成式人工智能，作为工业革命后的又一巨大飞跃，正在以前所未有的速度塑造着我们的未来。每天，都有大量新应用程序涌现，这些应用程序不仅在改变我们处理日常任务的方式，还正在重塑更为复杂和精细的业务流程。然而，这些新兴工具中，究竟有多少真正实现了其预期的价值？它们中的哪些成了我们生活中不可或缺的一部分？

当我们深入探讨这些生成式 AI 工具时，会发现它们之间存在着显著的差异。有些可能只是停留在理论或原型阶段，虽然展示了令人瞩目的潜力，但尚未能在实际环境中得到广泛应用。另一些则已经成功地融入了我们的日常生活和工作，为我们带来了实实在在的好处。

在开发大型语言模型应用程序时，更是如此。构建一个原型可能只需要考虑技术上的可行性，但要想构建一个真正强大、可扩展且能够满足实际需求的解决方案，则需要更多的思考和实践。这不仅需要技术团队具备深厚的技术功底，还需要领导者具备卓越的项目管理能力。

在现代人工智能项目管理领域，项目领导者的角色变得尤为重要。他们不仅需要关注技术层面的细节，确保数据完整性和模型准确性，还需要关注道德、法律以及社会影响等非技术层面的问题。在生成式 AI 项目的整个生命周期中，项目领导者需要面对无数挑战，并做出一系列关键决策。这些决策可能会影响到项目的成功与否，甚至可能对整个行业产生深远影响。

企业生成式 AI（大语言模型）实施四步法

生成式 AI 生命周期旨在分解构建生成式 AI 应用程序所需的步骤（见图 3–2）。

在项目管理中，每个阶段都扮演着至关重要的角色，它们共同构成了项目的完整生命周期。这一生命周期不只是简单的步骤组合，而是每个阶段都针对项目管理的核心要素进行了精心的设计和考量。通过全面理解和把握这个生命周期，项目领导者能够游刃有余地引领他们的生成式人工智能项目走向成功，确保项目不仅实现预定的业务目标，还能在人工智能领域展现出负责任的创新精神。

第一阶段：需求定义

明确项目目标和用户需求的重要性（定义用例）

管理生成式 AI 项目的首要环节，即定义用例，是整个项目的核心与基石。这一步骤不仅为项目铺设了明确的道路，更为后续的所有决策提供了坚实的依据。通过详细阐述项目的目标，我们得以深入理解并满足用户的实际需求。

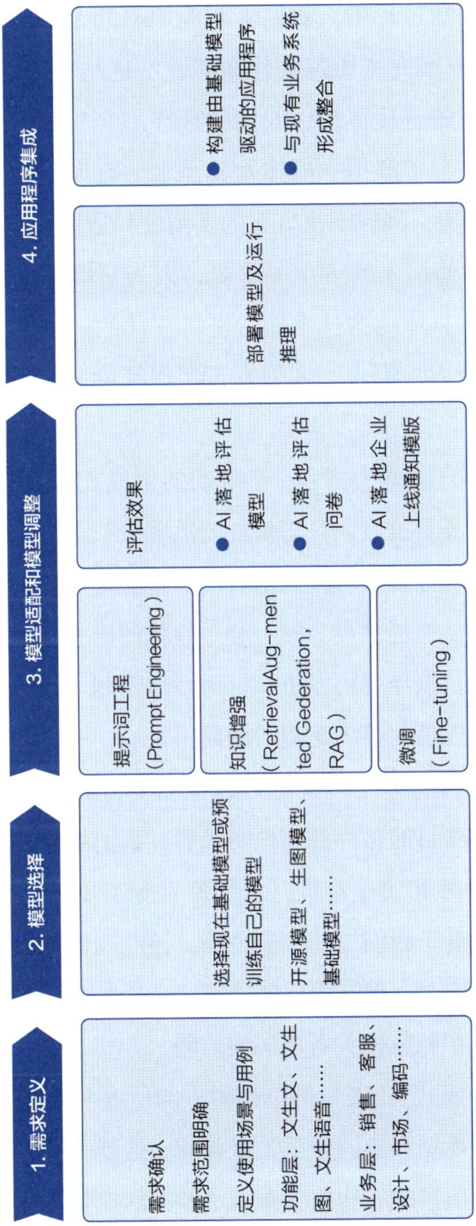

图 3-2 生成式 AI 实施四步法

定义用例的过程中，我们需明确回答几个核心问题。我们的 AI 解决方案究竟要解决什么问题？这是项目的出发点，也是项目价值的直接体现。我们的最终用户是谁？他们的具体需求是什么？了解用户群体及其需求，有助于我们更精准地定位项目方向，确保解决方案的实用性和适用性。

这一阶段的深入理解至关重要，因为它确保了项目是基于实际需求而非单纯的技术能力进行驱动的。只有当我们的项目紧密贴合用户需求，才能真正实现其价值，获得用户的认可。

以增强客户服务为例，一个成功的生成式 AI 项目可能专注于创建一个具备高度人类理解能力的聊天机器人。这个机器人不仅需要能够处理各种复杂的查询，还需要能够理解用户的情感和需求，从而提供更为贴心和个性化的服务。通过明确这样的目标，项目领导者可以更有针对性地定制 AI 的开发计划，确保最终产品能够完美满足用户的期望。

定义用例还有助于我们更好地预测项目的潜在风险和挑战。在明确了项目的目标和用户需求后，我们可以更准确地评估项目的可行性和实施难度，从而制定更为周密的计划和策略。这不仅有助于我们提前规避风险，还能确保项目在面临挑战时能够迅速应对，保持稳定的进展。

范围定义和利益相关者协调的策略

在定义生成式 AI 项目的范围时，与所有利益相关者进行深入、全面的规划和协调是至关重要的。这涉及一系列关键活动，旨在确保项目的成功执行并满足各方的期望。

利益相关方研讨会：这是一个关键的起始点。在这个过程中，技术团队、业务部门、潜在用户和监管机构齐聚一堂，共同讨论项目的期望、关注点和制约因素。这种开放、透明的沟通方式有助于各方充分表达观点，理解彼此的需求，从而为项目的范围定义提供全面的指导。

可行性研究：这一步骤旨在评估项目的实际可行性，包括技术、数据、法律和道德等方面的考虑。通过对这些因素进行深入分析，我们可以提前识别潜在的挑战和风险，为团队制定切实可行的计划或调整项目范围提供依据。

范围文档：一旦确定了项目的初步范围，我们需要创建详细的项目范围文档。这份文档应明确项目的目标、可交付成果、时间表以及成功标准，为所有利益相关者提供一个清晰的参考点。同时，文档应保持更新，以便在项目执行过程中随时查阅和参考。

迭代反馈：为了确保项目与业务目标和用户需求保持一致，我们需要实施迭代反馈机制。这意味着我们需要定期与利益相关者进行沟通，收集他们的反馈意见，并根据这些意见对项目进行调整和优化。这种持续的沟通和反馈循环有助于我们及时发现和解决问题，确保项目的顺利进行。

风险评估：在范围定义阶段，我们还需进行全面的风险评估。这包括识别与项目相关的潜在风险、评估其影响程度以及制定相应的缓解策略。通过提前识别和应对风险，我们可以降低项目失败的可能性，确保项目的顺利执行。

最后，值得注意的是，范围定义和利益相关者协调不仅仅是一个规划过程，更是一个建立共识和确保项目成功的过程。通过充分的沟通和协作，我们可以确保每个利益相关者都清楚了解项目目标及其实现途径，从而为项目的无缝执行和成功奠定坚实的基础。

第二阶段：模型选择

一旦明确界定了项目范围，接下来最关键的一步就是精心选择最匹配的生成式 AI 模型。这一决策不仅关乎项目的实施细节，更对项目的整体进展、预算投入，以及最终能否取得预期效果具有决定性的影响。在选择合适的生成式 AI 模型时，我们需要审慎地权衡各种因素，确保所做出的决策能够最大化地满足项目的需求（见表 3-4）。

表 3-4　两种模型的特点

特点	训练定制模型	选择通用模型
定制化	高度定制以满足特定需求和独特数据。	定制化有限，主要通过微调进行调整。
数据需求	需要广泛的、相关的数据集。	利用预训练数据，对大型专有数据集需求较少。
计算资源	需要大量的计算能力和时间。	由于预训练的特性，计算需求较低。
专业知识	需要较高水平的技术技能以进行开发和维护。	部署所需的技术技能较低，重点转向集成和应用。
上市时间	部署前开发周期较长。	部署更快，上市时间更短。
成本	资源和专业知识的初始投资较高。	初始成本较低，可能需要订阅或许可证费用。

项目特殊性和复杂性：当项目涉及高度专业化的知识领

域，如法律或医疗，并且需要处理这些领域内极其复杂的任务时，我们往往不能简单地依赖通用的解决方案。这种情况下，定制模型成了必然选择。特别是当现有模型无法满足项目所需的特定性、精确性或合规性要求时，定制模型的重要性更加凸显。这不仅要求我们在模型设计上投入大量精力，还需要与行业专家紧密合作，确保模型能够准确反映行业内的实际情况和规则。

资源可用性：在决定是否从头开始训练新模型时，我们必须仔细评估可用资源的数量和质量。这包括数据集的大小和多样性、计算资源的规模和效率，以及团队中具备的专业知识和经验。从头开始训练一个大型模型通常需要海量的数据和强大的计算能力，这对于资源有限的团队来说可能是一个巨大的挑战。因此，在资源受限的情况下，利用预训练的模型进行微调可能是一个更加高效和经济的选择。

上市时间：项目的时间表是决策过程中的一个重要考虑因素。对于需要迅速推向市场的项目来说，使用预先训练的模型可以显著缩短开发周期，加快上市时间。这是因为预训练模型已经经过了大量的训练和优化，可以直接用于解决类似的问题。相比之下，定制模型的开发和优化过程可能需要更长的时间，这可能会对项目的时间表产生负面影响。

性能和可扩展性：预训练模型通常具有出色的性能和可扩展性，因为它们已经在各种数据集上进行了大量的训练和优化。这使得它们能够处理各种复杂的问题，并且可以在需要时进行扩展和升级。相比之下，新开发的模型在性能和可扩展性方面可能存在一定的局限性，因为它们可能没有经过充分的训练和测试。

成本效益：虽然预先训练的模型可能涉及一定的许可费用，但它们通常比从头开发模型更加经济高效。这是因为预先训练的模型已经完成了大部分的训练和优化工作，我们只需要根据具体需求进行微调即可。相比之下，从头开发模型需要投入大量的人力、物力和财力进行数据收集、训练和验证等工作。因此，在考虑成本效益时，使用预先训练的模型可能是一个更加明智的选择。

最后，如果你选择继续使用现有模型，你还必须决定是选择开源模型还是闭源（非开源）模型。两者之间的主要区别见表 3-5。

表 3-5　开源模型与闭源模型的区别

特点	开源 LLM	闭源（非开源）LLM
成本	初始成本较低，但可能维护成本较高。	初始成本较高，但维护成本较低。
创新	全球社区协作和创新速度快。	由单一实体主导，创新较慢。
支持	依赖社区支持，可能广泛但不一致。	通过专用渠道提供的稳定且高质量的支持。
自定义	可高度自定义，且可访问源代码。	在平台限制内进行定制。
知识产权	在开源许可证下共享知识产权。	知识产权由单一实体紧密控制，提供竞争优势。

第三阶段：模型适配和模型调整

在追求模型性能的提升和优化时，我们通常会采取一系列的策略和方法。其中，提示工程、微调和人工反馈校准是三大关键策略，它们各自具有独特的作用和优势。

如何调整和优化模型：深入解析三大关键策略

提示工程：高效利用现有模型功能

提示工程的核心在于通过制作有效的提示，引导人工智能产生我们所需的输出。这一策略的关键在于确保提示的上下文相关性、清晰度和具体性。通过精心设计的提示，我们可以最大限度地发挥现有模型的功能，无须额外计算资源，就能实现输出质量的提升。

在实施提示工程时，我们需要进行大量的实验。通过尝试各种提示，观察变化如何影响输出，我们可以逐渐找到最佳的提示策略。这不仅有助于我们提高模型的性能，还能让我们更深入地理解模型的工作原理和内部机制。

微调：精准调整模型参数以适应特定需求

微调是一种通过调整模型参数来优化模型性能的方法。它特别适用于那些计算资源有限的项目，因为微调可以在不需要大量再训练的情况下实现性能的提升。

在微调过程中，我们可以采用多种技术，如低秩自适应（LoRA）和提示调整。低秩自适应通过调整模型权重的一小部分来提高性能，同时最大限度地减少计算需求。而提示调整则是向模型输入添加可训练的标记，并在训练期间进行优化，以优化响应。这些技术都能帮助我们更精准地调整模型参数，以适应项目的特定需求。

如不确定微调好还是提示工程好，请看表 3-6 进行的对比。

表 3-6　提示工程与微调的对比

特点	提示工程	微调
优点	无须数据即可开始； 前期成本较低； 可以通过检索连接数据（如 RAG）。	可以学习新信息； 后期成本较低 。
缺点	可用数据较少，可能会忘记数据； 可能会产生幻觉。	需要大量优质数据； 前期计算成本较高； 需要一定的技术知识，特别是数据处理方面。
适用场景	适用于数据稀缺的场景； 操作简单，无须复杂技术。	适用于需要模型深度学习的场景； 需要较多的数据和技术支持，但学习效果更持久。

人工反馈校准：结合人类智慧提升模型性能

除了提示工程和微调之外，人工反馈校准也是一种重要的模型优化策略。通过收集人类用户的反馈和建议，我们可以了解模型在实际应用中的表现，并据此对模型进行改进和优化。

在人工反馈校准的过程中，我们需要建立有效的反馈机制，确保用户的反馈能够及时、准确地传达给模型开发者。同时，我们还需要对反馈进行深入的分析和研究，找出模型存在的问题和不足之处，并制定相应的改进措施。通过不断地收集和分析用户反馈，我们可以逐步提升模型的性能和用户体验。

综上所述，提示工程、微调和人工反馈校准是三大关键的模型优化策略。它们各自具有独特的作用和优势，可以相互补充、相互促进。通过综合运用这些策略，我们可以实现模型性能的大幅提升和用户体验的不断优化。

评估效果

实施这些策略后，严格的评估不仅重要，而且是确保人工智能模型质量、稳定性和实用性的核心环节。在这一阶段，我们需要采取一系列细致而全面的措施来评估模型的性能。

使用指标，是我们定量评估模型的重要手段。这些指标包括但不限于准确度、精确度、召回率等性能指标，它们能够为我们提供模型在特定任务上的表现情况。同时，我们还会结合特定领域的基准数据，如行业内的标准数据集或竞争模型的表现，来进一步验证我们模型的性能水平。

用户测试，也是我们评估模型的重要手段之一。通过邀请真实用户参与测试，我们可以从用户的角度出发，评估模型是否能够满足他们的实际需求。这种定性评估能够揭示出模型在实际应用中可能存在的问题，帮助我们更好地优化和改进模型。

迭代改进，在评估过程中是至关重要的。我们需要根据评估结果，对模型进行持续改进和优化。这可能包括调整模型参数、优化算法、改进数据预处理流程等。通过迭代改进，我们可以不断提升模型的性能，使其更加符合实际应用的需求。

对于项目领导者来说，理解并有效指导这一阶段是项目成功的关键。他们需要密切关注评估过程，确保评估的准确性和客观性。同时，他们还需要根据评估结果，及时与团队成员沟通，指导他们进行模型优化和改进。通过项目领导者的有效指导，可以确保人工智能模型不仅能按预期运行，而且还能与业务目标和用户期望完全一致，从而实现项目的长期成功。

第四阶段：应用程序集成

生成式 AI 项目的成功，离不开从优化的 AI 模型到完全集成应用程序的顺畅过渡。这一关键阶段不仅要求模型在测试环境中表现出色，更需确保在实际应用中高效运行。这一过程包括模型的实地部署优化以及其与现有系统和工作流程的无缝集成。

模型优化：高效推理技术在生成式 AI 模型中的应用

在人工智能领域，生成式 AI 模型已成为一种强大的工具，用于处理各种复杂任务，如自然语言处理、图像识别、语音合成等。然而，这些模型在实时数据和用户交互方面往往面临挑战，因为它们需要快速且准确地做出响应。为了克服这一难题，我们需要对生成式 AI 模型进行优化，以实现高效推理。以下是几项关键技术的详细扩展。

量化是一种将模型的浮点数参数转换为较低精度的表示形式的技术。这种方法可以显著减少模型的计算量，从而提高推理速度。尽管量化可能会导致模型准确性的轻微损失，但现代量化技术已经能够在保持模型性能的同时实现显著的加速效果。通过选择适当的量化级别和策略，我们可以在不牺牲太多准确性的情况下，使模型在实时应用中更加高效。

修剪是一种通过删除模型中不必要的权重来减少其复杂性的技术。这种方法可以降低模型的存储需求，并使其更易于在资源有限的设备上部署。通过修剪，我们可以移除那些对模型性能贡献较小的权重，从而在不显著降低准确性的情况下实现模型的简化。修剪可以通过不同的策略进行，如基于权重的幅度、梯度或黑赛（Hessian）矩阵的修剪。

模型蒸馏是一种将大型复杂模型的知识转移到较小、更高效的模型中的技术。这种方法通常涉及一个教师模型（即大型模型）和一个学生模型（即小型模型）。通过让教师模型在训练数据上产生输出，并使用这些输出来指导学生模型的训练，我们可以使学生模型学习到与教师模型相似的行为。通过这种方式，我们可以获得一个既快速又准确的模型，该模型可以在实时应用中有效地处理数据和用户交互。

针对硬件的优化是指因为不同的硬件平台具有不同的特性和限制，所以需要对模型进行优化以充分利用这些平台的性能。这可以涉及多种技术，如使用特定于硬件的指令集、调整模型的计算图以更好地适应硬件的并行性，以及优化模型的内存使用以减少内存延迟等。通过针对硬件的优化，我们可以使模型在特定平台上实现更高的性能，从而满足实时数据和用户交互的需求。

以上关键技术不仅可以提高模型的推理速度和准确性，还可以降低模型的存储需求并使其更易于在资源有限的设备上部署。在实时数据和用户交互的应用场景中，这些优化技术将为我们提供更大的灵活性和更好的性能。

构建和部署 AI 应用程序：最佳实践

在将生成式 AI 模型成功集成到应用程序中时，不仅要关注技术层面的集成，还要深入考虑用户体验。以下是关于这两个方面的详细最佳实践。

技术集成

1. 应用程序接口 API 设计

（1）安全性：确保 API 的通信是加密的，并遵循行业最佳的安全标准。

（2）可扩展性：设计 API 以支持未来的增长和变化，如增加新的模型或功能。

（3）可维护性：确保 API 的代码结构清晰，易于理解和修改。

（4）文档化：为 API 提供详细的文档，以便其他开发者可以轻松地了解如何使用它。

2. 数据管道集成

（1）实时性：确保模型可以实时接收和处理数据，以支持实时决策。

（2）大规模数据处理：设计数据管道以支持大量的数据输入和输出，同时保持性能。

（3）数据质量：确保输入数据的质量，因为不准确的数据可能导致模型性能下降。

3. 性能监控

（1）持续评估：设置工具来实时监控模型的性能，包括响应时间、准确性等。

（2）警报系统：当模型的性能下降或出现异常时，系统应能自动发送警报。

用户体验设计

1. 以用户为中心的方法

（1）直观性：设计用户界面（UI）以使用户能够直观地与 AI 模型进行交互。

（2）直接性：避免复杂的交互步骤，使用户可以快速获得他们想要的结果。

2. 反馈机制

（1）用户反馈收集：提供渠道让用户可以提供关于 AI 模型使用体验的反馈。

（2）迭代优化：根据用户反馈不断优化模型，提高用户体验。

3. 可访问性和包容性

（1）无障碍设计：确保所有用户，包括残障人士，都可以轻松访问和使用应用程序。

（2）多语言支持：提供多语言支持，以覆盖更广泛的用户群体。

部署策略

1. 逐步推出

（1）从有限的用户群开始，收集反馈并进行必要的调整。

（2）随着模型性能的提高和用户体验的优化，逐步扩大用户群。

2. A/B 测试

（1）同时部署不同的模型版本，以收集关于它们在真实条件下的性能数据。

（2）使用统计方法来确定哪个版本的模型表现最佳，并选择其作为生产环境的版本。

通过遵循这些最佳实践，可以确保生成式 AI 模型不仅能有效地集成到应用程序架构中，还能为用户提供积极且引人入胜的体验。这将有助于将开发模型过渡到满足业务目标并超出用户期望的实时应用程序。

AI 项目管理的道德考量与合规性

AI 项目管理的道德考量与合规性是一个复杂且关键的领域，特别是在考虑这些技术对个人和社会的深远影响时。以下是对原始内容的进一步扩展：

减轻偏见

AI 系统在处理大量数据时，可能会因为训练数据中存在的偏差而导致偏见。这些偏见可能源于多种因素，如数据收集过程中的不均衡性、历史遗留的歧视性观念等。因此，项目领导者在项目管理过程中，需要与数据科学家和伦理专家紧密合作，确保在数据收集、处理、训练和测试等各个环节中，都充分考虑和减轻潜在的偏见。

除了使用多样化的数据集来训练和测试模型外，还应推动团队实施定期的偏差检查，以及时发现和纠正可能存在的偏见。此外，项目领导者还应鼓励团队成员保持开放和透明的沟通，以便及时识别和解决潜在的道德问题。

透明度

透明度是建立信任和可信度的关键。在 AI 项目中，保持透明度意味着需要清晰地传达 AI 模型如何做出决策、其背后的逻辑和依据，以及模型的局限性和潜在风险。

应确保在项目开始时就明确制定文档和报告的实践规范，并要求团队成员严格遵守。这些文档和报告应包含足够的信息，以便利益相关者了解 AI 流程、决策过程以及结果。此外，还应定期与利益相关者进行沟通，解释 AI 模型的工作原理、潜在风险以及应对措施。

合规性

在 AI 项目管理中，合规性也是一个不可忽视的方面。需要确保项目在遵守相关法律法规和政策要求的同时，也符合道德和伦理标准。

这包括但不限于数据保护、隐私保护、知识产权等方面的法律法规。需要了解并熟悉这些法律法规，并在项目规划和执行过程中，确保项目团队遵守相关规定。此外，还应密切关注相关法规和政策的变化，以便及时调整项目计划和策略。

总之，AI 项目管理的道德考量与合规性是一个复杂且重要的领域。项目领导者需要充分发挥其关键作用，与团队成员和利益相关者紧密合作，确保项目在遵循道德和法规要求的同时，实现其预期的社会和经济价值。

优化生成式 AI 项目管理流程

在管理生成式 AI 项目时，技术理解力和项目管理技能的重要性不容忽视。这不仅需要项目领导者具备深厚的专业知识，还需拥有高超的协调和沟通能力。从项目伊始的规划阶段，到最终将 AI 技术无缝融入业务流程，项目领导者都需全程参与并发挥关键作用。

项目领导者必须对 AI 技术有深入的理解。需要了解各种算法、模型、数据结构和处理方法的原理和应用。此外，还需关注 AI 领域的最新发展，以便及时调整项目方向，确保项目始终处于行业前沿。

项目管理技能对于 AI 项目的成功至关重要。项目领导者需要制定详细的项目计划，明确各个阶段的目标和任务，并合理安排资源和时间。还需监控项目进度，确保所有工作都按计划进行。同时，项目领导者还需善于协调各方利益，确保项目在符合道德标准和法规的前提下顺利推进。

在管理 AI 项目时，项目领导者还需与所有利益相关者保持紧密的沟通。这包括与团队成员、上级领导、客户、合作伙伴等各方保持清晰、及时的沟通渠道。通过有效的沟通，项目领导者可以确保所有相关人员都了解项目的进展和情况，及时发现问题并解决，从而确保项目的顺利进行。

此外，项目领导者还需关注 AI 技术的道德和法规问题。他们需要确保项目在设计、开发和部署过程中都符合相关的道德标准和法规要求。这包括保护用户隐私、避免歧视和偏见、确保数据的准确性和可靠性等方面。通过遵循这些原则和规范，项目领导者可以确保 AI 项目的合规性和可持续性。

总之，管理生成式 AI 项目需要项目领导者具备强大的技术理解力和扎实的项目管理技能。通过不断更新知识、与各方保持紧密沟通以及关注道德和法规问题，项目领导者可以确保 AI 项目在符合行业标准和规范的前提下取得成功。

企业 AI 成熟度评估模型

企业 AI 成熟度评估模型是一种从多维度、多角度出发，全面衡量企业在 AI 领域能力水平的工具。它不仅能够帮助企业了解自身在 AI 应用、技术创新、人才培养等方面的现状，更能为企业提供一个明确的转型方向和目标。通过这套模型，企业可以清晰地看到从 AI 初级应用到高级智能化的转型路径，从而更加有针对性地制定和实施 AI 战略。

在众多企业 AI 成熟度评估模型中，高德纳（Gartner）和 IBM 的模型备受关注。高德纳的 AI 成熟度评估模型侧重于企业在 AI 战略、投资、实施和管理等方面的表现，通过一系列指标和维度来衡量企业的 AI 能力。IBM 的 AI 成熟度评估模型则更加注重 AI 在企业业务流程、产品创新和客户服务等方面的应用，以及 AI 技术在企业中的普及程度和效果。

企业 AI 成熟度评估模型是企业在 AI 转型过程中不可或缺的工具。通过选择合适的评估模型并认真实施，企业可以更加准确地了解自身在 AI 领域的能力和水平，制定更加科学、有效的转型策略，从而在激烈的市场竞争中脱颖而出。

高德纳 AI 成熟度评估模型

高德纳是一家全球领先的研究和咨询公司。它每年会发布一系列的技术成熟度曲线，用于评估和预测不同领域的新兴技术的发展趋势和影响力。高德纳判断 AI 是当今最具变革性和创新性的技术之一。而且，它已经渗透到各个行业和领域，为企业和社会带来了巨大的机遇和挑战。为了帮助企业评估和提升自身的 AI 成熟度，高德纳在 2020 年 3 月 18 日发布了《人工智能成熟度模型》（*Artificial Intelligence Maturity Model*）这份报告。它是一种用于评估企业在 AI 领域的能力和水平的工具（见图 3-3）。

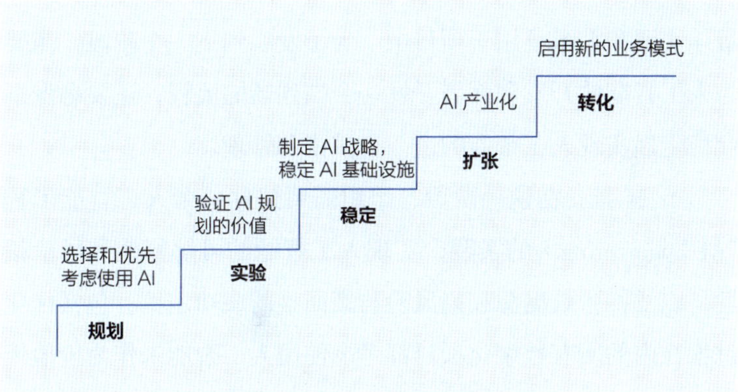

图 3-3　高德纳人工智能成熟度模型

高德纳将企业的 AI 成熟度划分为五个阶段

1. 规划。在这一阶段，组织需要建立一个人工智能愿景，评估人工智能的风险和机遇，以及找出 3 到 6 个用例。关于人工智能的内部讨论都是临时和预测性的，只有极少数人进行了项目试验或试点。

2. 实验。在这一阶段，组织需要建立一个人工智能治理框架，监测人工智能项目的业务影响和技术性能，以及起草初步概念证明项目计划。项目也可能处于试点阶段，同时，可能有非正式的团队为知识共享和早期的标准化工作在做准备。这一阶段旨在证明人工智能发展到下一阶段的价值。

3. 稳定。在这一阶段，组织需要建立一个人工智能卓越中心（COE），培养人工智能的文化和技能，以及为人工智能项目制定预算，并由制定管理层进行保障。第一批人工智能项目开始投产，通过实例化 COE，使得充足的人工智能专家、最佳实践和技术可用于项目中。为了发展到下一个阶段，需要为人工智能的开发和部署开发一个端到端的流程，还要确保平台稳定以实现人工智能的进一步扩张和管理。

4. 扩张。在这一阶段，组织需要建立一个人工智能工程（AI Engineering）的实践，实现人工智能的可解释性和可信赖性，以及扩张数据源和高风险与高回报的成功用例。包括优化过程在内的所有数字化项目都考虑使用人工智能来作为价值传递的方式。不断有新的产品和服务嵌入人工智能。业务部门开始信任人工智能技术，并做好使用它的准备。IT Dev Ops 与 ML Ops 专业人员主要负责维护和更新人工智能解决方案。

5. 转化。在这一阶段，组织需要建立一个人工智能驱动的商业生态系统，实现人工智能的自适应性和创造性，以及人工智能被认为是执行所有业务流程的一个要素。所有在流程和应用设计过程中的人员都会接受人工智能培训，了解人工智能的优势和不足。人工智能驱动的应用程序可以在组织内和整个商业生态中进行交互。

高德纳的 AI 成熟度评估模型还包含了六个维度的要素

1. 战略。指企业对 AI 的愿景、目标、规划和路线图，以及与业务战略的一致性和支持程度。同时，还包括评估 AI 的机会和风险，以及监测 AI 的业务影响和价值。

2. 技术。指企业在 AI 的基础设施、平台、工具、框架和方法方面的选择和使用，以及与最佳实践的符合程度。此外，还包括建立一个 AI 工程的实践，以及实现 AI 的可解释性和可信赖性。

3. 数据。指企业在 AI 的数据获取、管理、质量、安全和治理方面的能力和水平，以及与数据驱动的文化的契合程度。同时，还包括使用小而宽数据策略，以及利用合成数据和知识图谱等技术。

4. 人才。指企业在 AI 的人才招聘、培养、激励和留存方面的策略和措施，以及与人才市场的竞争力和吸引力。此外，还包括建立一个 AI 卓越中心（COE），以及培养 AI 的文化和技能。

5. 组织。指企业在 AI 的组织结构、流程、沟通和协作方面的设计和优化，以及与敏捷和创新的文化的协调程度。同时，还包括建立一个 AI 驱动的商业生态系统，以及实现 AI 的自适应性和创造性。

6. 治理。指企业在 AI 的风险识别、评估、控制和监督方面的规范和机制，以及与负责任和可信的 AI 原则的遵守程度。此外，还包括建立一个 AI 信任、风险和安全管理的框架，以及遵循数字道德和社会责任的原则。

高德纳的 AI 成熟度评估模型的特点

1. 战略性与顶层设计。高德纳模型以自上而下的方法出发，首先从企业的战略层面考察 AI 的愿景和目标，强调了 AI 在实现企业长远目标中的战略性作用。

2. 全面性与综合评估。该模型综合考量企业在技术、数据、人才、组织和治理等多个方面的能力和水平，从而提供了企业 AI 成熟度的全面视角。

3. 适应性与动态发展。高德纳模型根据企业在 AI 领域的不同发展阶段和成熟程度，提供动态变化的评估标准和建议，支持企业根据自身情况制定针对性的 AI 发展策略。

4. 指导性与操作性。通过提供不同发展阶段的评估标准和建议，高德纳模型不仅帮助企业理解当前 AI 能力水平，还指导企业如何实现 AI 领域的持续进步和转型。

5. 数据与技术能力的重视。在综合评估的基础上，模型特别关注企业在数据管理和技术实施方面的能力，体现了数据和技术是推动 AI 成功实施的关键因素。

IBM AI 成熟度评估模型

在 2020 年 11 月份，IBM 发布了《企业应用人工智能成熟度框架》（*AI maturity framework for enterprise applications*）。这是 IBM 的 AI 成熟度评估模型，其目的是帮助企业识别自己在人工智能应用上的优势和不足，制定合适的人工智能战略和行动计划，实现人工智能的有效落地和持续优化（见图 3-4）。

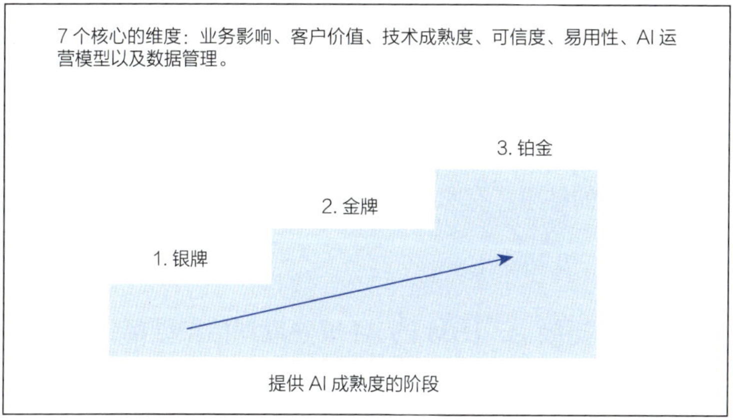

图 3-4　IBM 人工智能成熟度模型

IBM 将企业的 AI 成熟度分为 3 个级别

1. 银。AI 能力在这个层级的评分包括了一些最近引入的因素，使得产品具备了 AI 的基本条件。这是你开始了解 AI 是什么，它如何影响业务，实现 AI 需要什么工具和技术，如何准备数据等的第一阶段。这是一个提升用户体验的能力层级，但不是企业用户寻求的业务成果的关键因素。

2. 金。AI 能力在这个层级的评分能够为用户带来有意义的业务成果。它会为 AI 的产品或应用在市场上带来竞争优势。这个能力能够基于优化或离线训练的数据提供推荐，并提供基本的解释，说明为什么做出了某个决策或推荐。AI 的功能可以被业务用户使用，而不需要涉及数据科学家。在这个能力层级，展示了良好的数据维护和工程过程的自动化。

3. 铂金。AI 能力在这个层级的评分是一个可持续的差异化因素。它是企业用户的关键工作流程的一部分，他们依赖它进行自动化的决策，只关注异常情况。AI 的能力是复杂的，有适应输入数据和用户反馈的机制。AI 做出的决策能够被清晰地解释和理解。用户可以调整业务层面的参数和杠杆，来调节他们想要的结果。有非常强大和自动化的数据管理和数据治理措施。

在每个层级上，IBM 的 AI 成熟度评估模型都包含 7 个核心的维度

1. 业务影响。这是衡量 AI 在企业应用中创造的业务价值的维度。它包括两个方面：①业务影响度：这是指 AI 对企业的收入或交易胜率的影响，如果这些信息不可用，那么可以用分析机构的排名或品牌印象来衡量。②投资组合影响：这是指 AI 对企业的产品或服务的使用和满意度的影响，可以使用用户登录次数、许可用户数、API 调用次数或 NPS 评分来衡量。这个维度反映了 AI 在企业应用中的核心价值和竞争优势。评估 AI 能力对企业收入和品牌的影响。

2. 客户价值。这是衡量 AI 在企业应用中为客户创造的价值的维度。它包括两个方面：①业务流程结果：这是指 AI 能够带来的可衡量的业务成果，这些成果是没有 AI 的情况下无法实现的。每个 AI 项目都必须有清晰的指标，来评估项目的成功与否（指标的例子有 NPS，Wins 等）。②差异化：这是指 AI 能够带来的明显的优势，这些优势使得客户更倾向于选择我们的产品或服务，而不是竞争对手的。这个维度反映了 AI 在企业应用中的客户价值和市场影响。

3. 技术成熟度。这是衡量 AI 所使用的技术的复杂度和适用性的维度。它包含四个方面：①技术适用性：这一维度考察了企业在解决特定业务问题时所使用的技术工具是否与挑战相适应。它涵盖了各种技术，如机器学习、自然语言处理、自然语言理解、深度学习和聊天机器人等。评估技术是否与业务挑战的性质和需求相匹配，以确保有效的解决方案。②学习技术成熟度：这一维度关注了 AI 模型中嵌入的学习技术的成熟程度。它评估了 AI 模型是否具备适应传入数据并通过用户反馈进行学习的机制。成熟的学习技术有助于模型不断提高性能和适应新情况。③数据科学模型的重复使用：这一维度考察了数据科学模型的可重复使用性。它关注模型是否容易被重用，以便扩展规模并实现运营效率的提升。重复使用数据科学模型可以加速开发和减少冗余工作。④内部源代码或开源的使用：这一维度评估了技术在开发中使用内部源代码或开源代码的效率。它关注技术如何有效地利用内部源代码和开源代码，以提高开发效率、构建社区、减轻道德和风险方面的顾虑，以及鼓励可重复实验。这也有助于降低开发成本和提高创新速度。

4. 可信度。这是评估企业的 AI 能力在数据管理和安全性方面的维度。它包含五个方面：①数据完整性：是指在数据的整个生命周期中，保证数据的完整性，包括了解和记录数据的来源和变化。②数据质量：是指在数据的整个生命周期中，保证数据的质量，包括了测量和改善数据的问题和内容。③偏见/公平性：是指排除对群体、个体或数据属性的偏见，包括了证明结果的公平性和无偏性。④可解释性：是指用业务术语解释 AI 的逻辑和推理，包括了提供和追溯结果的解释。⑤安全性：是指保护 AI 和 AI 融合的服务免受网络威胁或对抗攻击，包括了提高应用和算法的抵抗能力。这个维度反映了 AI 系统的可信度和责任性。

5. 易用性。这是否评估易于终端用户理解和操作的维度。它主要考察面向预期用户的直观性。它考察了终端用户在使用 AI 能力时是否需要专家（如数据科学家）的帮助，以及是否需要专业知识来解释和理解 AI 的结果

6. AI运营模型。这是衡量AI系统的运行和维护的维度。它包括四个方面：①部署：是指AI系统的部署方式，是否使用了自动化的工具和流程，如CI/CD（持续集成/持续交付）管道。②更新频率：是指AI系统的更新或重训练的频率，是否有自动化的过程。③基础架构/架构扩展：是指AI系统的基础设施和架构是否能够随着解决方案的需求而扩展。④监控：是指AI系统的监控方式，是否能够分析和评估模型的效果，如模型漂移分析。

7. 数据管理。这是衡量 AI 系统所依赖的数据的获取和管理的维度。它包括两个方面：①数据采集与分析：是指获取数据并将其导入分析系统的难易程度，包括数据的来源、质量、格式、接口等。②数据管理：是指在数据的整个生命周期中，实施数据的治理、溯源、标准化等措施，保证数据的完整性、一致性、可用性等。

IBM 企业 AI 成熟度模型的特点

1. 动态性与适应性。IBM 模型根据企业在 AI 领域的不同发展阶段提供了相应的评估和建议，有助于企业根据自身的具体情况进行调整和优化，体现了模型的动态性和适应性。

2. 业务与技术的平衡。该模型不仅关注技术实现的成熟度，还重视 AI 在业务层面的影响和价值，体现了业务和技术之间的平衡。

3. 强调可信度与安全性。在可信度维度中，模型强调数据的完整性、质量、偏见、可解释性和安全性，突出了 AI 应用的可靠性和安全性。

4. 用户体验的关注。通过易用性维度，模型确保 AI 功能对终端用户是直观且易于操作的，提升了用户体验。

5. 指导性与实用性。IBM 模型不仅是评估工具，还是一个指导框架，帮助企业明确目标，并规划提升 AI 能力的路径，具有强指导性和实用性。

企业 AI 成熟度模型的对比分析

在比较高德纳与 IBM 的 AI 成熟度评估模型时，我们可以从几个关键维度进行分析：战略性与顶层设计、全面性与综合评估、适应性与动态发展，以及指导性与操作性等方面。

战略性与顶层设计

高德纳模型以自上而下的方法出发，从企业的战略层面考察 AI 的愿景和目标，突出了 AI 在实现企业长远目标中的战略性作用。

IBM 模型也强调战略性，但更加侧重于 AI 技术在企业应用中的实际成熟度和执行力，通过提供一个明确的成熟度框架来帮助企业评估和指导 AI 的实施与发展。

全面性与综合评估

高德纳模型综合考量企业在技术、数据、人才、组织和治理等方面的能力和水平，提供了一个企业 AI 成熟度的全面视角。

IBM 模型提供了一个详细的 AI 成熟度框架，涉及业务影响、技术复杂性、可信度、使用便捷性等方面，旨在全方位评估 AI 在企业应用的深度和广度。

适应性与动态发展

高德纳模型提供动态变化的评估标准和建议，支持企业根据自身情况制定针对性的 AI 发展策略，强调企业 AI 能力的逐步成熟。

IBM 模型同样强调 AI 成熟度的动态进化，通过分析企业 AI 应用的多个方面来帮助企业识别当前的成熟度阶段并指导其向更高阶段发展。

指导性与操作性

高德纳模型通过提供不同发展阶段的评估标准和建议，不仅帮助企业理解当前 AI 能力水平，还指导企业如何实现 AI 领域的持续进步和转型。

IBM 模型具有高度的指导性和操作性，通过具体的成熟度描述和案例分析，帮助企业识别改进领域并制定实施 AI 的策略。

综上所述，高德纳模型以其战略性的顶层设计和全面的评估体系著称，旨在提供一个从战略到执行的全方位 AI 成熟度评估。IBM 模型侧重于技术的实施和应用成熟度，以及具体的操作性指导，帮助企业在 AI 领域实现具体的业务目标和技术进步。每个模型都有其独特的优势和侧重点，企业应根据自身的具体需求和实际情况选择合适的模型来指导其 AI 战略的制定和执行。

AI 转型战略

什么是 AI 转型?

AI 转型的核心在于将人工智能技术与企业的各个业务领域深度融合，以实现对客户价值主张的全面提升和日常运营的革新。从市场策略到产品设计，从客户服务到内部管理，人工智能都在发挥着日益重要的作用。

商业领域，人工智能不仅改变了企业与客户之间的交互方式，更通过精准的数据分析和预测，为企业提供了前所未有的商业洞察。它帮助企业更准确地识别市场趋势，制定更有效的市场策略，从而在竞争激烈的市场中脱颖而出。同时，人工智能也优化了企业的供应链管理，提高了生产效率，降低了运营成本。

在运营方面，人工智能的应用更是无处不在。从自动化的生产线到智能的客服系统，从智能的财务分析到风险预测，人工智能都在为企业提供更加高效、准确的解决方案。这些解决方案不仅提高了企业的运营效率，也为企业带来了更高的客户满意度和忠诚度。

科技巨头们早已认识到了人工智能的巨大潜力，纷纷将人工智能技术整合到他们的产品和服务中。谷歌作为“人工智能优先”的倡导者，其在搜索、广告、云计算等领域都广泛应用了人工智能技术，为用户提供了更加智能、便捷的服务。

然而，AI 转型并非只适用于大型跨国企业。随着技术的不断发展和普及，越来越多的新兴组织也开始意识到人工智能的价值。据国际数据（IDC）公司预测，到 2025 年，至少 90% 的新兴组织将在其业务流程中采纳人工智能技术。这些组织通过应用人工智能技术，实现了业务的快速增长和创新，成了各自领域的佼佼者。

数字化转型与 AI 转型

数字化转型是一个广泛的概念，涵盖了利用各种数字技术提升业务的方方面面；AI 转型则更专注于利用人工智能技术，实现更高层次的自动化和智能化。两者在技术、目标、组织影响等方面都有显著差异，但共同推动了企业在数字时代的深度变革和创新（见表 3–7）。

表 3–7　数字化转型与 AI 转型的比较

维度	数字化转型	AI 转型
定义	将传统业务模式和流程通过数字技术进行改造，实现效率提升和客户体验优化。	通过应用人工智能技术（如机器学习、深度学习和自然语言处理），实现自动化、智能化和数据驱动的业务创新。
核心技术	云计算、大数据分析、物联网、移动技术、区块链等。	机器学习、深度学习、计算机视觉、自然语言处理、AI 算法和模型。

续表

维度	数字化转型	AI 转型
主要目标	提升运营效率、优化客户体验、实现业务流程自动化和数据驱动决策。	实现高度自动化、智能化决策、预测分析和新业务模式的创新。
驱动因素	提高客户满意度、降低成本、增强数据可见性和业务灵活性。	提升竞争力、创新产品与服务、提升预测能力和数据利用效率。
组织影响	需要广泛地组织变革，包括文化变更、技能提升和新的工作流程。	要求深度的技术变革和组织重组，涉及新的人才引进、跨部门协作和 AI 技术培训。
投资重点	IT 基础设施的现代化、数据管理系统的升级、员工数字技能培训。	AI 基础设施建设、数据科学团队扩展、AI 算法开发和模型训练。
实施挑战	数据孤岛、技术整合难度、员工抵触和安全性问题。	数据质量和可用性问题、算法偏见、伦理和隐私问题、技术人才短缺。
成功衡量指标	运营效率提升、客户满意度提高、成本降低、业务响应速度加快。	精度和预测能力提升、决策速度加快、业务增长、创新产品和服务的推出速度。
风险管理	网络安全风险、数据隐私保护、技术故障和供应链中断。	算法偏差和公平性问题、AI 系统的可解释性、数据隐私风险和伦理问题。
文化与变革管理	需要培养数字文化，增强员工对数字技术的接受度和使用能力。	需要建立 AI 文化，推动员工理解和应用 AI 技术，培养数据驱动决策的习惯。
客户关系	通过数字渠道改善客户互动，提供个性化服务和实时响应。	利用 AI 实现客户需求预测、个性化推荐和自动化客户服务。
业务流程优化	通过数字工具实现流程自动化和优化，减少人为错误和提升效率。	利用 AI 技术实现智能化流程优化，进行更复杂的决策和预测，进一步提升效率和准确性。
案例应用	在线银行、电子商务平台、数字营销和供应链管理。	智能客服系统、预测性维护、个性化推荐系统和自动驾驶。
战略整合	通常作为整体业务战略的一部分，注重广泛的技术应用和业务流程优化。	通常是数字化转型的高级阶段，强调深度技术集成和智能化业务模型的构建。
长期影响	逐步实现业务流程的全数字化，提升组织的整体灵活性和响应能力。	彻底改变业务运营模式，实现从数据驱动到智能驱动的转变，创造新的业务价值和市场机会。

数字化转型

数字化转型，作为当今企业发展的重要战略，正逐步渗透到企业的每一个角落。它不仅仅是对技术的简单升级，而是涉及企业整体的深层次变革。这一过程中，数字技术如同魔法般改变了企业的业务模式、管理架构、工作方式及文化内涵。

数字化转型的目标是多方面的。首先，它旨在通过优化业务流程，提升企业的运营效率。数字化工具和技术能够极大地减少人工干预，降低错误率，使企业运营更为精准高效。其次，数字化转型强调创新驱动，推动企业在新兴市场和技术领域寻找新的增长点。最后，数字化转型还注重客户体验的优化，通过数字化手段加强与客户的互动，了解他们的需求，从而提供更精准、个性化的服务。

数字化转型的核心技术包括云计算、大数据、移动互联网、物联网等。这些技术的应用为企业提供了丰富的数据和信息资源，帮助企业更好地洞察市场趋势、客户需求及自身运营状况。同时，这些技术也为企业提供了更多的创新可能，推动企业不断向前发展。

AI 转型

AI 转型是数字化转型的高级阶段，它侧重于利用人工智能技术来推动企业业务和管理模式的变革。特别是生成式人工智能，作为 AI 转型的核心驱动力，正逐步改变企业的运营方式。

生成式人工智能具有强大的内容生成和推理能力，它能够从海量的数据中提取有价值的信息，为企业的决策提供有力支持。在业务流程方面，它能够自动化处理大量重复性工作，提高工作效率。在决策方面，它能够通过智能分析，为企业提供更精准、科学的决策建议。在产品创新方面，它能够为企业提供源源不断的创意和灵感，推动产品的持续创新。在服务方面，它能够通过个性化服务，满足客户的多样化需求，提升客户满意度。

AI 转型不仅关注流程优化和效率提升，更强调通过创新推动企业增长和价值创造。它使企业能够以更快的速度和更大的规模满足客户需求，打造独特的客户体验，开发新产品，发现新的商业模式。随着技术的不断发展，AI 转型将在企业发展中发挥越来越重要的作用。

以人为本的 AI 转型战略

以人为本的企业 AI 转型，其核心理念在于将人工智能的发展与人的需求、利益及价值紧密结合，旨在创造一个既高效又和谐的工作与生活环境。以下是对其特点的介绍：

在 AI 技术的进步与应用上，以人为本的企业不仅追求技术的尖端性和实用性，更加注重技术对人类社会的深远影响。它们深知 AI 技术的双刃剑特性，因此在推动技术发展的同时，也在努力防范其可能带来的风险和挑战。它们坚信，AI 技术不应只是冰冷的机器语言，而应成为连接人与未来的桥梁，助力人类实现更美好的生活。

在 AI 技术的贡献和价值方面，这些企业更是有着独到的见解。它们认为，AI 技术不仅能够帮助企业提高生产效率和降低成本，更能够为社会创造巨大的价值。例如，通过 AI 技术，企业可以研发出更加智能化、个性化的产品和服务，满足消费者日益增长的需求。同时，AI 技术还可以应用于医疗、教育、环保等领域，为社会的进步和发展贡献力量。

在企业的效率和利润方面，以人为本的企业始终将企业的责任和使命放在首位。它们认为，企业的成功不仅在于赚取了多少利润，更在于如何为社会创造价值。因此，这些企业在制定 AI 战略时，会充分考虑企业的愿景、价值和文化，确保 AI 战略与企业的发展目标相一致。同时，它们也注重企业的可持续发展和社会责任，努力为社会和环境的可持续发展作出贡献。

在机器的智能和能力方面，以人为本的企业始终将人的需求放在首位。它们认为，AI 技术虽然具有强大的计算和学习能力，但无法完全替代人类的智慧和创造力。因此，这些企业在推动 AI 技术发展的同时，也在努力提升人类的能力和价值。它们通过人机协作和互动的方式，让机器成为人类的得力助手和合作伙伴，共同推动社会的进步和发展。

在人机的协作和互动方面，这些企业注重建立人机之间的信任、理解和尊重。它们认为，只有建立了良好的人机关系，才能实现真正的协作和互补。因此，这些企业在设计 AI 系统时，会充分考虑人类的需求和习惯，让机器更加符合人类的认知和行为模式。同时，它们也鼓励人类学习和掌握 AI 技术，提高自身的竞争力和适应能力。

以人为本的企业 AI 转型是一种全面、深入且富有远见的转型方式。它不仅关注技术的发展和应用，更关注人的需求、利益和价值；不仅关注企业的效率和利润，更关注企业的责任和使命；不仅关注机器的智能和能力，更关注人机的协作和互动。这种转型方式将为企业带来更加广阔的发展空间和更加美好的未来。

三大核心原则

原则（一）：以人为本

在当下这个数字化、智能化的时代，“以人为本”不仅是企业的口号，更是其生存和发展的根本。在 AI 转型的浪潮中，“以人为本”这一原则更是显得尤为关键。它不仅是企业实施 AI 项目的核心准则，更是企业实现长期成功、持续发展的基石。

“以人为本”强调的是人的需求和利益优先。在 AI 项目的规划和实施中，企业需从人的实际需求出发，深入探索和理解人的期望、情感和行为模式。这意味着，技术不再是冰冷的、无情感的，而是充满温度、关怀人性的。通过 AI 技术，企业可以更加精准地满足人的需求，提供更加个性化、人性化的服务，从而赢得消费者的信任和依赖。

“以人为本”要求企业关注人的成长和发展。AI 技术不仅要提升企业的生产效率，更要成为员工学习和成长的平台。企业应鼓励员工积极参与 AI 技术的研发和应用，为员工提供学习和培训的机会，帮助他们适应数字化时代的工作要求。通过这种方式，企业可以培养出更多具备数字化素养、创新能力和解决问题能力的员工，为企业的发展注入新的活力。

“以人为本”强调伦理和道德的重要性。在 AI 技术的开发和应用中，企业必须坚守伦理原则和道德标准，尊重人的隐私和权益，防止技术滥用和偏见。企业应建立严格的伦理审查机制，确保 AI 技术的使用符合社会的伦理规范和价值观。只有这样，企业才能赢得社会的信任和尊重，为企业的长期发展奠定坚实的基础。

“以人为本”要求企业构建人机和谐共生的关系。在 AI 时代，人和机器不再是简单的对立关系，而是可以相互协作、互补共生的伙伴。企业应积极探索和实践人机协作的新模式，优化工作流程和组织结构，促进人机之间的互动和理解。通过这种方式，企业可以实现人机的互补和共赢，让 AI 技术成为推动企业发展的强大动力。

“以人为本”是企业 AI 转型的核心驱动力。只有坚持这一原则，企业才能在 AI 时代中立于不败之地，实现长期的成功和发展。

原则（二）：AI 原生

当我们深入探讨“AI 原生”原则时，我们可以发现其不仅是一个技术策略，更是一种对企业全面变革的推动力量。“AI 原生”主张企业应从根源上将 AI 技术融入其运营模式中，使其深入到企业的每一个角落，从而实现真正的智能化转型。

AI 原生原则强调 AI 驱动型战略的重要性。这意味着企业需要深刻理解和预测 AI 技术的发展趋势，确保自己的战略与 AI 技术的前进方向保持高度一致。这不仅要求企业领导层具有前瞻性的视角，还需要企业拥有一支具备 AI 知识和技能的团队，以支持战略的实施。

业务流程再造是 AI 原生原则的核心内容之一。通过引入 AI 技术，企业可以自动化和智能化现有的工作流程，从而显著提高工作效率和质量。同时，AI 技术的应用还可以帮助企业发现新的业务模式，推动企业的创新发展。

在产品和服务创新方面，AI 原生原则要求企业将 AI 技术融入产品和服务的全生命周期中。这意味着从产品的设计、开发、生产到服务的提供，都需要充分利用 AI 技术的优势，以满足市场和客户的不断变化的需求。通过 AI 的数据分析、学习和预测能力，企业可以更加精准地把握市场和客户的脉搏，从而推出更加符合市场需求的产品和服务。

文化和组织适应是实现 AI 原生的关键。企业需要培养一种以数据为中心、以技术为驱动的文化氛围，鼓励员工积极学习新的技术和知识，提高整个团队的创新能力。同时，企业还需要调整组织结构，确保能够快速响应市场变化，灵活执行战略决策。

“AI 原生”原则要求企业从战略、流程、产品和服务以及文化和组织等多个方面入手，全面引入和应用 AI 技术，实现企业的智能化转型。这将帮助企业更好地适应市场变化，提高竞争力，实现可持续发展。

原则（三）：“敏捷迭代”

“敏捷迭代”原则在 AI 转型中占据至关重要的地位，它为企业提供了一种灵活、动态的方式来应对快速变化的市场和技术环境。以下是对“敏捷迭代”原则更为深入的扩展和阐释：

快速响应与适应性：在 AI 时代，市场和技术的变化速度日新月异。企业为了保持竞争力，必须能够快速响应这些变化。敏捷迭代原则鼓励企业采用一种更为灵活的开发和部署模式，通过 MVP（最小可行产品）模式快速验证想法，及时调整战略方向和优化产品服务。这种快速的响应和适应性有助于企业迅速捕捉市场机遇，并在竞争中保持领先地位。

持续学习与优化：AI 技术的复杂性和多样性要求企业在实施过程中持续进行学习和优化。敏捷迭代原则强调企业应不断收集和分析用户反馈、业务数据和市场信息，以此为基础不断调整和改进 AI 应用。这种持续的学习和优化过程有助于企业深化对 AI 技术和市场需求的理解，提高 AI 应用的效果和效率。同时，它也有助于企业保持对新兴技术的敏感度，从而在竞争中保持领先。

跨功能协作与沟通：为了实现敏捷迭代，企业需要打破部门壁垒，建立跨功能的团队。这种跨功能团队能够集合多方面的知识和经验，更有效地解决问题和实现创新。在 AI 项目中，跨功能团队通常由技术、业务、设计等不同背景的员工组成，他们共同协作，确保 AI 应用能够满足业务需求和用户体验要求。此外，跨功能协作还有助于促进不同部门之间的沟通和理解，提高整个组织的协同效率。

风险管理与容错机制：在 AI 实施过程中，由于技术复杂性和不确定性等因素，企业可能会面临各种风险和挑战。敏捷迭代原则鼓励企业建立有效的风险管理和容错机制，以应对这些可能出现的问题。通过小规模的实验和测试，企业可以及时发现并纠正错误，减少失败的成本，增强整体的韧性。此外，企业还可以通过设置回滚机制和备份策略等方式来降低风险，确保 AI 项目的顺利实施。

“敏捷迭代”原则在 AI 战略中发挥着至关重要的作用。它帮助企业快速响应市场和技术变化，持续学习和优化 AI 应用，实现跨功能协作与沟通，并建立有效的风险管理和容错机制。这些优势有助于企业在 AI 时代保持竞争力和创新力，实现可持续发展。

成功 AI 转型的五个步骤

参考吴恩达教授《人工智能转型手册》里面提到的五个步骤：

第一步，让你的公司开展试点项目来获得势头，逐渐了解做一个 AI 项目大概是怎么一回事。

第二步，建立公司内部的 AI 团队。

第三步，提供广泛的人工智能培训，不仅是针对工程师，也针对公司中很多的级别，包括公司高层。

第四步，发展你的 AI 战略。

第五步，建立内部和外部沟通机制。

也许不用采取完全一致的顺序执行这些步骤，并且这些步骤有时会重叠，但这个排序会提供给你一个大概的思路，来帮助推动公司 AI 转型。

执行试点项目以获得动力

对于最初的几个 AI 项目来说，获得成功比成为最有价值的 AI 项目更重要。它们应该足够有意义，以便最初的成功能帮助你的公司熟悉 AI，并说服公司其他人投资更多的 AI 项目。不过，这项项目的规模也不应该太小，以至于让人觉得微不足道。

最初几个 AI 项目的建议特征：理想情况下，应该组建全新的或外部 AI 团队，并与内部团队合作，深入了解自家业务，然后构建能在 6 到 12 个月内开始显示出吸引力的 AI 解决方案。

这个项目在技术上应该是可行的，许多公司仍在启动利用今天的 AI 技术无法实现的项目。信任 AI 工程师在项目启动前对该项目进行的尽职调查，这将增强你对项目可行性的信心。

有个定义清晰和可度量的目标，就可以创造业务价值。吴恩达教授领导 Google Brain 团队时，谷歌内部都对深度学习技术存在深深的怀疑。为了帮助团队获得动力，他选择了谷歌语音团队（Google Speech）作为第一个内部客户，通过紧密合作，使谷歌语音识别变得更加准确。语音识别在谷歌中是个非常有意义的项目，但却不是最重要的项目。例如，与将 AI 应用于网络搜索和广告等领域相比，语音识别对公司没那么重要。但是通过使用深度学习使语音团队更加成功，其他团队也开始对 Google Brain 团队产生信心。吴恩达教授团队的第二个主要内部客户是谷歌地图团队，主要利用深度学习来提高地图数据的质量。有了这两次成功的经验，Google Brain 开始与广告团队对话。逐渐形成的势头使得 AI 项目越来越成功。

建立一个内部 AI 团队

虽然拥有深厚 AI 技术专长的外包合作伙伴可以帮助我们更快地获得最初的动力，但从长期来看，与内部 AI 团队一起执行某些项目将更有效。此外，我们还需要在公司内部保留一些项目，以建立更独特的竞争优势。

重要的是，要建立这个内部团队，必须从高管层获得支持。在互联网崛起期间，对于许多公司来说，聘请首席信息官（CIO）是个转折点，这样可以帮助它们制定出一套具有凝聚力的互联网使用策略。相比之下，那些进行了许多独立实验的公司——从数字营销到数据科学实验，再到新网站的推出——如果在这些小型试点项目上未能成功地扩大规模，改变公司的其余部分，那么它们就没有利用互联网的能力。

在 AI 时代，对于许多公司来说，一个关键时刻将再次出现，那就是组建一个能够帮助整个公司的核心 AI 团队。这个 AI 团队可以由首席技术官（CTO）、首席信息官（CIO）或首席数据官（CDO）领导，但前提是他们必须拥有合适的技能集。此外，这个团队也可以由专门的 CAIO 领导。这个 AI 团队的主要职责是：建立能够支持整个公司的 AI 能力；执行跨职能项目的初始顺序，以支持不同部门或业务单位的 AI 项目。在完成最初的项目后，建立重复的过程来持续进行一系列有价值的 AI 项目；为招聘和挽留员工制定一致的标准；开发对多个部门或业务单位有用但不太可能由单个部门开发的全公司平台。例如，考虑与首席技术官、首席信息官、首席数据官合作，开发统一的数据仓库标准。

许多公司都是由多个业务部门组成，并向首席执行官（CEO）汇报工作的。有了新的 AI 团队，我们将能够把 AI 人才组织到不同的部门，以推动跨职能项目（见图 3–5）。

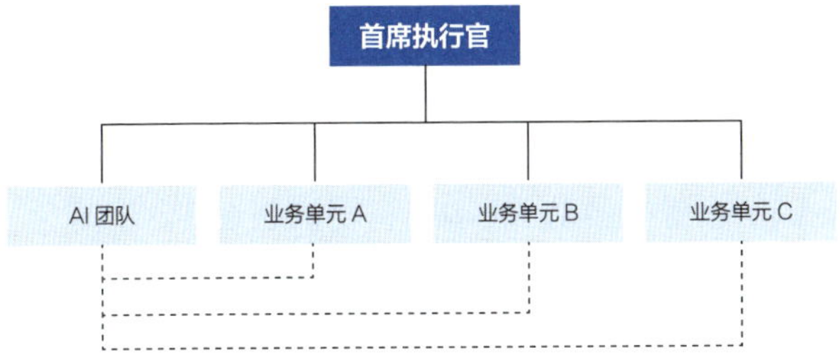

图 3–5　AI 团队组织模式

新的职位描述和新的团队将会出现，我们现在的团队组织工作的方式不同于前 AI 时代，现在的新角色包括机器学习工程师、数据工程师、数据科学家和 AI 产品经理等。

提供广泛的 AI 培训

如今，没有一家公司拥有足够多的内部 AI 人才，尽管媒体对 AI 人才的高薪报道被过度渲染，但 AI 人才的确很难找到。幸运的是，随着包括电子书和教学视频等大型开放式网络课程在内的数字内容的兴起，培训大量员工掌握 AI 新技能的成本收益比以往任何时候都要更高。聪明的企业培训负责人知道，他们的工作是策划而不是创造内容，然后建立流程，确保员工完成学习体验。具体培训计划如下：

1. 高管和资深商业领袖：培训超过 4 小时

目标：让高管了解 AI 能为企业做些什么，开始制定 AI 战略，做出适当的资源分配决策，并与支持有价值的 AI 项目的 AI 团队顺利协作。

课程：①对 AI 的基本业务进行理解，包括基本技术、数据以及 AI 能做什么和不能做什么。②理解 AI 对企业战略的影响。③ AI 在邻近行业或特定行业的应用案例研究。④ AI 领导力学习。

2. 部门领导人推动 AI 项目：培训超过 12 小时

目标：部门领导应该能够为 AI 项目设定方向、分配资源、监控和跟踪进度，并根据需要进行修正，以确保项目取得成功。

课程：①对 AI 的基本业务进行理解，包括基本技术、数据以及 AI 能做什么和不能做什么。②对 AI 有基本的技术进行理解，包括主要的算法类别及其要。③基本了解 AI 项目的工作流程、在 AI 团队中担任的角色和承担的职责，以及 AI 团队的管理。

3. AI 工程师学员：培训 100 小时以上

目标：新接受培训的 AI 工程师应该能够收集数据、训练 AI 模型，并交付特定的 AI 项目。

课程：①对机器学习和深度学习有深刻的技术理解，基本了解其他 AI 工具。②理解用于构建 AI 和数据系统的可用

（开源和其他第三方）工具。③能够执行 AI 团队工作流程的能力。④持续进行培训，以跟上 AI 技术取得的最新进展，并制定出相应的 AI 战略。

制定 AI 战略

AI 战略将引导公司在创建价值的同时建立可防御的护城河。一旦团队开始看到初始 AI 项目的成功，并对 AI 形成了更深的理解，就能够确定 AI 可以在哪些地方创造最大的价值，并将资源集中在这些领域。

一些高管会认为，制定 AI 战略应该是第一步。但在缺乏基本经验的情况下，大多数公司并不能制定出成熟的 AI 战略。

公司建造"防御性护城河"的方式也在随着人工智能的发展而发展。以下是一些值得思考的方法：

第一，构建自己的优质 AI 资产，这些资产基本上与战略保持一致，AI 使公司能够以新的方式建立独特的竞争优势。

迈克尔·波特（Michael Porter，曾提出著名的波特五力模型）关于商业战略的开创性著作表明，开创一家有防御能力的公司的一种方法是，构建几个与战略大体相符的优质资产。因此，竞争对手很难同时复制所有这些资产。

第二，设计与"AI 的良性循环"相一致的策略，即积极反馈循环。在许多行业中，我们将看到数据积累产生可防御的企业。例如，领先的网络搜索引擎，如谷歌、百度、必应和 Yandex（俄罗斯版谷歌）都拥有各自巨大的数据资产。这些数据帮助这些公司建立了一个更精确的搜索引擎产品（A），这又帮助他们获得更多的用户（B），还能够让他们拥有更多的用户数据（C）。竞争对手很难进入这种积极反馈的循环之中。数据是人工智能系统的关键资产。因此，许多伟大的人工智能公司也有复杂的统一数据策略（见图 3-6）。

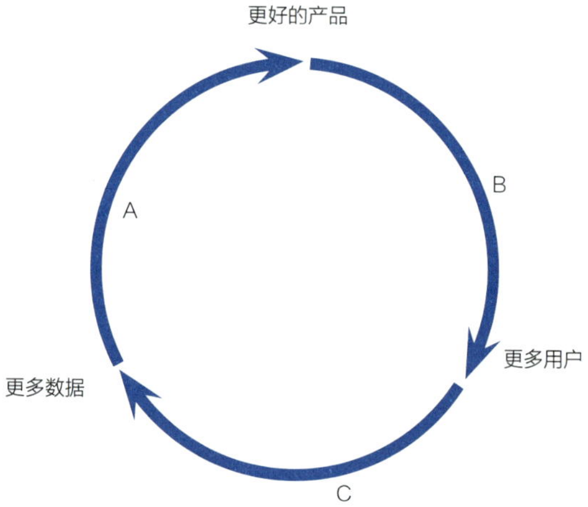

图 3-6　AI 的良性循环

第三，战略数据获取。可使用从 100 个数据点（“小数据”）到 100 000 000 个数据点（“大数据”）的任意位置构建统一有用的 AI 系统。人工智能团队正在使用非常复杂的策略来获取数据，而具体的数据获取策略则是针对特定行业和具体情况的。例如，谷歌和百度都有大量的免费产品，这些产品不是具有货币化价值的，而是允许它们获取可以其他具有货币化价值的数据。

第四，统一数据仓库。如果你有 50 个不同的数据库，这些数据库在 50 位不同的副总裁或部门的控制下，工程师或 AI

软件几乎不可能访问这些数据并“连接这些点”。因此，我们要考虑减少用于储存的数据库，建立统一的数据仓库。

第五，识别哪些数据是有价值的，哪些不具有价值。拥有许多太字节（TB）级别的数据，并不意味着 AI 团队将能够从这些数据中创造价值。一些首席执行官在收集低价值数据方面过度投资，甚至为了获得一家公司的数据而收购该公司，结果却发现目标公司的许多 TB 数据并不具有价值。若要避免这种错误，须在数据获取过程中尽早引入 AI 团队，并让他们帮助你确定要获取和保存的数据类型的优先顺序。

第六，创造网络效果和平台优势。人工智能还可以用来建造更传统的护城河。例如，具有网络影响的平台是高防御的公司。他们往往有一个自然的“赢家通吃”的动力，迫使公司要么快速增长，要么死亡。如果 AI 允许你以比竞争对手更快的速度获得用户，那么就可以利用它来构建一条通过平台动态来防御的护城河。更广泛地说，可以使用 AI 作为低成本策略、高价值策略或其他业务策略的关键组件。

在公司内部和外部建立良好的沟通渠道

人工智能将对我们的业务产生重大影响。如果它影响到我们的主要利益相关者，我们就应该运行一个交流程序来确保一致性。以下是我们应该考虑的内容。

投资者关系：谷歌和百度等领先的人工智能公司现在变得更有价值，部分原因是它们的人工智能能力以及人工智能对其利润的影响。解释清楚人工智能在我们的公司创造价值的原因，描述不断增长的人工智能能力，并最终会有一个深思熟虑的人工智能战略，这将帮助投资者适当地评估我们的公司。

政府关系：高度监管行业（自动驾驶汽车、医疗保健）中的私营企业在保持合规方面面临着独特的挑战。描述一个可信的、引人入胜的人工智能案例，解释我们的项目可以给一个行业或整个社会带来的价值和好处，是建立信任和善意重要的一步。同时，在我们推出项目时，还应与监管机构进行直接沟通和持续对话。

客户 / 用户培养：AI 可能会给客户带来非常大的好处，因此请确保适当的营销。

人才 / 招聘：由于人工智能人才的稀缺，一些实力强劲的公司将对我们吸引和留住此类人才的能力产生重大影响。人工智能工程师想要在令人兴奋和有意义的项目上工作。适度的能力曝光，来展示我们最初在 AI 领域的成功，可能会有很大的帮助。

内部交流：由于今天的社会仍然对人工智能缺乏了解，特别是人工智能被过度炒作，所以存在恐惧、不确定性和怀疑。许多员工也担心自己的工作被人工智能替代，尽管这一点因文化而异。因此，明确内部沟通，既解释人工智能，又解决这类员工的疑问，将减少公司内部不愿采用人工智能的情况。

CHAPTER 4

「第 4 章」

训练与提升 AI 领导力

Train & Improve AI Leadership

练达模块

PRACTICE & ACHIEVEMENT MOUDLE

CERTIFIED

AI领导力

AI LEADERSHIP

AI 如何让我们成为更好的领导者？

随着生成式人工智能的崛起，人工智能在工作场景的应用正在加速，我们的心情变得复杂起来，既对人工智能的潜力感到好奇，同时也对其可能给人类带来的影响深感忧虑。

尽管人工智能面临着诸多挑战和风险，但它却有可能成为催化人类领导新时代的关键力量。正如毕马威全球人力资源主管恩拉穆·德洛穆所言："借助人工智能的力量、前景和潜力，领导者们获得了重新审视和定义我们的工作方式及领导风格的宝贵机会。我们有机会让我们的工作体验，以及我们所领导的人的工作体验变得更加积极，同时提升财务业绩。"

人类一直在不断引入新技术来节省工作时间，然而，我们并没有因此获得更多的闲暇时光，反而用更多的工作填满了这些空白。但如果人工智能不仅能帮助我们节省战术活动的时间，还能引导我们将更多注意力投向情感体验，那又会是怎样一番景象呢？我们期待着这个充满无限可能性的未来。

AI 提升人类最优秀的品质

当下，人工智能为我们带来了拥有秩序与一致性的可能。

它不仅能够协助我们梳理纷乱的思绪，更能助力我们提升那些闪光的人类品质。正如埃森哲首席技术和创新官保罗·多尔蒂所言："通过巧妙地运用人工智能系统和工具，领导者能够激发自身最优秀的人类特质，进一步拓展领导力的边界。"

人工智能就像是领导者心灵的外骨骼，为我们提供了强大的支撑与助力。外骨骼能够增强人体的力量与灵活性，人工智能同样能够提升我们的认知、情感与社交能力。

在智力层面，人工智能助力我们拓展思维的边界，快速处理海量信息，做出明智的决策。在情感层面，它帮助我们更深入地理解员工的需求与期望，指引我们找到最佳的前进道路。在社交层面，人工智能则协助我们洞察团队动态，培养多元化的思维方式，营造心理安全的工作环境。

然而，人工智能并不是成就我们成为卓越领导者的唯一力量。如果我们仅仅依赖人工智能而忽略了自身的成长与发展，那么这就像购买了一辆顶级豪华跑车却忽视了提升驾驶技能一样。为了能够从人工智能中获取最大的价值，我们需要同样关注人类潜能的挖掘与培养。只有结合人工智能的力量与人类的智慧与情感，我们才能在领导者的道路上走得更远、更稳。

AI 智能增强，赋能领导力

在漫长的历史中，人类已经见证了农业时代、工业时代和信息时代的变迁，如今我们正阔步迈入一个全新的 AI 智能时代。过往的时代中，我们所依赖的工具都是被动式的，无论是用于挖掘的铲子，还是用于信息传递的电子邮件系统，都需要我们的主动选择和操作。

然而，随着人工智能的崛起，这一格局正在发生颠覆性的变化。如今，这些智能工具与我们主动互动，改变了我们与世界的关系和感知方式。它们不再只是等待被使用的工具，而是开始倾听、分析、学习，并预测我们的需求和渴望。

如今，人工智能已经能够为我们读写文章、识别我们的长处与短处，甚至规划我们的信息获取路径。它深深地渗透进我们的学习、思考、行为和表达之中，成为我们生活中不可或缺的一部分。

增强，这个词汇如今愈发显得重要。它指的是通过添加新的元素或特性来强化或改进某一事物。无论我们是否意识到，增强其实已经无处不在。回想一下，你还能记住多少朋友的电话号码？或许并不多，因为我们早已习惯依赖智能手机来辅助记忆。

当我们将人工智能应用于增强我们的感知、辨识能力和行动时，便实现了人工智能增强。在人工智能与领导力相交融的当下，增强的核心在于一种兼收并蓄的思维方式。尽管人工智能的兴起让我们本能地将焦点投向技术本身，但真正要成功适应并受益于它，我们需要充分发掘人工智能的潜力，同时不断磨砺自己的人性光辉。

AI 领导者正是这一理念的践行者。他们巧妙地将人类与机器的优势融为一体，打造出独具特色的领导风格。而我们所探索的深层的、本质的人性，是隐藏在他们内心深处的宝贵财富。

新领导者三大核心特质

为了达成人工智能与人类之间的高效协同合作，我们必须深入探索人类思维的内在机制。从神经科学的视角来看，人类思维的科学认知模型普遍展现出了三大核心特质：感知、辨别与反应。在培养卓越领导力的征途上，我们可以将这三个特质进一步升华，称之为意识、智慧与同理心。

意识，作为大脑观察与体验内外部世界的感知能力，为领导者提供了从感知到视角的转换契机。它涉及对自我、他人以及更广阔环境的深刻洞察。这种对个体与集体的深入理解，使领导者能够游刃有余地驾驭复杂的人际关系和组织动态，以清晰与洞察力引领团队前行。

智慧，作为头脑的辨别能力，使领导者能够洞察现实的本质，形成合理的判断，并摆脱自我束缚。它是多代人经验、学习与反思的结晶，为领导者在决策时提供平衡短期利益与长期可持续性、道德考量。

同理心，则是心灵的响应能力，表现为对他人情感与需求的真诚关怀与敏感行动。它为领导力注入了人性的温度，确保领导者在采取行动时，能够尊重并珍视员工的感受。正是这种同理心，是人和人工智能之间的巨大差距。

拥有高度意识、智慧和同理心的领导者，能够为领导力奠定坚实基础，提升团队绩效，并为员工带来更为愉悦的工作体验。

成为 AI 领导者

作为新时代领导力的典范，AI 领导者巧妙地将人工智能融入领导实践中，从而极大地扩展和深化了人性的积极影响。这些卓越的领导者不仅具备了意识、智慧和同理心等核心人性特质，更将人类与人工智能的优势相融合，开创了领导力的新纪元。

意识使 AI 领导者能够多角度审视问题，提供丰富的背景信息。而人工智能则以其惊人的内容生成能力和速度，为领导者提供了源源不断的素材。这些领导者能够娴熟地为人工智能生成的内容注入深厚的背景内涵，使沟通更加深入和全面。

智慧使 AI 领导者能够提出富有洞见的问题。而人工智能则擅长根据海量数据和信息提供精准的答案。这些领导者能够明智地辨别和整合人工智能的答案，以推动问题的深入解决。

同理心使 AI 领导者能够通过用心领导，为身边的人带来福祉。而人工智能则可以通过提供算法知识和见解，为领导者的同理心实践提供有力支持。这些领导者能够利用人工智能的算法能力分析员工数据，提供真实、真诚、人性化的领导体验。

这在实际操作中将如何落地实施呢？

想象一下，当被人工智能赋能的领导者在筹备一场演讲时，他们是如何巧妙地将人类与人工智能的优势相互融合、相得益彰的。首先，人类领导者会凭借深厚的背景和丰富的经验，明确演讲的目的与核心目标，即为何需要展开这场演讲，并期望从中达成怎样的目标或成果。

然而，人类领导者在情感和偏见方面难免存在局限性。这时，他们便可以借助人工智能的优势，利用其强大的数据分析和处理能力，对演讲的背景、参与者的特点以及可能出现的情境进行深入剖析和评估。人工智能还能提供策略性的建议，帮助领导者更好地应对可能出现的挑战。

为了更好地适应演讲环境，领导者甚至可以与人工智能代理进行角色扮演，模拟演讲问答场景，从而提前预演并优化自己的演讲和沟通策略。然而，在依赖人工智能的同时，领导者也需要清醒地认识到其局限性。人工智能虽然强大，但同样会受到其创造者偏见的影响，因此，领导者在利用人工智能时，必须保持批判性思维，审慎判断，确保自己的决策和行动始终基于客观事实和人类价值观。

通过巧妙地结合人类和人工智能的优势，并努力克服它们的局限性，领导者可以更加从容、自信地应对各种复杂演讲场景。他们能够以更清晰、更谨慎的方式参与演讲沟通，从而在演讲中取得更好的成果。与单打独斗或完全依赖人工智能相比，这种融合方式无疑能够带来更为出色的表现。

因此，将人工智能引入职场无疑是一个具有划时代意义的转折点。就像任何其他工具一样，人工智能既可能成为职场变革的催化剂，也可能成为阻碍。然而，只要我们能够正确地运用人工智能，它就能够引领我们走向一个充满无限可能的人类领导力新时代。

正如星巴克首席学习官布兰登·卡森所言:“在人工智能时代，领导者正在成为工作中人性的传递者。”未来，人工智能将无处不在、无所不能。为了充分利用这一时代机遇，我们都有责任成为更优秀、更智能的 AI 领导者。这不仅是对我们自身能力的挑战和提升，更是对人类未来领导力发展的积极探索和贡献。

AI 领导力能力飞轮

AI 领导力能力飞轮（AI Leadership Competency Flywheel，AILF）是一个描述现代领导者在 AI 时代所需关键能力的概念。它强调了领导者如何利用 AI 技术来提高生产力，进行组织变革，并在这一过程中不断发展和完善自己的领导能力。

AI 领导力能力飞轮的核心在于前瞻性思维、创新能力和战略决策能力。领导者需要能够预见 AI 技术的发展趋势，识别出其对业务和组织可能产生的影响，并据此制定相应的战略和计划。同时，他们还需要具备创新思维，勇于尝试新的方法和策略，以应对 AI 带来的挑战和机遇。

飞轮的概念强调了这种领导力的动态性和持续性。就像飞轮需要不断转动才能保持其动力一样，AI 领导力也需要不断地学习和改进。领导者需要保持对 AI 技术的敏感性，及时了解新技术、新方法和新应用，并将其融入自己的领导实践中。同时，他们还需要不断地反思和总结经验教训，调整自己的领导策略和方法，以适应不断变化的环境和需求。

AI 领导力能力飞轮还强调了伦理和责任感的重要性。在利用 AI 技术的过程中，领导者需要确保遵守道德和法律规范，尊重数据安全和隐私保护，防止偏见和歧视，并对 AI 决策承担责任。这种伦理和责任感是 AI 领导力不可或缺的一部分，也是确保组织可持续发展的重要保障。

AI 领导力能力飞轮包括以下部分（见图 4-1）。

智慧洞察飞轮

数据驱动：领导人应积极利用 AI 技术进行数据挖掘与分析，获取有价值的商业洞察。

智能决策：基于数据洞察，运用 AI 辅助决策系统，提升决策效率和准确性。

反馈优化：将决策执行结果反馈到数据驱动环节，不断优化数据分析和决策过程。

创新引领飞轮

创新文化培育：领导人应营造鼓励创新的企业文化，为 AI 技术的应用提供土壤。

AI 技术探索：积极引进和研发 AI 技术，探索新的应用场景和商业模式。

创新成果推广：将创新成果应用于企业运营，通过实践检验并不断完善创新方案。

人才培育飞轮

AI 人才吸引：领导人应重视 AI 人才的引进和培养，建立高效的人才引进机制。

技能培训与提升：定期开展 AI 技能培训，提升员工在 AI

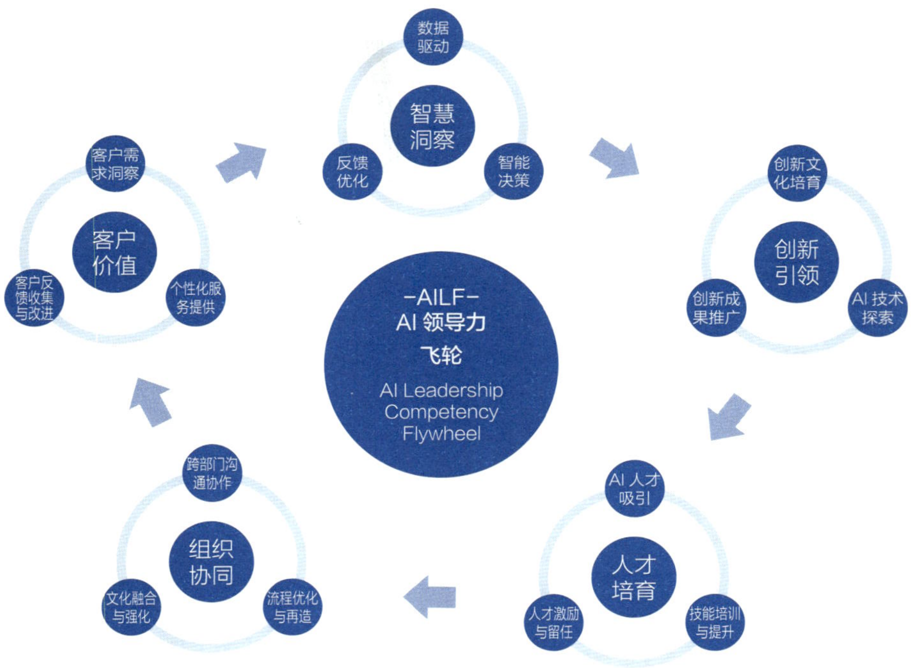

图 4-1　AI 领导力飞轮的构成

领域的专业素养和实践能力。

人才激励与留任：通过合理的激励机制和职业发展路径，留住核心 AI 人才。

组织协同飞轮

跨部门沟通协作：建立跨部门的 AI 协作团队，打破信息壁垒，实现资源共享。

流程优化与再造：利用 AI 技术对业务流程进行优化和再造，提升组织协同效率。

文化融合与强化：在协同过程中强化企业文化，形成具有 AI 特色的组织文化。

客户价值飞轮

客户需求洞察：利用 AI 技术进行客户行为分析和需求预测，深入了解客户需求。

个性化服务提供：基于客户需求洞察，提供个性化的产品和服务，提升客户满意度。

客户反馈收集与改进：收集客户反馈，利用 AI 技术进行分析和改进，不断优化客户服务体验。

这五个 AI 领导力飞轮，形成了一个完整、闭环的领导力体系。每个飞轮都强调新颖性、创新性和力度，有助于企业领导人更好地理解和实践 AI 领导力，推动企业在 AI 时代的持续发展。

AI 领导力能力飞轮价值

AI 领导力能力飞轮的价值体现在多个方面。飞轮作为一种机制，其运转需要一定的努力，但一旦良性循环开始，每次新的能源加入都会增加其动力，减少加速所需的努力，并有助于保存和转移能源。在 AI 领导力的背景下，这种机制可以被理解为领导者通过不断投入努力和资源，推动组织在 AI 应用和创新方面形成正向循环，从而提高生产力和效率。

它的价值在于能够帮助企业领导者更好地进行组织变革和重塑。随着 AI 技术的不断发展和应用，企业需要不断调整和优化自身的战略、结构和文化，以适应新的市场环境和业务需求。而具备 AI 领导力的领导者能够利用飞轮的力量，推动组织在变革中保持稳定的增长和发展。

AI 领导力能力飞轮还强调了在 AI 应用中需要注重商业知识、经验和能力等形式的能源保存和转移。这意味着领导者不仅需要关注技术的引入和应用，还需要关注如何将这些技术与组织的实际业务相结合，以实现商业价值的最大化。

AI 领导力能力飞轮还提醒我们，生成式 AI 的影响远远超出了对利润的提升。因此，领导者在应用 AI 技术时，需要考虑到更广泛的社会影响，并采取负责任的人工智能方法。这包括对商业决策进行深思熟虑，以确保其对环境、社会和经济的可持续发展产生积极影响。

综上所述，AI 领导力能力飞轮的价值在于通过推动组织在 AI 应用和创新方面形成正向循环，提高生产力和效率，促进组织变革和重塑，同时注重商业价值的最大化和社会责任的履行。

AI 领导力能力飞轮应用场景

AI 领导力飞轮的应用场景相当广泛。首先，我们需要理解领导力飞轮的概念。领导力飞轮通常指的是一个包含多个关键因素的模型，这些因素协同工作，共同推动领导力的提升和发展。在 AI 领域，领导力飞轮可以被用来指导和管理 AI 团队，优化 AI 项目的执行，以及推动 AI 技术的创新和应用。

具体来说，AI 领导力飞轮的应用场景包括但不限于以下几个方面。

AI 项目管理：在复杂的 AI 项目中，领导力飞轮可以帮助项目领导者更好地组织和管理团队，以确保项目按照既定的目标和计划进行。通过识别和解决项目中的问题，设定明确的结果导向，寻求团队成员的不同意见，以及成就团队成员的个人和团队目标，项目领导者可以有效地提升团队的领导力和执行力。

AI 团队发展：对于 AI 团队的领导者来说，领导力飞轮提供了一个框架，用于培养和发展团队成员的领导力。通过培养团队成员解决问题的能力，结果导向的思维方式，以及寻求和接受异见的态度，领导者可以帮助团队成员不断成长，并提升整个团队的绩效。

AI 技术创新：在推动 AI 技术创新的过程中，领导力飞轮可以帮助领导者识别新的机会和挑战，设定创新的目标，并引导团队朝着这些目标努力。同时，通过鼓励团队成员提出不同的观点和想法，领导者可以激发团队的创造力和创新精神，推动 AI 技术的不断进步和应用。

AI 战略制定：在制定 AI 战略时，领导力飞轮可以帮助领导者从全局的角度思考问题，确保战略目标的可行性和可持续性。通过解决问题、设定结果导向、寻求异见和成就他人等步骤，领导者可以制定出更加符合组织实际情况和市场需求的 AI 战略。

总之，AI 领导力飞轮的应用场景非常广泛，可以应用于 AI 项目的各个阶段和各个方面。通过充分利用领导力飞轮的优势和特点，领导者可以更好地推动 AI 技术的发展和应用，为组织创造更大的价值。

认知升级

AI 思维：像机器一样思考？

人脑与人工智能在处理信息的道路上，尽管存在着显著的差异，但也有着不容忽视的相似之处。这种相似之处，主要体现在我们认识事物的四个递进阶段：信息、经验、规律和思维。这一过程如同一条蜿蜒曲折的河流，从源头的点滴信息汇聚成洪流，最终汇入智慧之海。

首先，信息是认知的起点，是我们与世界建立联系的桥梁。我们在日常生活中接触到的各种信息，无论是文字、图像还是声音，都是我们构建认知世界的基础。

然后，我们通过将单个信息的联系串联起来，形成了一种称之为“经验”的东西。经验是我们对世界的直观感受和理解，是我们对过去经历的一种总结。它是我们认知世界的重要工具，也是我们不断适应和改变世界的基础。

然而，经验并不是终点，而是通往更高层次认知的阶梯。在经验的基础上，我们开始发现事物之间的内在联系和规律。规律是事物发展的必然性和普遍性，是我们理解世界、预测未来的关键。通过发现规律，我们能够更深入地理解世界的本质，也能够更准确地预测未来的走向。

最后，我们将规律提炼升华，形成了思维。思维是我们认知世界的最高层次，是我们对事物进行抽象、概括和推理的能力。在思维阶段，我们将过去的经验、发现的规律以及新的知识进行整合和创新，形成了自己的方法论和世界观。这些方法论和世界观不仅指导着我们的实践行为，也塑造着我们的精神世界。

人工智能的底层逻辑与这一过程有着惊人的相似性。人工智能的底层逻辑是数学规律，这些规律是人工智能进行推理、学习和决策的基础。从这些底层逻辑中，人工智能衍生出了自己的知识体系，并通过不断的学习和优化，逐渐形成了自己的智能。

当人工智能落地应用时，它就开始从数据中产生价值。在这个过程中，人工智能既是方法和工具，也是思维逻辑。它可以帮助我们更快速地处理和分析数据，发现数据中的规律和趋势，并为我们提供有价值的洞察和建议。同时，人工智能还可以模拟人类的思维方式，进行推理和决策，为我们提供更智能化的服务。

随着技术的不断进步和应用场景的不断拓展，人工智能将会在各个领域发挥越来越重要的作用。而我们自身也需要不断更新自我、提升认知才能跟上时代的步伐。我们需要改变原有的认知方式，从单纯的知识填充转向更深入的思维训练。我们需要快速把握规律、理性认识存在、提升思维能力，抓住时代脉搏才能在激烈的竞争中立于不败之地。

最后需要强调的是，人工智能不仅是一种先进技术，更是一种分析数据的思维模式。它教会我们如何从海量数据中提取有价值的信息、发现隐藏的规律和趋势、做出更明智的决策。这种思维模式将对我们未来的工作和生活产生深远的影响。

我们来看一个有意思的对比（见表 4-1）。

表 4-1　人脑与人工智能的对比

对比方面	人脑	人工智能
生理结构	复杂的生物组织，由神经元和突触构成。	基于硅芯片、集成电路和晶体管。
信息处理	分布式并行处理，大量神经元同时工作。	串行或并行处理，取决于设计。
学习与记忆	自主学习、联想记忆、经验学习。	监督学习、非监督学习、强化学习。
创造力	高度创新，能产生全新的思想、艺术和科技。	依赖于训练数据和算法，创新能力有限。
情感与意识	具有情感、意识和自我意识。	缺乏真正的情感和意识（尽管有模拟情感的研究）。
适应性	极强的适应性，能快速适应新环境和任务。	适应性受限于编程和训练数据。
能源消耗	高效能源利用，但具体消耗量因个体而异。	能耗相对较高，尤其是大型数据中心。
故障处理	自我修复能力，如神经再生。	依赖于维护和更新，硬件故障可能导致整体崩溃。
道德与伦理	具有复杂的道德和伦理观念。	依赖于编程者的道德和伦理观念。
通用性	高度通用，适用于各种复杂任务。	专用性强，特定任务下性能优越。
进化与发展	持续进化，随生物进化发展。	通过更新和改进算法及硬件实现发展。

AI 思维，描述了一种从海量的、多样化的数据中提炼出

规律，形成预测模型，并对未来未知情况做出精准预测的思维模式。这种思维模式不仅对个人决策产生深远影响，而且对整个组织乃至社会整体的运行和发展都具有极其重要的意义。

AI 思维的重要性在于能够避免我们仅基于过去的经验和直观的判断来做出决策。它是基于大规模的数据分析和预测模型，为我们提供更为客观、全面和精准的视角。

AI 思维的基础在于数据。数据的丰富性和多样性决定了 AI 模型能否准确地捕捉到事物的内在规律和趋势。因此，数据的收集、整理和分析是 AI 思维的第一步。同时，数据的质量和准确性也是至关重要的，因为任何微小的误差都可能导致预测结果的偏差。

AI 思维的核心在于模型。通过对大量数据的分析和处理，我们可以构建出各种预测模型，这些模型能够对未知情况做出精准的预测。这些模型不仅可以帮助我们做出更好的决策，而且还可以优化我们的业务流程，提高生产效率，降低成本。

AI 思维的实现在于算力。随着计算机技术的不断发展，算力越来越强大，可以处理更大规模、更复杂的数据集。这使得我们能够构建出更加复杂、更加准确的预测模型，从而更好地应对各种挑战和问题。

AI 思维的应用在于业务模式。通过将 AI 思维与具体的业务场景相结合，我们可以创造出各种创新的业务模式，这些模式能够为我们带来更大的价值。例如，在金融服务领域，AI 思维可以帮助我们更准确地评估信用风险，降低贷款违约率；在医疗领域，AI 思维可以帮助我们更准确地诊断疾病，提高治疗效果。

总之，AI 思维是一种基于数据、模型和算力的思维模式，它能够帮助我们更好地理解和应对未知情况，为个人、组织和社会整体的发展带来积极的影响。在大数据和人工智能的时代背景下，掌握 AI 思维将成为我们成功的关键。

数据 + 人工智能 + 场景 = 价值

在当今数字化和智能化的时代，数据、人工智能和应用场景的深度融合，正成为创造商业和社会价值的关键要素。通过将数据与 AI 技术应用于具体的业务场景中，企业和组织能够实现业务流程优化、创新产品和服务、提升用户体验，从而创造出巨大的价值。我们探讨如何通过“数据 + 人工智能 + 场景”的方式，最大化地实现价值创造。

数据：价值的基础

1. 数据收集与管理

数据是 AI 技术的燃料。高质量的数据收集和管理是 AI 成功应用的基础。企业需要建立有效的数据收集机制，确保数据的完整性、准确性和及时性。同时，数据管理系统的建设，包括数据存储、清洗和处理，也至关重要。

2. 数据分析与洞察

收集到的数据需要经过分析，才能转化为有价值的洞察。通过数据分析工具和技术，如统计分析、数据挖掘和可视化，企业可以从大量数据中提取出有意义的信息，为决策提供支持。

实践步骤：①数据收集机制。建立全面的数据收集系统，涵盖业务运营的各个方面。②数据管理平台。引入先进的数据管理平台，确保数据的高质量和高可用性。③数据分析工具。使用数据分析工具，如 Python、R、Tableau 等，进行深度数据挖掘和分析。

人工智能：从数据到智能

1. AI 模型训练

有了高质量的数据，下一步就是训练 AI 模型。通过机器学习、深度学习等技术，企业可以构建和训练模型，进行预测、分类和决策支持。模型的训练需要大量的历史数据和计算资源，因此选择合适的算法和优化模型性能至关重要。

2. AI 应用开发

训练好的 AI 模型需要嵌入到具体的应用中，才能发挥其智能决策的能力。企业可以开发各种 AI 驱动的应用，如推荐系统、智能客服、自动化流程等，提升运营效率和客户体验。

实践步骤：①算法选择。根据具体业务需求，选择合适的机器学习或深度学习算法。②模型训练。利用历史数据训练模型，并不断优化模型性能。③应用开发。将训练好的模型集成到业务应用中，开发智能化的解决方案。

场景：价值的体现

1. 业务流程优化

AI 技术可以应用于业务流程的各个环节，优化运营效率。例如，在制造业中，AI 可以用于预测性维护，减少设备故障和停机时间；在物流行业，AI 可以优化路线规划和库存管理，提高配送效率。

2. 创新产品与服务

通过 AI 技术，企业可以开发出全新的智能产品和服务，满足市场需求。例如，智能家居设备、自动驾驶汽车、个性化推荐系统等，都是 AI 应用的典型场景。

3. 用户体验提升

AI 技术可以显著提升用户体验。例如，通过自然语言处理技术，企业可以开发智能客服系统，提供全天候的客户支持；通过计算机视觉技术，零售企业可以实现无缝支付和智能购物体验。

实践步骤：①流程优化。识别业务流程中的痛点，应用 AI 技术进行优化。②产品创新。探索 AI 技术在新产品和新服务开发中的应用，满足市场需求。③用户体验。利用 AI 技术提升客户交互和服务质量，增强用户满意度。

价值创造：数据 + 人工智能 + 场景的融合

1. 综合应用案例

成功的价值创造往往来自数据、人工智能和具体场景的有机结合。例如，电商平台通过数据分析了解用户偏好，利用推荐算法提供个性化商品推荐，并通过智能客服系统提升客户服务质量，从而显著提升销售额和客户满意度。

2. 持续改进与创新

价值创造是一个持续的过程。企业需要不断收集新的数据，优化 AI 模型，探索新的应用场景，保持技术和业务的持续创新，才能在竞争中保持领先。

实践步骤：①综合应用。将数据分析、AI 技术和具体业务场景紧密结合，进行综合应用。②持续优化。不断监控和评估 AI 应用的效果，收集反馈，持续优化模型和业务流程，推动创新和改进。

3. 测量与评估

为了确保数据、AI 和场景的融合能够真正创造价值，企业需要建立有效的测量与评估体系。这包括设定关键绩效指标（KPI），评估 AI 应用的实际效果和商业价值。通过定期评估，企业可以识别成功经验和改进空间，进一步优化 AI 策略。

实践步骤：①设定关键绩效指标。根据业务目标设定明确的绩效指标，评估 AI 应用的效果。②定期评估。建立定期评估机制，分析 AI 应用的实际表现和价值。③反馈与改进。收集和分析用户反馈，持续优化 AI 模型和应用场景。

案例分析：AI 驱动的价值创造

案例 1：零售行业的个性化推荐

一家电商平台通过数据收集和分析，了解用户的购买行为和偏好。利用机器学习算法，平台开发了个性化推荐系统，为用户提供精准的商品推荐。通过这一应用，平台不仅提升了用户体验，还显著增加了销售额和客户忠诚度。

案例 2：制造业的预测性维护

一家大型制造企业通过安装传感器，实时收集设备运行数据。利用深度学习算法，企业开发了预测性维护系统，能够提前预测设备故障。通过这一应用，企业减少了设备停机时间，提高了生产效率，降低了维护成本。

案例 3：医疗行业的智能诊断

一家医院通过数据收集和管理系统，积累了大量的病患数据。利用 AI 技术，医院开发了智能诊断系统，能够辅助医生进行疾病诊断和治疗方案推荐。通过这一应用，医院提升了诊断准确率和治疗效果，提高了医疗服务质量。

AI 边界：AI 无法取代的四项领导能力

人工智能的边界

人工智能背后的驱动力与计算机密不可分，而计算机的本质却植根于数学的土壤之中。可以说，计算机的边界即为人工智能的边界，而数学的边界则进一步限定了这两者的“疆域”。

在数学与计算机的历史发展中，有三位杰出的思想家为我们揭示了这两者的边界。首先，让我们回顾一下哥德尔的划时代贡献。在 19 世纪末，科学技术的发展如火如荼，人们对科学的潜力充满了无限的憧憬。在数学领域，有些数学家甚至渴望找到一个完全机械化的方法，从数学的基本公理出发，证明所有的数学定理。这一想法在当时似乎具有无穷的吸引力，因为它似乎预示着数学将成为一个既完备又一致的知识体系，所有的问题都能在这个体系中找到答案。

然而，哥德尔在 1931 年的研究却像一记重锤，打破了这一美好的幻想。他证明了一个惊人的事实：数学体系不可能同时满足完备性和一致性。换句话说，如果我们追求数学体系的完备性，那么在某些情况下，我们推导出的结论可能会自相矛盾；如果我们坚持数学体系的一致性，那么很多数学命题将无法用逻辑推理的方法证明。这意味着，即使是最基础、最全面的数学系统，也有其无法触及的边界。

哥德尔的这一发现，对于数学和人工智能领域都产生了深远的影响。它让我们认识到，数学并不是万能的，世界上很多问题并不能简单地用数学方法来解决。这一认识不仅让我们对数学的局限性有了更清晰的认识，也让我们在追求人工智能的道路上更加谨慎和理性。我们不再盲目地相信技术可以解决一切问题，而是开始思考如何在技术的局限中寻找平衡和可能。

此外，哥德尔的发现也让我们重新审视了科学研究的本质。它提醒我们，科学研究并不是一个无休止的追求完美的过程，而是一个不断探索、不断试错、不断前进的过程。在这个过程中，我们需要保持开放的心态，勇于面对挑战和困难，同时也要学会在局限中寻找机会和可能。

总之，哥德尔的研究为我们揭示了数学和计算机的边界，也为我们提供了宝贵的思考和启示。在未来的科学研究中，我们需要继续发扬这种勇于探索、敢于质疑的精神，不断推动科学的发展和进步。

第二个人是尤里·马季亚谢维奇，他的成就和发现对数学领域产生了深远的影响。在 1900 年，德国数学家大卫·希尔伯特提出了一个著名的数学问题，即对于一类特定数学问题（特别是关于不定方程整数解的问题，例如 $x^2 - 5y^2 = 3$），是否存在一种通用的、有限步骤的方法来判断其是否有解。这个问题困扰了无数的数学家，成为数学界的一大难题。

然而，在 20 世纪 60 年代末，这个难题被一位年仅 22 岁的苏联天才数学家马季亚谢维奇所攻克。他给出了一个令人震惊的答案：并非所有的数学问题都能通过有限的计算步骤找到答案。即使是一些看似简单的问题，我们也可能既不知道如何解决它，也无法确定它是否存在答案。

马季亚谢维奇的这一发现对数学领域产生了巨大的冲击。它揭示了数学的一个重要边界，即并非所有的数学问题都是可解的。这一发现对计算机科学领域也产生了深远的影响。在计算机科学中，许多问题都需要通过数学方法来解决。然而，如果一个问题在数学上无法找到答案，那么无论我们如何编程，也无法解决它。这给计算机科学家们带来了一个巨大的挑战。

然而，从另一个角度来看，马季亚谢维奇的发现也避免了许多人在无法解决的问题上浪费时间和资源。在科学研究和技术开发中，我们经常需要面对各种复杂的问题。如果我们能够提前判断一个问题是否可解，那么我们就可以避免在无法解决的问题上浪费过多的时间和精力。这对于提高科研效率和技术开发的速度具有重要的意义。

总的来说，马季亚谢维奇的发现不仅揭示了数学的一个重要边界，也为我们提供了一种新的思考方式。它提醒我们在面对复杂问题时，需要更加谨慎和理性地分析问题的本质和可解性。同时，它也为我们提供了一种新的方法来优化科研和技术开发的流程，提高我们的工作效率和成果质量。

第三个人是图灵，他是计算机科学领域的巨擘，是深刻洞察并定义了计算机能力边界的先驱。图灵机的发明，不仅标志着我们对可计算性问题有了清晰的认识，更重要的是，它为我们揭示了计算的本质和局限性。

图灵机的概念并非仅仅是理论上的构造，它为我们提供了一种理解和分析计算过程的方法论。在图灵机的框架下，我们能够明确地区分哪些问题是可计算的，即是存在明确答案的；而哪些问题则是不可计算的，即无论我们如何设计程序，计算机都无法给出确切的答案。

图灵的这一发现具有深远的影响。它让我们认识到，计算机的能力是有限的，而非无所不能。这种限制并非源于技术或软件的不足，而是计算模型本身的本质所决定的。这意味着，在我们面对复杂问题时，需要更加审慎地思考，明确问题的性质，以及我们是否能够通过计算机找到答案。

此外，图灵机的思想还为我们提供了一种全新的视角来看待计算问题。它让我们意识到，计算并不仅是简单的数学运算或数据处理，而是一种更为广泛、更为深刻的概念。在图灵机的框架下，我们可以将各种计算问题抽象为符号的变换和处理，从而更加深入地理解计算的本质和规律。

图灵是计算机科学领域的杰出代表，他的发现和贡献为我们揭示了计算机的能力边界，同时也为我们提供了一种全新的视角来看待计算问题。他的思想和方法论对于计算机科学的发展产生了深远的影响，并将继续引领我们探索计算的本质和潜力。

当我们将这个逻辑进一步细分时，可以更清晰地理解其复杂性和深度。首先，让我们深入探讨“所有问题中，很多问题都不是数学问题”这一点。事实上，世界上存在着无数种问题，数学问题只是其中的一小部分，它们涉及数量、结构、空间以及变化等概念。而其他类型的问题，如社会问题、生物学问题、心理学问题等，则不属于数学范畴。

接下来，我们看到“很多数学问题是不知道有没有解的”。这反映了数学领域的深度和广度，其中有许多未解之谜，如费马大定理、哥德巴赫猜想等。这些问题已经困扰了数学家数百年，尽管有些已经被证明或证伪，但还有许多仍待解决。

在数学上，如果一个问题的解存在能被明确地判断出来的可能，我们就称这个问题为“可判定”的。然而，即使是可判定的问题，其中也有大量的无解问题。这些无解问题可能是因为问题本身就不存在解，或者是因为我们的数学工具还不足以找到解。

在可判定且有解的问题中，有一部分问题可以通过图灵机解决，我们称之为“可计算”的问题。图灵机是一种理论上的计算模型，它能够模拟任何计算机程序在任意输入下的执行过程。然而，不是所有可计算的问题都能在现实中被有效地解决，因为有些问题可能需要极长的计算时间或巨大的计算资源。

因此，我们引入了“工程上可计算”的概念，它指的是那些不仅可计算，而且在合理的计算时间和成本下能够被解决的问题。这些问题才是真正能够在实际中被应用和执行的问题。

在“工程上可计算”的问题中，只有一部分属于人工智能的研究范畴。人工智能是一门研究如何使计算机模拟、延伸和扩展人的智能的学科，它涉及机器学习、计算机视觉、自然语言处理等多个领域。然而，即使是人工智能能够解决的问题，也需要找到相应的算法才能进行计算。

最后，我们要明白，无论是什么样的计算机，都只能解决世界上很小一部分问题。这是因为计算机的运算能力和数学理论都有其局限性。即使未来有更强大的计算机出现，如量子计算机，也只是算力增加，算得更快，但并不会让原先不能计算的问题突然变得可计算。这是因为有些问题已经触及了计算机和数学的边界，无法被解决。因此，我们需要不断地探索新的数学理论和技术手段，以扩大我们能够解决的问题的范围。

再用一些例子说明（见图 4–2）。

所有问题：当我们提及社会问题，特别是涉及主观认识的部分，确实难以用纯粹的数学方法来解答。例如，对于

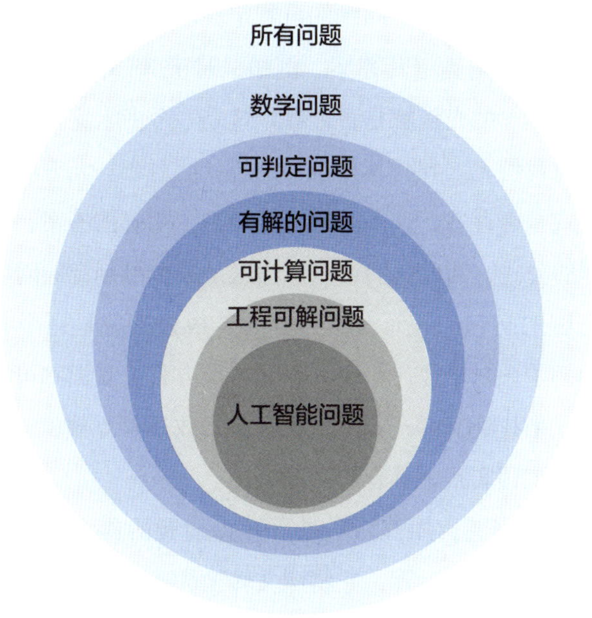

图 4-2 “问题”逻辑图

“自由”和“平等”这些概念的理解，它们深受文化、历史和个人经验的影响，因此无法简单地用数学公式或定理来描述。这类问题通常需要深入的人文思考和广泛的讨论才能形成较为全面和深入的见解。

数学问题：数学问题的范围极其广泛，其中有一部分问题是能够被数学语言精确描述的。你所举的例子是一个关于费马大定理的变种，即对于给定的大于 2 的自然数 n，证明不存在正整数 x，y，和 z，使得等式 $x^n + y^n = z^n$ 成立。这类问题通常需要运用数学中的定理、公理和证明方法来解答，且其答案通常具有绝对的正确性。

可判定问题：一个问题的可判定性取决于我们是否有能力在有限的时间内确定其答案。例如，对于 NS 方程（纳维—斯托克斯方程）的光滑解是否存在，这是一个尚未完全解决的问题，因此我们无法判断其是否可判定。而对于一元五次方程的求根公式是否存在，这个问题已经得到了明确的答案，即不存在这样的公式，因此我们可以认为这是一个可判定的问题。

有解的问题：一元二次方程的求根公式就是一个有解的问题的例子。对于任何给定的一元二次方程，我们都可以使用求根公式来找到其解，无论这个解是实数还是复数。这类问题在数学和工程实践中具有广泛的应用。

可计算问题：加密算法是可计算问题的典型代表。加密过程本身就是一种计算，它将明文转换为密文。解密过程则是这种计算的逆过程，它需要更大的计算量来恢复原始的明文。所有的加密算法都需要在计算机上运行，因此它们都是可计算的问题。

工程上可计算的问题：这类问题的可计算性取决于当前的工程技术和计算能力。以 RSA 加密为例，如果你的密码是 256 位，那么在三十年前，由于计算能力的限制，这个问题可能被认为是不可解的。但随着技术的进步，现在我们已经有可能解决这个问题。未来，如果量子计算机得到进一步的发展，那么即使是 2048 位的 RSA 加密也可能变得可解。

人工智能问题：NLP 是人工智能领域的一个重要问题。NLP 的目标是让计算机能够理解和生成人类的语言，这需要对语言的语法、语义和上下文有深入的理解。由于语言的复杂性和多样性，NLP 问题通常被认为是一个挑战性的问题，需要运用深度学习、机器学习等先进的算法和技术来解决。

今天我们要深入探讨一个现象，那就是许多人在面对新技术或概念时，往往会因为自身认知的局限性而产生过度的想象和误解。特别是在人工智能这个领域，随着技术的快速发展和媒体的广泛报道，这种现象尤为突出。

首先，让我们看看那些对人工智能了解甚少，但仅凭媒体文章就对其产生过高期待的人。他们可能只是看到了一些关于人工智能的惊人成就，如 AI 在围棋、图像识别等领域的卓越表现，便认为人工智能将来可以做任何事情了。然而，他们忽视了人工智能的局限性和挑战，如对于复杂情感的理解、创造性思维的模仿等，这些都是目前 AI 技术难以企及的。

另一方面，还有一些人，他们虽然对人工智能有一定的了解，但往往只关注到其某个方面的进步，而忽视了整体的发展状况。例如，当 AI 在某个特定任务上取得了突破时，他们可能会夸大其词，认为 AI 已经能够解决绝大部分的问题了。然而，这种看法显然是片面的，因为人工智能的发展是一个复杂而漫长的过程，需要解决众多的问题和挑战。

这种现象的根源在于人们思维的局限性。当我们面对一个新事物时，往往容易受到自身经验和知识的影响，从而产生偏见和误解。为了避免这种情况的发生，我们需要从思维上进行拓展和深化。

在实际操作中，我们需要将遇到的问题进行归类和分析，明确问题的边界和范围。只有这样，我们才能在边界内有效地解决问题，避免在边界外做无用功。同时，我们也需要关注人工智能技术的局限性和挑战，保持理性和客观的态度，避免过度乐观或悲观的情绪影响我们的判断和决策。

总之，面对人工智能这样的新技术或概念时，我们需要保持开放、批判和全局的思维方式，不断学习和了解新的知识和技术，明确问题的边界和范围，在边界内有效地解决问题。

AI 无法替代的四项领导权力技能

AI 能够分析复杂数据集、优化资源分配、预测潜在风险并自动化日常任务，但有四项领导权力技能是 AI 无法替代的（见图 4–3）。

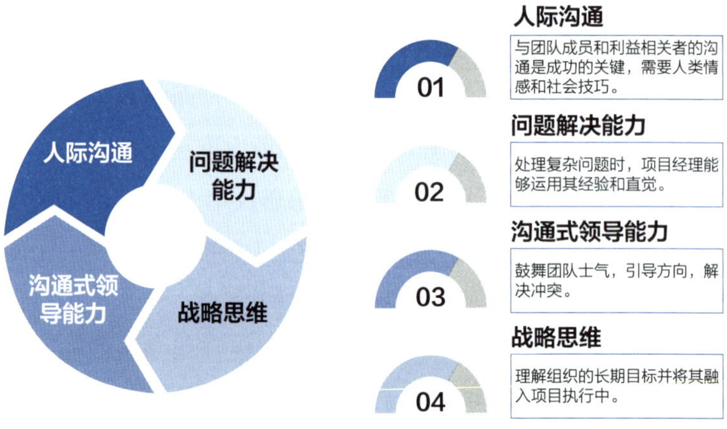

图 4–3　AI 无法替代的四项领导权力技能

人际沟通：与团队成员和利益相关者的沟通是项目成功的关键，需要人类情感和社交技巧。

问题解决能力：处理复杂问题时，项目领导者能够运用其经验和直觉。

领导能力：鼓舞团队士气，引导方向，解决冲突。

战略思考：理解组织的长期目标并将其融入项目执行中。

结论

人工智能工具对项目管理的影响日益显著，它们简化了工作流程，加强了跨职能协作，促进了高效沟通，减轻了管理负担，让项目领导者能够更专注于关键的人类任务，如决策、解决问题和利益相关者管理。在选择和利用这些 AI 工具时，采取的战略方法至关重要。要选择能够补充现有技能和专业知识的工具，并留意可能出现的阻力。在推进更复杂项目之前，应优先关注现有流程的优化，消除效率低下的问题。若使用得当，人工智能工具将增强项目领导者的能力，优化项目交付，并提升业务中的项目成果。

目前，AI 还不能完全取代项目管理者。因为项目管理不仅涉及数据和逻辑处理，还有许多需要人类直接介入的复杂和创造性的工作。AI 更可能是作为一个强大的工具帮助项目领导者提高效率，而不是替代他们。

未来，项目领导者的角色可能会转变，需要更多地依赖于 AI 来完成某些任务，但同时也会更加专注于那些 AI 难以处理的领域，比如领导力、战略制定和人际交流。

AI 领导力的培养与发展

个人 AI 领导力升级路径

在现代社会，人工智能的发展已经深刻地影响了各行各业。作为一个想要在 AI 领域中脱颖而出的个人，掌握 AI 相关知识和技能显得尤为重要。我们来介绍一个从初学者到专家的 AI 领导力升级路径，共分为五个阶段，帮助个人系统化地提升在 AI 领域的能力（见表 4-2）。

表 4-2　个人 AI 领导力升级路径

阶段	目标	内容
1	AI 认知及学习	对 AI 基础知识的认知。
2	使用 AI 产品	学会提示词工程，可以使用各种提示词模版。
3	AI 自动化流程	包括使用建立 AI 智能体，用 AI 建立自动化流程。
4	开发独立 AI 应用	基于开源模型或第三方应用，开发一个独立 AI 应用产品。
5	微调、训练大模型	微调、训练大模型。

阶段一：AI 认知及学习

目标：掌握 AI 的基础知识，理解其基本概念和应用场景。

内容：在这一阶段，个人应当做到以下几点。学习 AI 的基本概念，如机器学习、深度学习、神经网络等；了解 AI 的历史和发展趋势；掌握一些基础的数学和编程知识，这些是理解 AI 算法的基础；通过在线课程、书籍和视频等资源，系统化地学习 AI 相关知识。

阶段二：使用 AI 产品

目标：熟练使用现有的 AI 产品，并掌握提示词工程。

内容：这一阶段的重点是实践。使用市面上已有的 AI 产品，如聊天机器人、文生文、文生图工具等；学习提示词工程，掌握如何设计有效的提示词；利用各种提示词模版，优化 AI 系统的输出效果；通过不断实践，提升与 AI 互动的效率和效果。

阶段三：AI 自动化流程

目标：建立和使用智能体，用 AI 建立自动化流程。

内容：在这一阶段，个人应当做到以下几点。学习如何使用现有的自动化产品平台来创建自动化工作流程；了解如何将 AI 技术嵌入到这些流程中，以提高效率；掌握智能体的概念和应用方法；实践建立简单的自动化流程，逐步增加复杂度和功能。

阶段四：开发独立 AI 应用

目标：基于开源模型或第三方应用，开发一个独立的 AI

应用产品。

内容：这一阶段的核心是开发能力。学习使用开源的 AI 模型和框架；掌握如何通过 API 调用第三方 AI 服务；开发一个独立的 AI 应用，从需求分析、设计、开发到测试和部署；理解产品化的流程和要点，确保开发的 AI 应用能够解决实际问题并具有商业价值。

阶段五：微调、训练大模型

目标：掌握微调和训练大模型的技能。

内容：在最终阶段，个人需要具备深度学习的能力。学习如何获取和处理大规模数据集；掌握模型微调技术，以适应特定任务或数据集的需求；学习如何从头开始训练一个大型 AI 模型；了解最新的 AI 研究进展，保持与前沿技术的同步。

总结

通过以上五个阶段的学习和实践，个人可以全面提升在 AI 领域的领导力和专业能力。从基础知识的掌握，到独立产品的开发，再到大模型的训练，这一系统化的升级路径将帮助个人在 AI 浪潮中立于不败之地。

企业 AI 领导力的培养策略

在当今迅速发展的科技时代，企业的竞争力很大程度上依赖于其在 AI 领域的领导力。培养具有卓越领导能力的 AI 人才，不仅能够推动企业内部创新，还能在市场竞争中占据优势。我们来探讨如何通过识别潜力人才、设计培养计划、搭建实践平台以及建立激励机制，来构建强大的 AI 领导团队。

识别并选拔具有潜力的 AI 领导者

设立明确的选拔标准：企业需要设立清晰的选拔标准，明确 AI 领导者应具备的核心技能、知识、经验和领导特质。这些标准应涵盖技术能力（如机器学习、数据分析等）、战略思维、沟通协调能力以及项目管理经验等方面。

多渠道选拔：为了找到最具潜力的 AI 领导者，企业应采用多渠道选拔策略。这包括内部推荐、外部招聘、竞赛和社区活动等方式。内部推荐可以挖掘企业内部的优秀人才，而外部招聘则能引进新鲜血液。通过举办 AI 竞赛和参与行业社区活动，企业还可以发现并吸引更多优秀的 AI 人才。

评估与筛选：在选拔过程中，企业应利用多种评估方法，如面试、案例分析、团队协作等，确保选拔的领导者与岗位要求高度匹配。面试可以考察候选人的沟通能力和领导潜质，案例分析能评估其解决问题的思维方式，而团队协作则是检验其在实际工作中的表现。

设计针对性的培养计划和课程体系

定制化课程：根据 AI 领导者的不同需求和背景，企业应设计定制化的课程体系。这些课程应包括基础课程、进阶课程和专业课程，涵盖从基础的 AI 知识到高级的技术应用，以及行业内最新的发展动态。

跨界学习：AI 领导者不仅需要深厚的技术背景，还需具备广阔的视野。因此，企业应鼓励他们学习商业、管理、沟通等跨领域知识。这种跨界学习能够帮助 AI 领导者更好地理解业务需求，提升其综合能力和战略思维。

实战模拟：通过模拟项目、案例分析和团队合作等方式，企业可以为 AI 领导者提供真实的学习环境。实战模拟不仅能巩固所学知识，还能提升应对实际问题的能力，使其在未来的工作中更加得心应手。

搭建实践平台，提供实战机会

内部项目：企业应鼓励 AI 领导者参与内部的 AI 项目，通过实际操作提升其专业能力和领导水平。这些项目可以涵盖从数据分析到 AI 模型部署的各个环节，帮助领导者全面了解 AI 技术的应用。

外部合作：与高校、研究机构和其他企业建立合作关系，为 AI 领导者提供更多实战机会。这些合作项目不仅能扩展领导者的视野，还能让他们接触到最新的研究成果和技术前沿，进一步提升其专业素养。

导师制度：为 AI 领导者配备经验丰富的导师，提供一对一的指导和支持。导师可以在职业发展、技术难题和项目管理等方面给予指导，帮助 AI 领导者快速成长。

建立持续学习和成长的激励机制

职业规划： 企业应帮助 AI 领导者明确职业目标和规划，为他们的成长提供清晰的路径。这不仅能激发他们的工作热情，还能增强其职业忠诚度。

培训与晋升： 为 AI 领导者提供持续的培训和发展机会，鼓励他们在专业领域和领导岗位上不断晋升。企业可以通过设置明确的晋升机制和培训计划，激励 AI 领导者不断追求卓越。

奖励与认可： 对表现出色的 AI 领导者给予奖励和认可，是激发其工作热情和积极性的有效手段。企业可以通过奖金、晋升和公开表彰等方式，肯定其贡献，增强其成就感和归属感。

总结

培养 AI 领导力是企业构建强大团队和推动创新的关键。通过识别潜力人才、设计培养计划、搭建实践平台以及建立激励机制，企业可以打造出一支高素质的 AI 领导团队。

如何评估 AI 领导力（AI 领导力评估模型）?

为了有效评估 AI 领导力，作者设计了一套综合评估模型，涵盖以下五个关键维度：技术理解与应用、数据驱动决策能力、创新与效率、跨职能合作与团队建设、伦理与治理。每个维度包含若干具体指标，并设有打分表。通过这种方式，可以全面、客观地评估领导者在 AI 领导力方面的表现。

评估维度与指标

1. 技术理解与应用及其指标

（1）AI 技术基础知识：对机器学习、深度学习、自然语言处理等 AI 技术的理解。

（2）AI 项目经验：参与或领导过的 AI 项目数量和复杂度。

（3）技术应用能力：将 AI 技术应用于实际业务场景的能力。

2. 数据驱动决策能力及其指标

（1）数据素养：理解和解释数据分析结果的能力。

（2）数据分析工具使用：熟练使用 Python、R、Tableau 等数据分析工具。

（3）数据驱动决策：利用数据进行战略和运营决策的能力。

3. 创新与效率及其指标

（1）创新思维：提出和实施创新性 AI 解决方案的能力。

（2）流程自动化：推动业务流程自动化和优化的能力。

（3）智能产品开发：开发和推广智能化产品和服务的能力。

4. 跨职能合作与团队建设及其指标

（1）跨职能合作：与数据科学家、工程师、业务专家等跨职能团队合作的能力。

（2）团队领导力：领导和管理 AI 项目团队的能力。

（3）沟通与协作：有效的沟通和协作能力。

5. 伦理与治理及其指标

（1）AI 伦理意识：对 AI 伦理和隐私保护的理解和重视程度。

（2）治理框架建立：建立和执行 AI 治理框架的能力。

（3）合规性：确保 AI 应用符合法律和伦理规范的能力。

打分表

每个指标按五个等级进行打分：1（非常差）、2（差）、3（一般）、4（好）、5（非常好）（见表 4-3）。

表 4-3 AI 领导力评估打分表

维度	指标	评分（1—5）
技术理解与应用	AI 技术基础知识	
	AI 项目经验	
	技术应用能力	
数据驱动决策能力	数据素养	
	数据分析工具使用	
	数据驱动决策	
创新与效率	创新思维	
	流程自动化	
	智能产品开发	
跨职能合作与团队建设	跨职能合作	
	团队领导力	
	沟通与协作	
伦理与治理	AI 伦理意识	
	治理框架建立	
	合规性	

评分总览与分析

总分计算

将每个指标的得分相加，得到每个维度的总分。然后，将所有维度的总分相加，得到 AI 领导力的综合评分。每个维度满分为 15 分，总分满分为 75 分（见表 4–4）。

表 4–4　AI 领导力评估总分表

维度	总分（15 分制）
技术理解与应用	
数据驱动决策能力	
创新与效率	
跨职能合作与团队建设	
伦理与治理	
综合评分	

结果分析

根据综合评分，对 AI 领导力进行评估和分析。评分越高，说明领导者在 AI 领导力方面的表现越优秀。可以根据得分情况，识别领导者的优势和改进空间，为其提供有针对性的培训和发展建议。

应用与改进

定期评估：建议企业定期（如每半年或每年）进行 AI 领导力评估，动态跟踪领导者的发展情况。

反馈与培训：根据评估结果，提供反馈。

自动化：AI+RPA

自动化，这一引领现代工业与科技发展的核心力量，其历史深厚且广泛，可追溯至人类文明的黎明时分。在遥远的古代，智慧的先人们已经开始探索自动化的奥秘，试图通过机械和工具来减轻人类的劳动负担，提高效率。

公元前 3 世纪，古希腊的发明家克泰西比乌斯发明了自动化装置——水钟。这个装置巧妙地利用水流的原理来计量时间，其精准度和稳定性在当时绝无仅有。水钟的发明不仅展示了古希腊人对于物理原理的深刻理解和运用，更为后来的自动化发展奠定了坚实的基础。

随着时间的推移，自动化技术逐渐发展，从最初的简单机械装置到后来的电子计算机，再到如今的人工智能和机器学习，每一步都凝聚着人类智慧的结晶。而今天，我们正亲历着自动化的全新篇章，尤其是在那些不常被关注的企业后台任务领域中。

在现代化的工厂里，机器人和自动化设备已经取代了大部分的人力劳动，它们能够 24 小时不间断地工作，大大提高了生产效率。在数据中心和云计算平台上，自动化的管理系统能够实时监控服务器的运行状态，自动分配资源，确保系统的稳定运行。在智能家居领域，自动化的设备能够根据我们的生活习惯和需求自动调节家中的环境，提供更加舒适的生活体验。

然而，自动化的发展也带来了新的挑战和问题。如何确保自动化系统的安全性和稳定性？如何平衡自动化与人工的关系？这些问题都需要我们不断地思考和探索。

什么是自动化？

自动化并非只是一个单纯的技术或工具，而是涵盖了广泛的，旨在提升效率、减少人为错误的策略和技术。自动化的核心在于，它利用先进的机器、创新的软件和与这两者的紧密结合，完成了过去需要大量人力投入的工作。

自动化的根本目标在于尽可能地减少人工参与的需求，这不仅可以节省大量的人力资源，还可以避免因人为因素导致的错误。为了实现这一目标，自动化的实现方式多种多样，从基础的机器编程到复杂的数据分析和决策制定，每一项技术都在为实现自动化的目标贡献力量。

首先，我们来看机器编程。通过为机器编写特定的程序，我们可以让机器按照我们的指令进行工作。这些程序可以告诉机器如何操作、何时操作，以及操作的精确步骤。通过这种方式，机器可以自主地完成各种复杂的任务，无须人为的实时干预。

其次，我们再来看传感器技术。传感器是自动化的另一个重要组成部分。它们可以收集各种数据，如温度、压力、速度等，并将这些数据转化为机器可以理解的信号。通过分析这些数据，机器可以做出决策，自动调整其操作方式，以适应不断变化的环境。

最后，是软件在自动化中的作用。软件可以自动执行许多重复性的工作，如数据输入、处理和分析等。这些工作在过去可能需要大量的人力投入，但现在，通过先进的软件技术，我们可以轻松地实现这些工作的自动化，大大提高了工作效率和准确性。

自动化是一个强大的工具，随着技术的不断发展，其应用范围也将越来越广泛，为我们的工作带来更多的便利和效益。

什么是后台自动化？

后台（内部运营）作为企业的核心驱动力，在幕后默默支撑着业务的稳定运行。它涵盖了多个关键领域，确保企业的高效运作。与此同时，前台（销售和服务）则是企业与客户之间的桥梁，直接与客户互动，创造并增加企业的收入。

在后台的众多领域中，自动化技术的运用正变得越来越普遍和重要。后台自动化是指利用先进的技术手段来取代原本需要手动执行的任务和流程，从而提高工作效率，减少人为错误，并降低运营成本。

在会计和财务方面，后台自动化可以涵盖工资单处理、费用管理、发票生成以及财务报告的编制等多个环节。通过自动化软件，企业可以快速、准确地完成这些烦琐的任务，减少人力投入，提高数据的准确性。

在人力资源领域，后台自动化同样发挥着重要作用。例如，在员工入职流程中，自动化软件可以自动收集和处理新员工的个人信息、教育背景、工作经历等数据，并生成相应的入职文件。此外，福利管理、员工数据管理等也可以实现自动化，提高管理效率。

客户服务部门也是后台自动化的重要应用领域。通过自动化软件，企业可以更加高效地处理客户订单、退货请求等事务，同时提供快速、专业的电子邮件和聊天支持服务。这不仅提高了客户满意度，也为企业节省了人力成本。

在供应链管理方面，后台自动化同样具有广泛的应用前景。通过自动化软件，企业可以实时掌握库存情况、采购订单状态以及物流信息，实现供应链的透明化和高效化。这不仅有助于企业降低库存成本、提高物流效率，还有助于优化生产计划、降低生产风险。

总之，后台自动化是企业提高效率、降低成本的重要手段之一。通过引入先进的自动化技术和软件，企业可以更加高效地管理内部运营事务，从而支持前台的销售和服务部门更好地满足客户需求、创造更多收入。

后台自动化的优势

不同的行业和流程在自动化的影响下，均能以独特且显著的方式获得利益。以下是对后台自动化带来的主要好处的深入扩展。

生产力的大幅度提升

1. 优化工作流程。自动化不仅是简单地取代人工，而是对整个工作流程进行优化，使各个环节之间的衔接更为顺畅，从而提高整体的生产效率。

2. 员工专注力的提升。当员工从烦琐的重复性工作中解脱出来后，他们可以将更多的精力投入到需要思考和创新的工作中，这不仅能提升他们的工作质量，还能增强他们的工作满足感。

3. 生产率的持续增长。随着自动化技术的不断进步和应用，企业可以在不增加员工数量的前提下，实现生产率的持续增长，从而为企业带来更多的利润。

准确性的显著提升

1. 减少人为错误。无论员工的技能水平如何，长期进行重复性的工作都可能导致疲劳和错误。而自动化可以确保每个任务都按照预设的规则和程序进行，从而降低错误率。

2. 数据清晰化。自动化的应用可以确保数据的准确性和一致性，避免了由于人为因素导致的数据混乱和错误。清晰的数据不仅有助于企业的决策，还能提升企业的信誉和形象。

成本的显著降低

1. 减少人力资源成本。自动化可以替代一部分人工，从而降低企业在人力资源方面的投入。

2. 降低运营成本。自动化的应用还可以降低企业的运营成本，如减少文书工作、降低库存成本等。

员工满意度的提升

1. 减轻工作压力。员工不再需要承担繁重的重复性任务，工作压力得到了显著的减轻，这有助于提升员工的工作满意度和幸福感。

2. 提升士气和敬业度。当员工从令人麻木的任务中解脱出来后，他们的工作热情和敬业度也会得到相应的提升。这将有助于企业构建更加积极、健康的企业文化。

客户满意度的提高

1. 提升服务质量。自动化的应用可以使企业更加快速地响应客户的需求，提升服务质量和效率。

2. 增强客户体验。当客户能够快速、准确地获得他们所需的产品或服务时，他们的满意度和忠诚度也会得到相应的提升。

决策能力的增强

1. 实时数据洞察。通过自动化，企业可以实时收集和分析数据，从而获得更准确、更及时的市场信息和客户反馈。这将有助于企业做出更加明智、更加精准的决策。

2. 优化资源配置。基于实时数据洞察，企业可以更加精准地预测市场趋势和客户需求，从而优化资源配置和生产计划，提高资源利用效率。

后台自动化技术的类型

在数字化时代，后台自动化技术已成为企业提升效率、降低成本和优化客户体验的关键。以下是几种典型的后台自动化技术，它们各自在自动化工作中扮演着重要的角色。

人工智能与智能自动化

人工智能与智能自动化是后台自动化的重要驱动力。通过结合 AI 技术，如机器学习、深度学习、自然语言处理和计算机视觉，企业可以超越传统的基于规则的自动化，实现更高级别的智能化操作。AI 在后台自动化中的应用包括：

1. 解锁非结构化数据。AI 能够处理和分析非结构化数据，如电子邮件、发票、合同和手写文档，从中提取有价值的信息，并进行数据输入、摘要和分类等任务。这大大提高了数据处理的速度和准确性。

2. 做出更明智的决策。AI 中的机器学习算法能够从历史数据中学习并预测未来的结果。这使企业能够更准确地预测市场趋势、客户需求和潜在风险，从而做出更明智的决策。

3. 增强的自助服务功能。AI 驱动的聊天机器人和虚拟助手可以处理日常客户查询和请求，提供全天候的自助服务支持。这不仅提高了客户满意度，还减轻了人工客服的负担，让他们能够专注于更复杂的任务。

无代码与低代码平台

无代码和低代码平台为那些缺乏编程经验的个人提供了自动化任务和工作流程的能力。这些平台通过提供直观的图形界面和预构建的模块，让用户能够轻松构建自动化解决方案，而无须编写复杂的代码。无代码平台适用于中等复杂度的任务，如数据输入自动化、报告生成和简单的数据处理。对于需要更高级别自定义或与其他系统集成的任务，低代码平台提供了更多的灵活性和可扩展性。

云计算

云计算是后台自动化的另一个重要组成部分。通过将后台自动化软件部署在云端，企业可以享受更高的灵活性、可扩展性和成本效益。基于云的后台自动化软件可以随时随地访问，支持多用户并发操作，并且可以根据需要进行快速扩展。此外，云计算还提供了更高级别的安全性和可靠性保障，确保企业的数据和应用程序得到充分的保护。

后台自动化技术是企业实现数字化转型和提高竞争力的关键。通过利用 AI、无代码与低代码平台和云计算等技术，企业可以自动化复杂的后台任务和工作流程，提高效率和准确性，同时降低成本和风险。

智能自动化的未来：AI + RPA

在当今数字化和自动化的浪潮中，AI 与 RPA 的结合正在引发一场前所未有的革命。随着 AI 技术的迅猛发展，RPA 已经不再是简单的任务执行者，而是成了能够处理复杂业务场景、智能决策的重要力量。

机器人流程自动化（Robotic Process Automation，RPA）是

一种利用软件机器人来模拟和执行人类在计算机上进行的日常操作的技术。这些操作可能包括数据输入、数据处理、报告生成等重复性高、规则明确的任务。而 AI 的加入，为 RPA 注入了强大的智能因子，使其在处理复杂任务和制定决策方面更加得心应手。

通过融合自然语言处理技术，RPA 能够更准确地理解和解析人类语言，从而实现更加智能的交互。无论是客户服务、语音应答还是文本分析，自然语言处理技术都能帮助 RPA 更好地理解用户需求，提供更为精准的服务。

机器学习技术的应用让 RPA 具备了自我学习和自我优化的能力。通过不断的数据分析和经验积累，RPA 能够逐渐提高任务处理的准确性和效率，减少人为干预和错误率。

图像识别技术的融入也为 RPA 带来了更为广泛的应用场景。无论是识别文档中的关键信息、分析图像数据还是进行质量检测，图像识别都能帮助 RPA 更加精准地完成任务。

RPA

RPA 通过软件机器人（也称为机器人工作者或机器人助手）来模拟和自动执行计算机上的重复性、规则性任务。这种自动化技术极大地提高了工作效率，减少了人为错误，并为企业带来了显著的竞争优势。

RPA 软件机器人的功能十分强大，它们具备模仿人类用户操作的能力，能够执行一系列复杂的任务。这些任务包括但不限于数据输入与处理、应用程序解析、响应生成以及与其他系统之间的通信。通过 RPA，企业可以自动处理大量的数据，并将其转化为有价值的信息，从而支持决策制定和业务运营。

在传统的 RPA 领域中，主要有两种类型的自动化方式：无人值守自动化和有人值守自动化。无人值守自动化是一种完全自动化的解决方案，它可以在没有人工干预的情况下执行整个流程。这种自动化方式适用于高度标准化且重复性较高的任务，如财务报表的生成、订单处理等。通过无人值守自动化，企业可以节省大量的人力和时间成本，提高工作效率。

另一方面，有人值守自动化则需要人工的参与。在这种自动化方式中，软件机器人会在特定阶段向人类用户请求输入或确认，以便处理更为复杂且涉及决策的任务。例如，在客户服务领域，有人值守自动化可以用于处理客户查询和投诉，软件机器人可以根据预设的规则和算法提供初步的答案或建议，但最终决策仍需由人类用户来完成。

然而，随着人工智能的快速发展，RPA 也迎来了新的变革。如今，我们已经看到了一种具备自我认知的自动化方式，它融合了 AI 和机器学习技术，能够处理非结构化数据并作出明智的决策。这种智能自动化不仅可以执行重复性任务，还可以根据上下文和情境进行自我学习和优化。例如，在市场营销领域，智能自动化可以根据历史数据和用户行为来预测未来的趋势，并为企业制定更为精准的营销策略。

RPA 作为一种先进的自动化技术，正在不断发展和创新。随着人工智能和机器学习技术的不断进步，未来的 RPA 将更加智能化和自主化，为企业带来更多的机遇和挑战。

AI + RPA：引领未来的自动化与智能化浪潮

AI 与 RPA 的结合不仅将 RPA 的能力提升到了新的高度，更为企业带来了前所未有的自动化与智能化机遇。

在金融服务行业，AI 与 RPA 的结合展现出了巨大的应用潜力。通过分析交易模式和历史数据，RPA 能够有效识别欺诈活动，为金融机构提供了强有力的风险防控手段。此外，RPA 还能够处理更为复杂和抽象的任务，如情感分析、大数据分析以及预测建模等。这些能力的提升不仅拓宽了 RPA 的应用范围，还极大地提高了金融服务的质量和效率。

在其他行业，如零售业，结合 AI 的 RPA 可以实现精准的商品推荐，提升客户满意度；医疗行业，RPA 可以协助医生诊断病情，提高诊疗准确性。这种跨行业的应用使得 AI 与 RPA 的结合成了推动各行业转型升级的重要力量。

然而，要充分发挥 AI 与 RPA 结合的优势，企业还需要克服一系列挑战。人才培养是关键。企业需要培养大量具备 AI 和 RPA 技能的专业人才，以推动技术在各领域的应用。数据质量与安全性也是不容忽视的问题。企业需要确保数据的准确性和完整性，同时保护用户隐私，以避免因数据泄露而带来的风险。

未来，随着技术的不断进步，这一结合将为企业带来更高程度的自动化和智能化，提升运营效率，降低成本。同时，企业也需要关注人才培养、数据质量和安全性等问题，以确保技术的顺利实施和应用。

AI 生产力工具实战

如何与 AI 沟通？

与 AI 沟通的关键在于明确、简洁且直接地表达你的需求和问题。你需要清晰地阐述你想要 AI 完成的任务或回答的问题。这有助于 AI 更好地理解你的意图，并提供准确的回应。

使用简洁的语言可以避免混淆和误解。尽量避免使用复杂的句子结构或专业术语，除非这些术语对于描述你的需求是必要的。简洁的语言有助于 AI 更快地解析你的请求，并做出回应。

直接表达你的需求也是非常重要的。不要试图绕弯子或含糊其词，这可能会让 AI 难以理解你的真实意图。直接告诉 AI 你想要什么，它将更容易为你提供满意的答案。

在与 AI 沟通时，保持耐心和礼貌是必要的。尽管 AI 是机器，但它们仍然需要时间来处理信息和生成回应。如果你对 AI 的回应不满意，可以尝试重新表述你的问题或提供更多背景信息，以帮助 AI 更好地理解你的需求。

最后，记住 AI 是一个工具，它可以帮助你完成任务和解决问题。与 AI 建立一种合作的关系，充分利用它的优势，你将能够更好地利用这个强大的工具来提高工作效率和准确性。

提示词工程

提示词工程（Prompt Engineering，PE）是提升语言模型性能与效果的关键技术，它专注于优化和定制输入给大型语言模型的提示。在文本生成、问答、翻译、摘要等多样化任务中，PE 扮演着至关重要的角色。

提示词工程不仅关注于如何表达问题或请求，更深入地研究如何通过巧妙的组合和优化各种元素，如问题的表述方式、上下文信息、示例、指令、约束条件等，来激发大语言模型的潜力。这些元素被精心编织在一起，形成一个精确的、有针对性的提示，帮助大语言模型更好地理解用户的真实意图，从而提供更准确、有用且符合期望的输出。

例如，在问答任务中，通过详细描述问题的背景、明确指定所需的信息类型、提供相关的上下文信息或示例，可以引导大语言模型更准确地理解问题，并生成更满意的答案。在文本生成任务中，通过设定明确的输出格式、风格、长度等约束条件，可以确保生成的文本既符合用户需求，又具有良好的可读性和连贯性。

同时，提示词工程还关注如何通过优化提示来提高大语言模型的指令跟随能力。这包括使用明确、简洁的指令来指导大语言模型的行为，使用分隔符来清晰标示输入的不同部分，以及提供明确的任务步骤和示例来帮助大语言模型理解并完成任务。

在实践中，提示词工程需要不断地尝试、调整和优化。通过反复多次地对大语言模型进行“驯服”，逐步调整和优化提示的内容和结构，可以逐渐获得更符合期望的回复效果。这种迭代和优化的过程不仅提高了大语言模型的性能和效果，也推动了提示词工程技术的不断发展和完善。

提示词工程是一种强大而灵活的技术，它可以帮助我们更好地利用 LLM 的潜力，提高其在各种任务中的性能和效果。通过精心设计和优化提示，我们可以引导大语言模型更准确地理解用户的需求，提供更相关、准确的回答，从而为用户带来更优的使用体验。

提示词在人工智能领域扮演着至关重要的角色，它不仅是引导 AI 模型生成特定类型或主题文本的起始点，更是实现人机交互、激发 AI 创造力的关键。在实际应用中，用户通过键入、语音或其他方式输入的提示词，可以是具体的指令、问题、场景描述，或者是任何能够激发 AI 模型生成相关文本的信息。

这些提示词的质量直接影响到 AI 模型的输出质量和用户的体验。优质的提示词能够准确传达用户的意图，引导 AI 模型生成符合用户预期的文本。而低质量的提示词则可能导致 AI 模型产生偏离主题、不相关或模糊的回答。

相同的 AI 大模型在不同的人手中，其表现也会有所不同。这主要是因为每个人对提示词的理解和表达方式不同，导致 AI 模型接收到的信息存在差异。因此，如何编写高质量的提示词，成了使用 AI 大模型的关键技能之一（见图 4–4）。

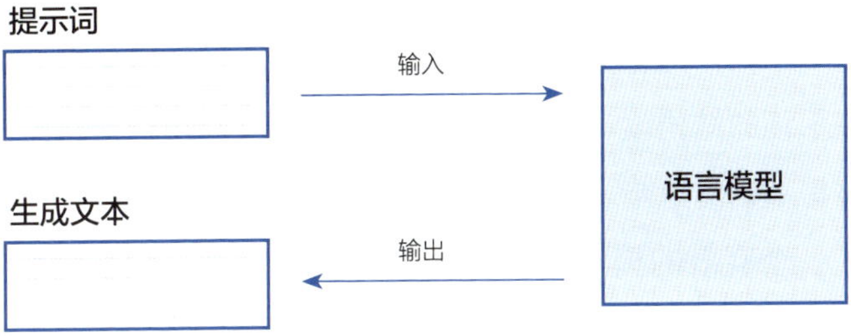

图 4–4　提示词应用框架

为了提高提示词的质量，用户需要深入了解 AI 模型的训练数据和参数设置，以及掌握一定的自然语言处理技巧。同时，用户还需要不断尝试和调整提示词，通过反馈机制来优化模型的输出效果。

在实际应用中，高质量的提示词可以帮助用户轻松完成各种任务，如文本创作、知识问答、对话交互等。无论是专业的科研人员还是普通的用户，都可以通过优化提示词来提高 AI 模型的性能和效率，让 AI 成为自己不可或缺的助手。

提示词框架

撰写提示词的过程虽然不必过于拘泥于传统文章写作的重复性和独创性要求，但实际上，优秀的提示词往往都基于一套经过验证的框架或思路。这些框架和思路为我们提供了一种系统化的方法，使我们能更有效地引导大模型发挥其卓越的性能。

随着技术的不断发展和研究的深入，我们已经积累了大量的关于如何优化提示词的探索总结成果。这些成果不仅涵盖了提示词的结构设计、语言风格，还涉及了如何根据具体任务调整提示词的策略。

一个有效的提示词应该具备清晰的结构，能够明确地传达出我们的意图和期望。这通常包括任务的描述、输入数据的格式、期望的输出结果等关键信息。通过精心设计的结构，我们可以使大模型更准确地理解我们的需求，并产生符合期望的响应。

提示词的语言风格也是至关重要的。简洁明了、易于理解的语言风格有助于减少大模型在理解过程中的歧义和误解。同时，我们还可以根据具体任务的特点，选择适当的语气和措辞，以更好地引导大模型的输出。

根据具体任务调整提示词的策略也是非常重要的。不同的任务可能需要不同的提示词策略，例如，对于文本生成任务，我们可能需要提供一个具体的开头或结尾，以引导大模型产生连贯的文本；而对于图像识别任务，我们可能需要提供关于图像内容的详细描述，以帮助大模型更准确地识别图像中的对象。

撰写提示词并非简单的文字堆砌，而是需要我们在遵循一定框架和思路的基础上，结合具体任务的特点，进行有针对性的优化和调整。通过不断的实践和探索，我们可以不断提升提示词的质量，从而充分发挥大模型的性能。

业界将优良的提示词框架进行总结浓缩，便得到了以下示例中的三个框架。

CRISPE 框架

Capacity and role（能力和角色）：定义模型应扮演的角色，如专家、创意作家或喜剧演员。

Insight（洞察）：提供模型理解请求所需的背景信息和上下文。

Statement（声明）：明确模型执行的特定任务。

Personality（个性）：定义模型回答请求时的风格或方式。

Experiment（实验）：通过提供多个答案的请求来迭代，以获得更好的答案。

具体示例如下。

能力和角色："作为软件开发方面的专家，讨论机器学习框架的主题，并作为专家博客作者。"

洞察："此博客的受众是对学习最新机器学习进展感兴趣的技术专业人员。"

声明："提供对最流行的机器学习框架的全面概述，包括它们的优势和劣势。包括真实的示例和案例研究，以说明这些框架如何在各种行业中成功应用。"

个性："在回应时，请混合使用鲁迅、贾平凹和莫言的写作风格。"

实验："给我多个不同的示例。"

此框架有助于确保创建的提示具有明确的目的和结构，从而使 ChatGPT 能够更有效地理解和回应用户的请求。

CO-START 框架

新加坡 GPT-4 提示工程竞赛中，新加坡华人 Sheila Teo 利用 CO-STAR 框架荣获冠军。

Context（上下文）：提供与任务有关的背景信息。这有助于 LLM 理解正在讨论的具体场景，从而确保其响应是相关的。

Objective（目标）：定义你希望 LLM 执行的任务。明晰目标有助于 LLM 将自己响应重点放在完成具体任务上。

Style（风格）：指定你希望 LLM 使用的写作风格。这可能是一位具体名人的写作风格，也可以是某种职业专家（比如商业分析师或 CEO）的风格。这能引导 LLM 使用符合你需求的方式和词语给出响应。

Tone（语气）：设定响应的态度。这能确保 LLM 的响应符合所需的情感或情绪上下文，比如正式、幽默、善解人意等。

Audience（受众）：确定响应的目标受众。针对具体受众（比如领域专家、初学者、孩童）定制 LLM 的响应，确保其在你所需的上下文中是适当的和可被理解的。

Response（响应）：提供响应的格式。这能确保 LLM 输出你的下游任务所需的格式，比如列表、JSON、专业报告等。对于大多数通过程序化方法将 LLM 响应用于下游任务的 LLM 应用而言，理想的输出格式是 JSON。

具体示例如下。

假设需要撰写一篇关于 AI 在医疗领域应用的综述文章。

上下文（C）：“关于 AI 在医疗领域的最新应用和研究进

展，特别是诊断和治疗方面的创新。”

目标（O）：“撰写一篇综述文章，计划提交给《医学信息学》期刊。”

风格（S）：“学术论文风格，引用最新的研究和数据。”

语气（T）：“正式且具有专业性。”

受众（A）：“医学和 AI 领域的专业研究人员。”

响应（R）：“需要包含详细的案例研究、统计数据和引用文献的段落。”

谷歌提示词工程最佳实践

当我们进入数字化和自动化的时代，如何有效地与模型交互并获得我们期望的输出变得越来越重要。谷歌为我们提供了一套全面的提示词工程最佳实践，可以指导我们更好地与大模型交互。

明确意图：始终清楚地传达最重要的内容或信息。

构建提示词：首先定义其角色，提供上下文 / 输入数据，然后给出具体指令。

参照例子：为模型提供具体的、多样化的例子，帮助它产生更准确的结果。

限制输出范围：使用限制条件确保模型的输出与指令紧密相关。

任务分解：对于复杂任务，将其分解成一系列更简单的提示词。

质量监控：指导模型在生成响应之前对其进行评估或自检。

逐步思考：针对复杂问题，引导模型按照逐步的逻辑推理输出结果。

关键要点：充分发挥创意，开放思考，随着技术的发展，不断适应和调整。

随着时间的推移，我们可能需要调整或重写我们的提示词。以下是一些有助于优化提示词的技巧。

重申关键元素：强调词汇、短语或主要观点。

明确格式：提前告诉模型你期望的输出格式，例如 CSV 或 JSON。

突出关键信息：使用强烈的语言或格式突出重要内容。

多样化表达：尝试使用不同的同义词或短语，并找出哪种更有效。

三明治法：在长提示词中，多次重复核心指令以增强模型的注意力。

参考资源：使用诸如 Prompt Hero 和谷歌的提示词案例等在线资源，作为灵感来源。

随着大模型学习模型的不断进化，我们的交互策略也需要持续调整。这些建议和策略旨在帮助我们更高效、更准确地与模型互动。

提示词原则

为了更好地理解和应用提示词，我们总结了五大原则（见图 4–5）。

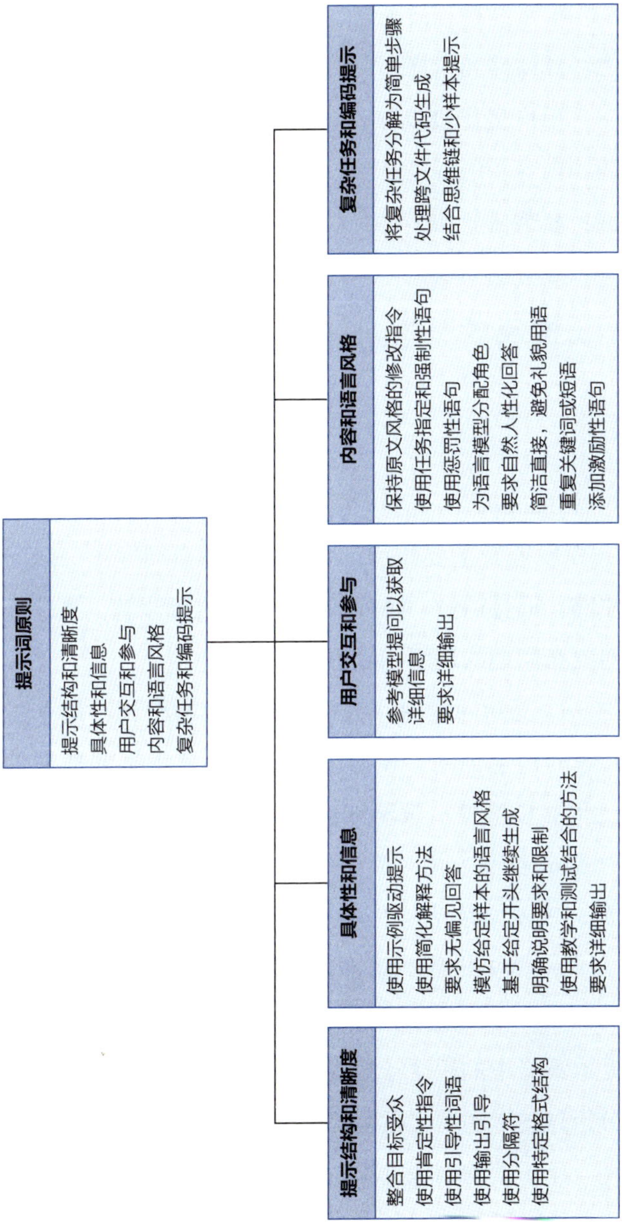
提示词原则
提示结构和清晰度
具体性和信息
用户交互和参与
内容和语言风格
复杂任务和编码提示
提示结构和清晰度
整合目标受众
使用肯定性指令
使用引导性词语
使用输出引导
使用分隔符
使用特定格式结构
具体性和信息
使用示例驱动提示
使用简化解释方法
要求无偏见回答
模仿给定样本的语言风格
基于给定开头继续生成
明确说明要求和限制
使用教学和测试结合的方法
要求详细输出
用户交互和参与
参考模型提问以获取详细信息
要求详细输出
内容和语言风格
保持原文风格的修改指令
使用任务指定和强制性语句
使用惩罚性语句
为语言模型分配角色
要求自然人性化回答
简洁直接，避免礼貌用语
重复关键词或短语
添加激励性语句
复杂任务和编码提示
将复杂任务分解为简单步骤
处理跨文件代码生成
结合思维链和少样本提示

图 4-5　提示词原则

原则一：提示结构和清晰度

原则二：具体性和信息

原则三：用户交互和参与

原则四：内容和语言风格

原则五：复杂任务和编码提示

高级提示工程技术

思维链

思维链（Chain of Thought，CoT）提示策略在提升大模型问答质量方面发挥着重要作用。它不仅引导模型逐步分解问题、阐明思路，而且通过一系列精心设计的推理步骤，显著提高了模型对复杂问题的理解和处理能力。

当面对一个复杂问题时，大模型往往容易感到“信息过载”，即大量的信息涌入，使得模型难以迅速识别并抓住关键信息。此时，CoT 提示策略如同一把精准的手术刀，将庞大的问题切割成若干个相对简单的子问题。每个子问题都如同一道门槛，模型必须成功跨越才能继续前进。这种逐步推进的方式大大降低了推理的难度，使模型能够更加从容地面对复杂问题。

CoT 提示策略中的每个子问题都扮演着“路标”的角色。通过逐步分析这些子问题，模型能够沿着正确的思路逐步逼近答案。这种有条不紊的推理过程不仅提高了模型的效率，还保证了答案的准确性。

更为重要的是，CoT 提示策略还要求模型解释每个推理步骤。这一要求使得模型必须对自己的思考过程进行深入的反思和总结。这种“说出自己的思考过程”的做法不仅有助于模型自我纠错，还能够帮助开发者更好地理解模型的推理逻辑。开发者可以通过分析模型的解释，发现模型在推理过程中可能存在的问题，从而有针对性地进行优化。这种双向的互动使得模型能够不断地完善自己，提高问答的准确性和可靠性。

CoT 提示策略通过引导模型逐步分解问题、阐明思路以及解释推理步骤等方式，显著提高了大模型对复杂问题的理解和处理能力。它不仅为模型提供了一个清晰的推理框架，还通过不断的自我优化，使得模型能够在问答领域取得更加优异的成绩。

自我一致性

自我一致性（Self-Consistency）是一种确保模型输出一致性的技术。它通过比较模型在相同输入下的多个输出，并选择最一致的答案来提高结果的可靠性。这种方法特别适用于需要高度准确性和一致性的任务，如医疗诊断或法律咨询。通过自我一致性，模型能够生成更加可靠和一致的输出，减少因上下文变化导致的答案波动。

生成知识提示

生成知识提示（Generated Knowledge Prompting）是一种利

用模型生成额外知识来辅助任务解决的技术。在这种方法中，模型首先生成与任务相关的知识或信息，然后利用这些信息来辅助最终的决策或答案生成。这种方法可以显著提高模型在知识密集型任务中的表现。例如，在解释历史事件时，模型可以先生成相关的历史背景知识，然后基于这些知识提供详细的解释。

提示链接

提示链接（Prompt Chaining）是一种通过链接多个提示来逐步引导模型完成复杂任务的技术。在这种方法中，每个提示解决问题的不同部分，然后将这些部分组合起来以得到最终答案。这种方法适用于分解复杂任务，使每个步骤更易于管理和执行。例如，在撰写一篇论文时，可以通过一系列提示逐步引导模型完成引言、方法、结果和讨论等部分。

思维树

思维树（Tree of Thoughts，ToT）是一种将问题解决过程可视化为树状结构的提示技术。在 ToT 中，每个决策点都是一个分支，模型需要评估不同路径的有效性，并选择最佳路径以达到目标。这种方法有助于模型在多步骤任务中做出更合理的决策。例如，在规划一个复杂项目时，模型可能会探索多种可能的计划，并评估每种计划的优缺点。

检索增强生成

检索增强生成（Retrieval-Augmented Generation，RAG）结合了信息检索和文本生成技术。在 RAG 中，模型首先检索相关信息，然后利用这些信息生成答案。这种方法特别适用于需要最新或特定信息的任务，如新闻摘要或实时数据分析。通过结合检索和生成，RAG 能够提供更准确、更丰富的输出。

自动推理并使用工具

自动推理并使用工具（Automated Reasoning and Tool use，ART）是一种使模型能够自动推理并使用外部工具来辅助任务的技术。在这种方法中，模型不仅进行内部推理，还可能调用计算器、数据库查询等外部工具来提高答案的准确性和可靠性。这种方法适用于需要精确计算或访问外部数据的任务，如编程、数据分析等，它提高了模型的自主性和效率。

CERTIFIED

AI领导力

AI LEADERSHIP

CHAPTER 5

「第 5 章」

AI 领导力场景应用

AI Leadership in Scenario Application

行动模块

ACTION MOUDLE

CERTIFIED

AI领导力

AI LEADERSHIP

AI+ 行业：主要行业人工智能应用价值与场景分析

AI+ 工业制造

制造行业无疑是我国加快现代化产业体系建设的关键力量，它承载着国家经济的重要命脉和未来的发展空间。在这个数字化时代，如何增强制造行业的全价值链条数智化能力，全面提升智能制造的整体水平与实力，已经成为我们面临的重要课题。

我们需要认识到，智能制造不只是技术层面的革新，更是对传统制造模式的全面升级。这涉及从原材料采购、生产流程、质量控制到产品交付等各个环节的智能化改造。通过引入先进的传感器、物联网、大数据、云计算等技术，实现设备、产线、企业乃至整个产业链的数智化连接和协同，从而提升生产效率和产品质量，降低成本，满足个性化、定制化的市场需求。

在制造行业数智化升级的过程中，我们也面临着诸多挑战。不同行业、不同类型与规模的企业在 IT 与数字化等基础设施建设方面存在能力不均衡的问题，这导致数智化升级的难度和成本各不相同。为了应对这些挑战，我们需要政府、行业链主企业以及科技企业共同努力，以生态搭建、协同运营等方式，加速推动制造行业数智化升级与 AI 应用落地。

制造行业当前发展现状深度解析

1. 消费驱动力不足与供需失衡

当前全球经济形势下，消费者购买力减弱，对各类产品的需求减少，使得市场出现供大于求的局面。这种供需不平衡导致了制造业内部竞争加剧，企业为了争夺市场份额，不得不采取降价、提高产品质量等手段，进一步压缩了利润空间。

在这种情况下，企业需要更加精准地把握市场需求，通过市场调研、数据分析等手段，了解消费者需求变化，优化产品设计和生产，以适应市场变化。

2. 全球制造业格局变动

高端制造业逐渐回流至发达国家，这些国家拥有先进的生产技术、完善的产业链和丰富的研发资源，能够更好地满足高端制造业的需求。

同时，低端制造业则向低成本国家转移，这些国家具有较低的人力成本和资源优势，能够为制造业提供更低的生产成本。这种全球制造业格局的变动，使得制造业面临更加复杂的国际竞争环境。

3. 创新能力不足与技术依赖

目前，我国制造业在核心技术和核心高端设备、零部件及元器件等方面仍受制于国外，这限制了我国制造业的发展空间。为了摆脱这种依赖，我国需要加强自主创新能力，提升技术水平和研发能力。

政府和企业应加大对研发创新的投入，加强产学研合作，推动科技成果的转化和应用。同时，还需要加强知识产权保护，激发创新活力。

4. 高能耗、高污染与环保压力

制造业作为高能耗、高污染的行业之一，面临着巨大的环保压力。随着全球气候变暖和环保意识的提高，制造业需要采取更加环保的生产方式，降低能耗和排放。

为此，制造业需要加快绿色制造技术的研发和应用，推广清洁能源和环保材料，加强废弃物的处理和回收利用。同时，政府也需要加强对制造业的环保监管和政策引导，推动制造业向绿色、低碳方向发展。

人工智能在推动制造行业数智化转型过程中的核心价值详细分析

1. 自动化生产提升效率

通过引入人工智能技术，可以实现制造行业的常规流程和任务的自动化处理，减少人工干预和错误率，提高生产和运营效率。这不仅可以降低生产成本，还可以提高产品质量和生产效率。

2. 数据驱动的质量管理与预测

利用人工智能的数据分析与建模能力，可以对制造过程中的质量缺陷进行发现和分析，预测潜在问题并提前采取措施

进行解决。同时，通过优化工艺和生产参数等手段，可以进一步提高生产质量并降低废品率。

3. 能源管理与可持续发展

人工智能可以通过优化生产计划、材料以及能源使用等方式，提高能源使用效率并降低生产成本。同时，它还可以帮助制造业实现可持续发展目标，降低碳排放和环境污染。

4. 加速产品研发与创新

将人工智能引入产品研发流程中，可以大大提升研发效率和缩短研发周期。通过智能分析和模拟等技术手段，可以快速验证产品设计的可行性和性能表现，降低试错成本并加速产品上市速度。这有助于制造业在激烈的市场竞争中保持领先地位并赢得更多市场份额。

制造行业 AI 应用关键挑战

模型应用可靠性：工业领域，尤其是生产制造流程，最重视安全、可靠和稳定。相应地，工业制造领域最核心需要保障应用的可靠性，这就对人工智能模型，包括大模型提出了更高的要求。

应用成本挑战：从大模型驱动的应用方面，应用成本需要大幅度降低，目前定制化千亿参数通用大模型的成本难以被客户接受；算力成本仍然高居不下，训练卡价格仍然在上升，同时，考虑到未来大语言模型不断升级，训练推理成本或将持续上行。相应地，垂类大模型能够达到参数量、效果、成本和场景的匹配。此外，模型蒸馏压缩、小样本微调等技术路径也能够有效降低成本，加速落地。

数据资源挑战：与其他行业不同，工业场景相对来说数据样本量较小，AI 训练相对困难。相应地，工业数字孪生可以通过仿真的形式生成大量数据，帮助 AI 模型深度优化，同时，也仍然需要制造企业强化自身数据积累与沉淀，从而提升 AI 应用现实可行性。

发展趋势

大模型将柔性融入工业制造流程，成为工厂智能中枢。大模型的出现为工业智能注入了更为强大的认知能力，将能够深入理解适应不同的生产环境和工厂特点，实现 AI 与传统工业设备的高度契合。通过全面理解从生产流程到设备状态的各类工业应用场景，提供智能化的监控和调度能力。柔性融合更加突显了大模型对原有工业流程的适应性和灵活性，并为工业制造的持续创新提供了可能。

AI 将与工业大数据深度融合，成为工业智能化的关键推动力。AI 通过挖掘分析工业大数据中的潜在关联和模式，将数据转化为实质性的智能决策和洞察，提供更准确实时的数据分析、决策支持、需求预测等关键能力，帮助企业更好地规划生产计划、优化库存管理等，实现降本增效，提升工业智能化水平。

生成式 AI 的应用将为工业知识的沉淀和传承提供强力支持。生成式 AI 通过将大量的工业数据、技术文档和专家经验整合，可构建更为智能高效的知识体系，这将支持企业有效沉淀和传承核心领域的工业知识，不仅能为工厂提供实时指导和支持，还有助于应对人才流失和知识断层问题。

AI+ 零售

人工智能重塑零售行业，将以“商品”为核心的“研—产—供—销—服”的直线式价值链，向以“用户”为中心的闭环式价值链升级，通过实时、场景化的用户旅程互动，深度洞察消费者需求，并以数据为依归，联动线上与线下多个触点，形成智能全渠道生态，实现用户需求导线的业务 ROI 分析以及智能决策，从而实现长期客户价值的提升。

零售行业当前发展现状

我国居民的消费潜力，具有广阔的发展空间。然而，短期内我们不得不面对的一个现实是，消费驱动力不足的问题正在逐渐凸显，导致了供需之间的不平衡。这种供大于求的市场状况，不仅使得商品和服务在市场上的流通变得困难，还加剧了行业内部的竞争。为了应对这一挑战，企业需要更加深入地了解消费者需求，通过创新和差异化策略来激发消费者的购买欲望。

进入后疫情时代，我们可以明显看到线下消费的逐步复苏。随着人们生活回归正常，消费场景也展现出多元化的发展空间。然而，这也对传统的线下零售业态和门店模式提出了升级的挑战。与此同时，线上市场的红利正在逐渐消弭，企业同样需要面对增长的压力。为了应对这些挑战，企业需要不断探索新的销售模式和营销策略，以适应市场的变化。

公域流量的获客成本逐年增高，使得品牌与零售企业越来越认识到存量客户价值的重要性。然而，要实现客户沉淀与价值运营，企业仍然缺乏有效的抓手。这要求企业不仅要关注客户的购买行为，还要深入了解他们的需求和偏好，以便提供更加个性化的服务。同时，企业还需要加强自身的数字化和智能化能力，以便更好地洞察市场趋势和消费者行为。

“理性消费”时代，消费者更加注重产品的核心价值和独特卖点。因此，企业需要更加深入地洞察消费者的需求，从营销和服务环节入手，不断优化产品设计和生产流程。同时，企业还需要加强与消费者的互动和沟通，以便更好地了解他们的反馈和建议，从而不断提升自身的综合数智化能力。这不仅有助于企业提高产品质量和服务水平，还有助于建立更加紧密的客户关系，实现长期稳定的发展。

人工智能在推动零售行业数智化转型过程中的核心价值

建立企业与用户之间更加友好与体贴的互动，是提升用户体验的核心战略。通过深入了解用户需求，积极倾听并回应他们的反馈，提供个性化的服务，从而建立深厚的用户关系。这种互动不仅提升了用户满意度，还增强了用户对品牌的忠诚度，进一步实现了商品应用价值与情绪价值的双重满足。同时，致力于通过优化产品和服务，不断满足用户的期望，实现存量用户价值的持续提升，为企业的长期发展奠定坚实基础。

提升供应链周转效率，是实现降本增效的重要途径。通过优化供应链流程，加强与上下游企业的合作，确保供应链的顺畅运行。这不仅降低了企业的运营成本，还提高了整个消费与供应生态的效率。此外，还利用先进的技术手段，如物联网、大数据等，对供应链进行智能化管理，进一步提高了供应链的透明度和可预测性，形成了整个产业链条的良性发展。

通过建立从需求到研发生产之间的传导机制，不断优化生产计划、材料以及能源使用等，以实现可持续发展。在研发阶段，充分考虑产品的生命周期和环保要求，确保产品在设计时就具备高效、节能、环保的特点。在生产阶段，采用先进的生产技术和设备，提高能源使用效率，降低废品率。同时，还关注材料的选择和回收再利用，减少对环境的影响。这种可持续发展的生产方式不仅降低了企业的生产成本，还提高了企业的社会责任感和品牌形象。

零售行业 AI 应用关键挑战

零售行业企业数字化基础能力挑战：企业需要具备数据基础，或者具备数据沉淀能力。一方面，在消费愈发理性与细分的背景之下，不同品类、品牌与商品，都具备相当专业的背景知识与信息，即便 AI 应用与大模型具备基础能力，但是仍然需要企业提供优质数据进行训练，从而达到预期中的与用户进行良好对话与互动的能力；另一方面，企业应用 AI 进行销量分析与经营决策，则更依赖于高质量数据，以及在业务与库存单位丰富多变的情况下，实现模型的动态应对等。

数据连接挑战：AI 应用的基础是数据沉淀和实时分析，但是零售行业仍然面临产业环节众多，各个环节之间存在数据壁垒等问题，这在一定程度上阻碍了数据的应用，并进而影响 AI 应用落地的效果。

利润低，ROI 测算需要更加明晰方能进一步落地：零售行业注重利润率，对于技术应用的探索虽然秉承开放态度，但是极度关注其 ROI 的测算，相应地，Al 应用也需要寻求点状突破逐步验证其价值。

发展趋势

AI 应用将由点及面全面铺开，一方面，全业态增加 AI 应用，形成数据触点与链接；另一方面，AI 应用将渗透到零售产业链各个环节。因此，持续进行数据互联互通，形成良好的 AI 应用基础将变得愈发重要。

大型零售企业 / 平台将成为产业生态的核心，这样的企业 / 平台具备优质数据资源与资产，聚拢用户运营与价值增长的生态运营策略与落地手段，带动相应品类与行业的整体升级与数智化增长。对于零售行业，这意味着零售入口潜在的变化；对于品牌企业而言，也需要形成以自身品类与产业链主思维的经营发展策略，从而在大平台生态体系下构建自身的核心优势。

AI+ 金融

金融行业，作为全球经济体系的重要支柱，早已踏上数字化转型的征程。随着科技的不断进步，特别是人工智能技术的飞速发展，金融行业已经实现了较高水平的数字化成熟度，为人工智能的深入应用提供了肥沃的土壤。如今，生成式 AI 和大模型等先进技术正在这一领域中率先实现落地应用，标志着金融行业数字化转型进入了一个全新的阶段。

人工智能技术在金融行业的应用场景日益广泛，不仅涵盖了营销、服务、投研、投顾等前台业务，还深入风控、研发等中后台的数字化经营关键环节。这种全面的应用不仅提高了金融业务的效率和精准度，还为行业带来了更多的创新和突破。

对于金融行业而言，人工智能技术的核心价值正在不断释放。它能够帮助金融机构更好地了解客户需求，提供个性化的产品和服务；能够优化风险管理流程，降低业务风险；能够推动研发创新，提升整个行业的竞争力。结合当前业务云化的趋势，“AI+ 金融”正在逐渐深化应用创新，为金融行业带来更多的发展机遇和挑战。

随着人工智能技术的不断进步和应用场景的不断拓展，金融行业将继续深化数字化转型，推动整个行业向更高效、更智能、更安全的方向发展。同时，这也将对金融机构的业务模式、组织架构、人才管理等方面带来深刻的影响和变革。

金融行业当前发展现状

业务运营降本增效，释放人力资源进入高价值环节：AI可依据业务规则，替代执行简单重复劳动，从而释放出更多的人力资源，向高价值环节迁移。以人机协同方式，一方面，能够辅助员工在内外部场景下提高效率，另一方面，将 AI 与行业特点相结合，能够更精准地捕捉客户需求，使金融决策从经验驱动向数据驱动转化，使财富管理、智能投顾等高价值场景更具智能化。

激活数据要素价值，进一步促进金融普惠化：改善原有外部数据离散、内部数据孤岛等问题，借助 AI 在数据捕捉、整合、分析挖掘等方面的能力，激活数据要素，释放关联数据价值。一方面能够帮助金融机构拓展过去难以覆盖的群体，增加盈利空间，带来新增长点，另一方面能够解决信息不对称问题，降低金融服务门槛，使金融资源能够惠及更多的长尾客户、小微企业。

赋能金融场景创新，提升千人千面的客户能力：客户需求 + 金融知识是推动金融创新的基本要素，传统的创新模式更多依赖于业务专家的能力，人工智能的应用引入了智能化的创新因子，能够结合潜在需求，为融合知识图谱提供更多创新方向。借助 AI 能够了解、分析客户情绪，在智能客服、营销、投教等环节，提供千人千面服务能力，升级客户体验。

金融行业 AI 应用关键挑战

数据治理挑战：尽管一些银行的数据治理工作已取得了阶段性成果，但行业整体的数据治理、数据资产化进程仍处于初期阶段，随着生成式 AI、大模型逐步在金融领域落地应用，未来 AI 训练更加依赖于大量高质量的金融数据，而目前金融系统多、数据散乱的问题依然存在。数据的可靠性和建立可持续的数据战略仍然是一项极具挑战的任务。

成本投入挑战：金融行业对于数据安全的高要求使得 AI 部署通常以定制化项目为主，这也造成了在开发、更新维护等方面成本重复投入的问题，削减了资源利用率，特别是对于中小金融机构而言，当前 AI 的投入成本仍然较高，并且主要受到定制化需求、安全合规性要求和对高技术人才要求的影响，限制了其广泛应用。

组织协调挑战：AI 智能应用逐步渗透组织链条，金融机构需要重新审视组织机制和业务规则，组织机制的设计必须更加灵活和适应变化，以更好地支持 AI 的融入，需要考量传统的层级结构和决策流程的调整。此外，引入 AI 后，金融机构内部面临着人机协作、部门协作中对责任的解释、分担和认定等问题的挑战，AI 在决策和执行中的智能化可能使得追溯和解释变得更为复杂。

发展趋势

人工智能生成内容（AIGC）将成为提供高质量金融服务

的重要工具。能够生成更为智能、富有个性化的内容，更好地满足客户需求。不仅包括在智能客服、智能投顾等核心场景方面的应用，同时还将成为金融员工的智能助理，为内外部用户提供更丰富、智能的金融体验。

大模型将催生更多金融 AI 原生应用的涌现。大模型将能够更深入地理解和探查用户需求和行为，从而催生出高度灵活的 AI 原生应用，在营销推荐、投资建议等方面为客户提供更为精细和个性化的服务。但是在金融大模型精调和部署过程中，如何合理配置通用数据和专业数据的配比，使模型在通用场景和专业场景下均能保持较好的效率与准确性，是落地过程中需要考量的重要问题。

数字员工将成为金融行业标配。这种数字员工是由 AI 技术支持的虚拟助手或机器人，不仅能够执行重复性任务，并将在客户服务、数据分析、风险管理等多个领域发挥作用。

AI+ 数字政府

在经过了初步的基础设施建设和信息化服务布局之后，我国数字政府的发展已经迈入了一个全新的阶段。这个阶段不仅关注技术的深化应用，更着重于技术体系、管理模式以及服务模式的全面优化与升级。其中，建设重点的转变尤为显著，从原先的“技术驱动”逐步转变为“场景牵引”，这标志着数字政府的发展开始更加贴近实际需求，以解决实际问题为导向。

在这一背景下，AI 的智能应用崭露头角，成为推动数字政府发展的关键力量。人工智能技术的引入，不仅极大地丰富了数字政府的技术工具箱，更在资源整合、数据分析、感知监测等方面展现出强大的潜力。通过深度融合政务管理、公共服务、社会治理、政策顶层设计规划等数字政府业务场景，AI 的应用能够实现对海量数据的快速处理与分析，为政府决策提供科学、准确的依据。

具体来说，在资源整合方面，AI 技术可以帮助政府实现跨部门、跨地区的信息共享与整合，打破信息孤岛，提高资源的利用效率。在数据分析方面，AI 技术能够运用先进的算法模型，对海量数据进行深度挖掘，发现隐藏在数据背后的规律与趋势，为政府决策提供有力支持。在感知监测方面，AI 技术可以通过对各类数据的实时收集与分析，实现对社会运行状态的实时监控与预警，为政府提供及时、准确的信息反馈。

随着 AI 技术在数字政府领域的广泛应用，政府治理和服务的流程也将得到进一步优化。传统的、烦琐的政府流程将被智能化、自动化的流程所取代，不仅提高了工作效率，更提升了服务质量。政府将能够更加精准地把握民众需求，提供更加个性化、多样化的服务，实现政府治理和服务的智能化、精细化。

行业挑战

机制、体制建设挑战：基于数字政府建设的要求、社会公众实际需求的拉动，若要将 AI 智能应用场景建设大量铺开，需要与之相适应的制度与机制建设同步进行。但由于机构庞大与传统行政体系下的惯性，体制机制设计、制度改革往往存在滞后性，难以灵活应对快速变化的发展要求，充分发挥出 AI 技术潜力。

政务数据融合与数据确权挑战：AI 智能应用需要大量的基础政务数据的融合，以及跨机构、跨部门、跨地区的有序流动。当前政府机构在不同区域、部门间的数字化成熟度不同，政务数据的开放程度、格式和标准存在差异，条块协同难度高，在此过程中，政府部门间数据持有、加工使用、经营的权责体系界定规则也尚待完善，需要进行全局性的统筹推进。

AI 场景泛化能力挑战：数字政府的治理场景中存在大量的低频、长尾场景，应用的碎片化导致 AI 的模型构建和问题解决往往聚焦在单一场景当中，难以在多个通用场景下具备很好的泛化能力，导致 AI 性能不稳定，实际应用效能降低。

发展趋势

生成式 AI 客服和虚拟助手将重塑政务服务形态。政务服务中存在大量重复性、标准化问题，通过自然语言处理和机器学习，生成式 AI 客服不仅可以为公众提供更快速便捷的服务响应，也能生成个性化的服务建议，而用户专属的虚拟助手也将使“一网通办”“一网统管”更具智能化和服务温度。

政务大模型应用将加快铺开，提升高维度问题处理能力。随着数据要素权重加大，结合 AI 底座与政务云应用深化，数据驱动治理将成为数字政府决策的核心，而大模型在解决复杂问题、提供预测分析方面更具优势，未来大模型将成为政务云的基本构成之一，而各地政府也可能会拥有自己专属的政务大模型。

AI 的共性应用支撑能力将成为数字政府发展关键。构建数字政府一体化协同体系是当前的现实发展需求，提升 AI 的共性应用支撑能力，提高场景的普适性将是关键因素。这样，一方面能够简化应用开发过程，降低重复开发成本；另一方面能够更好地形成资源集约共享，支撑各类新场景下 AI 应用的快速构建。

AI+ 企业营销服务

企业营销服务关键挑战

在探讨传统营销手段的局限性时，我们不得不注意到其方法的单调性。传统营销往往依赖于有限且固定的几种手段，如广告、促销和公关活动等，这些手段在特定的市场环境下可能有效，但在面对日益复杂多变的消费者需求时，其效果往往不尽如人意。此外，智能算法推荐模式虽然在一定程度上提升了营销的精准度，但其固定的模式使得其难以迅速适应并满足特定营销场景的需求，这在快速变化的市场环境中尤为明显。

数据沉淀不足和知识数字化程度低是另一个亟待解决的问题。在数字化时代，数据是营销决策的重要依据。然而，许多企业由于历史原因或技术限制，未能有效地收集和沉淀数据，导致在营销决策时缺乏足够的数据支持。知识数字化程度低限制了企业从数据中提取有价值信息的能力，进一步削弱了营销决策的智能化程度。

同时，营销触点的多样性和渠道的分散性也带来了挑战。随着社交媒体、移动应用等新型营销渠道的兴起，消费者接触信息的途径变得更加多样和复杂，这也导致了信息的碎片化，使得消费者难以形成对品牌的统一认知。同时，由于缺乏跨渠道一体化的营销管理，企业在不同渠道之间的营销活动往往缺乏协同和连贯性，进一步削弱了营销效果。

为了解决这些问题，企业需要寻求创新的营销方法和技术手段。例如，可以通过引入先进的数据分析工具和技术，提升数据沉淀和知识数字化的程度，从而增强营销决策的智能化程度。另外，需要加强跨渠道一体化的营销管理，确保在不同渠道之间的营销活动能够协同和连贯，形成对品牌的统一认知。此外，还可以尝试利用人工智能、大数据等先进技术，实现更精准、更个性化的营销推荐，以满足消费者的多样化需求。

AI 应用的核心价值

在数字化营销的新时代，智能交互优化推荐逻辑正逐步成为企业获取竞争优势的关键。通过深度洞察客户的个性化需求，我们能够生成海量的定制化营销内容，确保每一条信息都能精准触达目标受众。智能交互不仅能帮助我们实现这一目标，更能通过分析反馈数据，持续推动企业营销策略的优化和创新。

构建全面的数字化知识体系，让科学决策有据可依。我们借助先进的自动化技术，实现了数据的自动收集、处理和分析，为企业提供了丰富的营销数据支持。这些数据不仅能帮助企业有效管理大量的营销信息，更能构建出一个全面的数字化知识体系，为企业提供决策洞察，指导企业在复杂多变的市场环境中做出明智的决策。

智能驱动，实现跨渠道一体化营销的无缝对接。在多渠道、多触点的营销环境中，企业需要具备跨渠道整合数据的能力，以识别不同渠道和触点下的用户行为模式。通过智能整合多渠道数据，能够为企业提供跨渠道管理方案，帮助企业实现品牌一体化的营销效果。这不仅有助于提升企业的品牌影响力，更能提高营销效率，降低营销成本。

综上所述，智能交互优化推荐逻辑、构建全面的数字化知识体系以及智能驱动跨渠道一体化营销，已成为企业在数字化营销时代不可或缺的三大战略武器。只有掌握了这些核心技术，企业才能实现持续稳健的发展。

AI+ 办公协同

关键挑战

办公工具在现代企业中虽然得到了广泛的应用，但在大多数情况下，其应用层次仍停留在较为基础的层面。这些工具大多被用来执行简单的考勤管理、审批流程等日常任务，而对于更为复杂的信息管理和任务处理，其效能则大打折扣。这不仅限制了企业的运营效率，也影响了员工的工作体验。

随着企业规模的扩大和业务的复杂化，办公业务系统也逐渐变得繁多而复杂。传统的内部协同方式往往因为流程烦琐、响应速度慢而难以适应现代企业的快节奏发展。特别是在跨部门协作时，由于信息沟通不畅、任务分配不明确等问题，常常导致协作效率低下，甚至影响到企业的整体运营。

更为严重的是，组织内部的知识管理也面临着巨大的挑战。大量的知识信息往往以非结构化的文档形式存在，这使得对数据资源的利用变得异常困难。员工在寻找所需信息时，往往需要花费大量的时间和精力进行筛选和整理，这不仅降低了工作效率，也影响了员工的创造力和创新能力。

传统的员工能力培养方式也无法满足现代企业的需求。传统的培训模式往往以课堂讲授为主，缺乏实际操作的机会和个性化的指导，这使得员工在掌握新知识和新技能时往往感到力不从心。此外，传统的管理方式也往往过于注重规章制度的执行，而忽视了员工的个性和创造力的发展，导致管理效能较低。

综上所述，现代企业在办公工具的应用、业务系统的协同、知识管理以及员工能力培养等方面都面临着巨大的挑战。为了应对这些挑战，企业需要积极寻求创新和改进，以适应不断变化的市场环境和发展需求。

AI 应用核心价值

AI-Agent（AI 智能体）不仅仅是一个简单的文档生成工具，它更是个人生产力的巨大推动力。这款智能助手可以迅速、准确地生成各类公文、报告等文档内容，极大地节省了员工的时间和精力。更为重要的是，它还能通过智能问答的方式，灵活应对各类下游办公场景，无论是解决疑难问题还是提供决策支持，它都能迅速给出准确、有用的答案，真正成了员工不可或缺的生产力工具。

在团队协作方面，智能协同工具同样发挥了巨大的作用。通过利用 AI 技术，这些工具可以实现自动化任务分配，确保每个团队成员都能明确自己的职责和任务。同时，实时通信和协同编辑功能也极大地提高了团队的沟通效率，让团队成员能够随时随地进行交流和协作。这不仅降低了沟通和管理成本，还促进了跨部门和跨团队的协作创新，让整个组织能够更加高效地运转。

多模态能力也为组织的高效运营提供了有力支持。多模态能力可以有效地识别和管理非结构化文档，帮助组织深度挖掘数据价值。通过对数据的深入分析和挖掘，组织可以更加准确地了解自身的运营状况和市场趋势，从而制定出更加科学、合理的战略和决策。同时，多模态能力还可以提供个性化、智能化的学习支持，加速知识传承和创新发展，推动组织整体的高效运营和持续发展。

综上所述，人工智能体及其背后的智能协同工具和多模态能力为组织的高效运营和个人生产力的提升提供了强有力的支持。在未来的发展中，这些智能工具和技术将继续发挥重要作用，推动组织向更加智能化、高效化的方向发展。

AI+ 企业研发

企业研发关键挑战

产品研发确实是一个复杂而烦琐的过程，它涉及对大量信息的整合、分析与应用。在企业内部，开发人员需要投入大量的时间和精力进行人工编程，并仔细检查每一行代码以确保其质量和准确性。然而，这样的工作方式不仅耗时，效率还低，容易出现错误和延误。

在医疗、生物等高门槛领域中，产品研发更是面临着巨大的挑战。这些领域需要具备跨学科的高技术能力，包括生物学、医学、工程学等多个领域的知识。然而，目前市场上具备这样全面技术能力的人才却非常稀缺，这给企业带来了很大的人才压力。

此外，许多企业的研发过程多以流程为驱动，这意味着它们需要遵循一定的规则和步骤来进行产品研发。虽然这种方式可以确保产品研发的规范性和一致性，但也导致了对客户需求响应速度的降低。当市场或客户需求发生变化时，企业可能需要花费较长的时间来调整研发流程，以适应新的需求。这种缓慢的反应速度不仅会影响企业的市场竞争力，还可能导致企业错失重要的商业机会。

AI 应用的核心价值

首先，智能编程助手提升开发效率和准确率。能够支持代码生成、错误检查和实时建议，帮助高效完成开发任务，降低错误率，通过智能问答还可为开发人员提供实时学习和技术支持。

其次，专业领域知识和研发辅助，加速研发创新。整合分析大量学术文献、专业数据、实验数据等，提升研发人员对复杂专业问题的理解和解决能力。通过 AI 算法的预测和优化，还可辅助分子设计、材料设计等，加速研发创新。

最后，形成数据和需求融合驱动的敏捷研发能力。通过智能分析历史数据和客户实际需求，识别流程瓶颈，帮助企业灵活调整研发流程，降低迭代成本。

AI+ 企业安全

企业安全关键挑战

安全工具堆叠，但运维效率低，缺乏对突发异常事件的实时感知、快速响应能力。

多为单点防护，难以全盘掌控企业资产信息安全状态风险。

缺乏动态闭环管理，无法有效根据多样变化的安全风险进行研判与策略部署。

AI 企业安全核心价值

智能识别与预警异常情况，从被动防御转向主动防御。对企业生产经营、业务环节中的异常画面、事件、流量等进行智能识别、跟踪与预警，主动监控风险隐患。

智能分析系统潜在风险，提升网络安全多点防护能力。利用 AI 在模式识别、关联数据挖掘等方面的优势，分析新型、潜在的网络威胁和漏洞，进行全面的安 全态势感知。

智能优化安全策略，提高企业安全运营实际效果。基于历史数据和实时数据，对企业安全风险进行动态评估，基于 AI 的理解和生成能力提供个性化的安全策略，辅助管理决策。

AI+ 项目管理：人工智能赋能项目管理

AI+ 项目管理的需求日益增长

最新的采购经理人指数（PMI）年度全球调查揭示了人工智能在项目管理领域的深刻影响，从理论概念逐渐转变为实际操作的核心力量。报告显示，21% 的受访者已经在项目管理实践中广泛运用人工智能，他们通过智能化的手段简化复杂的运营流程，同时极大地增强了决策的准确性和效率。这一趋势不仅展现了人工智能的实用性，也预示着项目管理领域正在迎来一场由技术驱动的变革。

更为引人瞩目的是，高达 82% 的高层领导对人工智能的潜力给予了极高的评价，他们坚信这一技术将显著影响并重塑组织的项目管理策略。这一观点无疑强化了人工智能在项目管理领域的重要性和必要性，预示着未来人工智能的整合将成为项目管理的新常态，而非个别案例或特例。

这一趋势的背后，是项目管理领域对人工智能的依赖日益增加。随着技术的不断进步和应用的不断拓宽，人工智能正在成为项目管理中不可或缺的一部分。从项目计划、资源分配、风险管理到决策支持，人工智能都在发挥着越来越重要的作用。这也意味着，作为项目管理的专业人员，我们需要不断适应这一变化，积极学习和掌握新技术，以更好地应对未来的挑战。

同时，我们也应深入研究和探索生成式人工智能的用例。生成式人工智能是一种能够生成全新内容的人工智能技术，它在项目管理领域有着广泛的应用前景。通过生成式人工智能，我们可以更加高效地处理和分析项目数据，预测项目的可能结果，提出优化方案，从而进一步提高项目管理的效率和质量。

总之，作为项目管理的专业人员，需要紧跟这一趋势，积极拥抱新技术，不断学习和创新，以应对未来的项目管理挑战。

生成式 AI 在项目管理中的核心价值

为了深入挖掘并最大化利用生成式 AI 工具在项目管理中的巨大潜力，我们需要从两个核心维度——任务复杂性和所需的人为干预程度，来细致审视项目任务和可交付成果。这两个维度不仅为我们提供了评估项目工作量的框架，还为我们指明了如何有效利用生成式 AI 来优化项目管理流程。

任务复杂性是一个多维度的概念，它受到多个因素的影响。这包括但不限于涉及的变量数量、业务环境的细致需求，以及特定项目管理领域的专业知识。随着复杂性的增加，项目管理团队需要处理的信息量、决策点以及潜在的风险都会相应增加。因此，对任务复杂性的准确评估是确保项目成功的关键。

与任务复杂性紧密相关的是所需的人为干预程度。通常情况下，更复杂的任务需要更高程度的人为监督和管理。这是因为复杂的任务往往涉及更多的不确定性、更高的风险以及更精细的决策过程。人为干预的程度不仅决定了项目管理的效率，还直接关系到项目目标的实现。

基于这两个维度，我们可以将生成式 AI 在项目管理中的应用分为三个核心功能：自动化、协助和增强。自动化功能适用于那些复杂性较低、需要较少人为干预的任务。通过生成式 AI 的自动化处理，这些任务可以更快速、更准确地完成，从而释放项目管理团队的时间和精力，使其能够专注于更具挑战性的任务。

协助功能则针对那些复杂性适中、需要一定程度人为干预的任务。在这些情况下，生成式 AI 可以提供有价值的数据分析、建议和支持，帮助项目管理团队做出更明智的决策。这种功能使得项目管理团队能够在保持对项目的掌控力的同时，提高决策效率和准确性。

增强功能，以适用于那些复杂性极高、需要高度人为干预的任务。在这些情况下，生成式 AI 可以作为项目管理团队的得力助手，提供高级数据分析、模式识别和趋势预测等能力。这种功能不仅能够帮助团队更好地理解和应对项目的复杂性，还能够通过提供实时反馈和建议来增强团队的决策能力和反应速度。

通过从任务复杂性和所需的人为干预程度两个维度来评

估项目任务和可交付成果，我们可以更好地利用生成式 AI 来优化项目管理流程。这种二维方法不仅有助于我们更准确地识别项目的需求和挑战，还为我们提供了定制化的解决方案来确保项目的成功实施。

自动化

自动化在多个领域中发挥着至关重要的作用，特别是在那些复杂度较低、重复性高且几乎不需要人工直接干预的任务中。生成式 AI 作为自动化领域的一颗璀璨明星，不仅展现出了强大的潜力，更在实际应用中实现了显著的效果。在自动化方面，生成式 AI 能够高效、准确地处理常规流程和更新，极大地提升了工作效率和准确性。

以下是生成式 AI 在自动化方面的一些具体用例：

1. 生成状态报告和财务摘要。生成式 AI 工具通过自动编译和整合来自各种数据源的信息，能够生成详细说明项目状态和财务指标的综合报告。这些报告不仅包含了丰富的数据，而且格式整齐、易于阅读。由于采用了连续的数据馈送机制，因此无须人工手动输入数据，大大减少了工作量和错误率。

2. 自动填充项目管理工具。通过智能分析和预测，生成式 AI 工具能够自动在项目管理软件中更新任务状态、进度和相关信息。这种自动化的方式确保了项目跟踪的实时性和准确性，使项目团队能够随时掌握项目的最新动态。同时，这也减轻了项目团队的管理负担，使他们能够更专注于项目的核心工作。

3. 调度和资源优化。生成式 AI 通过分析项目的时间表、资源使用模式以及其他相关因素，能够智能地优化任务调度和资源分配。这种优化不仅确保了项目的顺利进行，而且能够在保证质量的前提下降低成本。由于无须直接人工管理，因此项目团队能够节省大量的时间和精力，更好地应对各种挑战。

4. 自动化质量控制。在制造业等环境中，产品质量和成本控制是至关重要的。生成式 AI 工具通过实时监控产品质量、检测缺陷和管理浪费，能够确保产品符合标准并满足客户需求。这种自动化的方式不仅提高了产品质量和可靠性，而且降低了生产成本和浪费。同时，它也减少了人工持续监督的需求，使企业能够更高效地运营。

总之，生成式 AI 在自动化方面的应用为各行各业带来了革命性的变革。通过智能分析和预测，它能够高效、准确地处理各种任务和数据，为企业提供了前所未有的便利和优势。随着技术的不断进步和应用的不断扩展，生成式 AI 在自动化领域的潜力将会更加巨大。

协助

在中等复杂度的任务执行中，人工监督诚然不可或缺，但通过智能支持的融入，可以显著减轻其负担。生成式 AI 的崛起，为这一领域带来了革命性的变革。

1. 起草项目文件。生成式 AI 不再仅仅是理论或科幻，它已经成为我们日常工作中不可或缺的一部分。在项目的初始阶段，它能够根据预设的模板和过往经验，迅速生成项目计划、预算报告、合同草案等重要文件的初稿。这不仅提高了工作效率，还确保了文件的准确性和专业性。项目领导者可以基于这些初稿进行审查和修改，从而节省大量时间和精力。

2. 分析项目风险。项目的成功往往取决于对潜在风险的精准把控。GenAI 利用其强大的数据处理和预测分析能力，可以深入挖掘历史项目数据，识别出可能导致未来风险的模式和趋势。通过不断学习和优化，它能够在问题出现之前发出预警，为项目团队提供宝贵的决策支持。

3. 建议预防措施。当 GenAI 发现潜在风险时，它不仅仅停留在预警的层面。基于过去类似场景中成功应对风险的经验，它能够智能地推荐一系列缓解风险的策略。这些策略可能涉及资源调配、时间管理、技术改进等多个方面，为项目团队提供了全面的指导。

4. 增强市场趋势的数据分析。在竞争激烈的商业环境中，了解市场趋势和客户需求至关重要。GenAI 能够处理和分析海量的市场数据，提取出有价值的信息和洞察。项目领导者可以基于这些详细报告，制定更为精准的市场策略和业务决策，从而确保项目的成功实施。

5. 项目健康监控。项目的执行过程中充满了不确定性。为了确保项目的顺利进行，GenAI 不断地监控项目的各项指标和绩效基准。一旦发现异常或潜在问题，它会立即提醒管理人员注意，并建议采取相应的管理措施。这种先发制人的管理方式有助于及时纠正错误，确保项目按计划进行。

6. 资源分配。资源的合理分配是项目成功的关键。GenAI

通过分析绩效数据和项目需求，能够智能地推荐资源分配方案。这不仅包括人力资源的调配，还包括物资、设备等其他资源的优化利用。这种智能资源分配方式有助于实现团队效率的最大化，确保项目的高质量完成。

增强

在战略决策过程中，特别是在需要深度剖析海量数据集以获取关键洞察力的复杂场景下，生成式 AI 的引入极大地增强了人类的能力。通过先进的增强分析和预见能力，在多个方面为项目管理带来了革命性的变革。

在增强情景规划方面，生成式 AI 通过运用预测分析技术，能够模拟出多种不同的项目情景。这些模拟不仅基于历史数据，还结合了实时信息和未来趋势的预测，为项目领导者提供了前所未有的远见。通过这种方式，项目领导者能够预见未来可能遇到的挑战和机遇，从而制定出更加周全和前瞻性的战略选择。

在促进复杂决策方面，生成式 AI 发挥了至关重要的作用。它能够整合来自多个数据源的信息，包括但不限于项目文档、市场报告、用户反馈等。通过对这些数据的深度分析和挖掘，生成式 AI 能够提供细致入微的见解，帮助项目领导者全面了解项目的各个方面。这种全面的视角使得项目领导者能够做出更加明智和准确的决策，尤其是在需要权衡多个因素和利益的复杂场景中。

此外，生成式 AI 在创建全面的商业案例方面也发挥了巨大作用。它利用详细的数据分析，帮助项目领导者制定出强大而有力的商业案例。这些商业案例不仅包含了广泛的市场分析，还涉及了资源评估、风险评估和战略调整等多个方面。这些信息的整合使得商业案例更加全面和深入，能够更好地展示项目的价值和潜力。同时，这些商业案例也为关键利益相关者提供了清晰的决策依据，有助于他们更加明智地做出投资决策。

通过将这些基于任务复杂性和必要的人为干预的生成式人工智能应用于项目管理的结构化方法，我们可以实现效率和战略影响的双重提升。

在项目管理中实施生成式人工智能的优势

效率：生成式 AI 的引入彻底改变了项目管理的面貌，通过智能化地自动执行一系列日常任务，如数据输入、任务调度和报告生成，极大地简化了工作流程。这种高度自动化的工作方式不仅显著降低了人工操作的劳动量，而且能够将原本需要几小时甚至更长时间完成的任务缩短至几分钟内完成。这种速度的提升不仅加快了项目的整体进度，还使团队成员能够更高效地分配时间和精力，从而更快地实现项目目标。

降低成本：生成式 AI 不仅提高了工作效率，还通过优化项目任务来降低间接成本。通过利用人工智能算法进行资源分配，生成式 AI 能够精确地预测和评估项目需求，从而避免资源利用不足或过度分配的问题。这种智能资源管理有效减少了因效率低下而造成的财务浪费，使项目预算更加合理和高效。

提高准确性：在处理大型数据集时，生成式 AI 工具凭借其先进的分析功能展现出了卓越的性能。这些工具能够高精度地处理和分析数据，从而提供准确的预测、风险评估和决策支持。这种准确性的提升不仅减少了人为疏忽造成的误差，还增强了项目决策的可靠性和有效性。此外，生成式 AI 的引入使项目领导者能够专注于更高层次、更具创造性和战略性的任务。通过自动化处理单调或复杂的数据驱动任务，生成式 AI 使项目领导者能够释放更多的时间和精力来从事需要人类直觉和创造力的活动，如与利益相关者进行谈判、制定战略规划，以及推动创新管理。这些活动对于实现组织目标和提升组织竞争力至关重要，生成式 AI 的引入无疑为项目领导者提供了更多的机会和可能性来增强他们对组织目标的贡献。

拥抱 AI 在项目管理中的变革性未来

AI 项目管理不仅仅是一种时尚或简单的技术升级，它代表着项目管理领域的一场深刻的变革性转变。这种转变正在以前所未有的方式改变着项目管理的各个方面，从策略规划到日常执行，再到成果评估。

AI 项目管理的核心在于其能够显著提升项目的效率。通过自动化的数据收集、处理和分析，AI 技术可以快速准确地识别出项目的关键路径、潜在风险以及优化空间，使项目领导者能够更专注于解决核心问题，从而大幅缩短项目周期，提高整体效率。

AI 技术的引入还极大地提高了项目管理的准确性。AI 能够通过算法和模型进行高精度的预测和模拟，为项目领导者提供更为准确的决策依据。这不仅能够减少人为错误，还能够确保项目在正确的轨道上前进，避免因决策失误而导致的损失。

AI 项目管理对于项目的成果也具有显著影响。通过智能优化和自动化执行，AI 技术能够确保项目按照既定的目标和计划进行，从而实现更高的项目成功率和客户满意度。同时，AI 还能够帮助项目领导者发现并利用新的机会，进一步拓展项目的价值和影响力。

随着 AI 技术的不断进步和应用，项目领导者们面临着巨大的机遇。他们可以通过积极探索和实践，将 AI 技术融入日常的项目管理工作中，从而提升自身的项目交付能力。通过采用生成式 AI 等先进的 AI 技术，项目领导者们可以更加高效、准确地完成项目管理任务，使自己在日益复杂的项目环境中保持竞争优势。

当然，AI 项目管理的实践并不是一蹴而就的。它需要项目领导者们具备开放的心态和持续学习的精神，不断适应和掌握新的技术和方法。但是，这种学习和适应的过程也将带来丰厚的回报。随着对 AI 技术的深入理解和掌握，项目领导者们将能够拥有更强的战略洞察力、更准确的决策能力以及更高的工作效率，从而在未来的项目管理领域取得更大的成功。

AI+ 创新：人工智能驱动创新

随着科技的飞速发展，AI 已不仅仅是一个前沿概念，而是深深渗透进我们日常生活的方方面面。根据最新的权威调查，高达 71% 的组织已经开启了 AI 的应用之旅，这一比例无疑揭示了 AI 技术的广泛接纳和深远影响。

AI 的应用范围日益扩大，从最初的基础数据处理和分析，到如今的流程自动化、新产品开发、服务优化等多个领域，AI 都在发挥着至关重要的作用。在流程自动化方面，AI 通过模拟人类的决策过程，能够自动完成一系列复杂的任务，从而显著提高工作效率和准确性。在新产品和服务的开发上，AI 的深度学习能力和大数据分析功能，为创新提供了强大的支撑。

更为重要的是，AI 在竞争激烈的商业环境中，为企业带来了前所未有的竞争优势。那些能够成功将 AI 融入其运营流程的公司，往往能够在市场中获得更大的份额和更高的利润。这是因为 AI 不仅能够提高生产效率，降低成本，还能通过精准的数据分析，帮助企业更好地把握市场趋势，制定更加有效的战略。

在创新领域，AI 的作用更是不可忽视。通过 AI 技术，企业可以更加精准地把握市场需求，从而开发出更具创新性和实用性的产品和服务。同时，AI 还能帮助企业实现跨界融合，打破传统行业的界限，创造出全新的商业模式和市场机会。

因此，对于任何组织来说，密切关注并积极参与人工智能驱动的创新，都是至关重要的。这不仅能够帮助企业紧跟科技发展的步伐，保持领先地位，还能为企业带来更多的商业机会和增长潜力。

什么是人工智能驱动的创新？

当我们深入探讨人工智能驱动的创新时，我们实际上是在探索一种全新的创新范式。这种范式不仅将人工智能技术视为一种工具，更是将其视为一种能够激发、推动和加速创新过程的核心力量。

人工智能驱动的创新涵盖了从初步想法的生成到这些想法的进一步发展和完善，再到最终决策的优化和实施的整个过程。这其中，人工智能算法、自然语言处理以及其他各种先进的人工智能技术都发挥了至关重要的作用。它们帮助我们更快速、更准确地识别和分析问题，提出创新性的解决方案，并预测这些方案可能带来的结果。

进一步地，创新在这里被定义为一种能够为社会、经济或环境带来积极变化的新想法或新实践。而人工智能技术的引入，使得这种变化更加可行、更加迅速、更加广泛。例如，通过应用人工智能算法，我们可以发现以前从未被注意到的市场机会，或者设计出更加符合消费者需求的新产品。

然而，尽管人工智能具有巨大的潜力和价值，但它并不能完全取代人类的创造力。事实上，人工智能驱动的创新并不是要削弱或替代人类的角色，而是要作为一种增强人类创造力的工具。正如一项关于人工智能在创新管理中的研究所指出的那样，虽然人工智能在创意生成方面表现出色，但它仍然无法完全取代人类的管理判断和经验智慧。

因此，我们需要找到一种方法，将人工智能的力量与人类的专业知识、经验判断以及创造力相结合。通过这种方式，我们不仅可以充分利用人工智能的优势，还可以弥补其局限，从而更加高效、准确地实现创新目标。这种结合，将彻底改变我们创造新解决方案和创新的方式。

综上所述，人工智能驱动的创新是一种全新的创新范式，它利用人工智能技术的力量来推动创新过程，并与人类的专业知识和创造力相结合，以实现更加积极、广泛和深远的变化。

人工智能可以创造新发明吗?

人工智能在创新领域的能力日益受到人们的关注。人们经常质疑，人工智能是真的能创造出全新的发明，还是只是对已有想法的再现？为了深入探讨这一问题，我们需要对人工智能的工作原理和潜力有更深入的理解。

生成式 AI 工具确实需要大量的数据来进行训练。这些数据为 AI 提供了丰富的知识基础，使其能够在特定领域内进行高效的运算和推理。然而，这并不意味着 AI 只能在其知识库内寻找答案或产生想法。事实上，AI 在处理和分析这些数据时，能够发现人类可能忽略的模式、关联和潜在的创新点。

虽然 AI 的想法可能受到其训练数据的限制，但我们必须认识到，许多伟大的创新都是基于已有知识和想法的重新组合和改造。人工智能在这方面具有独特的优势。它能够快速浏览和分析大量的信息，发现其中的关联性和潜在价值，然后将这些元素重新组合，产生全新的想法和解决方案。这种能力使得 AI 在创新过程中能够发挥巨大的作用。

此外，人工智能还能够不断地学习和进化。随着更多的数据被纳入其训练过程中，AI 能够不断地优化其算法和模型，提高其处理和分析数据的能力。这种持续的学习过程使得 AI 能够不断地产生新的想法和解决方案，从而推动创新的持续发展。这种潜力对于推动科技进步和社会发展具有重要意义。

人工智能如何应用于创新?

人工智能在创新领域的应用极为广泛且深远，其多样化的能力为创新注入了新的活力和可能性。首先，在分析数据方面展现出卓越的能力，通过深度学习和模式识别，AI 能够精准地分析大量的数据，从中挖掘出有价值的信息，为创新提供有力的数据支撑。这种预测能力使得 AI 能够提前洞察市场趋势，为企业或机构制定前瞻性战略提供有力支持。

在创意的产生和发展阶段，AI 同样发挥了重要作用。通过自然语言处理和机器学习技术，AI 可以理解和分析人类的语言和文本，从而产生与人类相似的创意。此外，AI 还可以从已有的创意中学习和提炼，形成新的、独特的创意。这种能力使得 AI 成为创意产业的得力助手，为艺术家、设计师和创作者提供源源不断的灵感来源。

在概念的优先排序和评估方面，AI 也发挥了不可替代的作用。通过构建复杂的评估模型，AI 可以对各种创意和概念进行量化评估，从而帮助决策者更准确地判断其潜在价值和可行性。这种评估能力使得 AI 成为项目管理和投资决策的重要工具，为创新项目的顺利进行提供了有力保障。

除了上述方面，AI 还在解决创新障碍方面展现出巨大优势。例如，在研发过程中，AI 可以通过模拟和仿真技术来预测和优化产品的性能和表现，从而减少实验次数和降低成本。在市场推广阶段，AI 可以通过分析消费者行为和需求来制定更精准的营销策略，提高产品的市场占有率和竞争力（见图 5-1）。

		创新的过程	
		拓展思路	产生想法
创新的阻碍	信息处理的约束	AI 系统能够识别和评估更多的信息，然后可以用来开发想法。	AI 系统能够识别更多的问题机会和风险，从而产生新的想法。
	无效或局部的探索过程	AI 系统能够识别和评估更具创造性 / 探索性的想法。	AI 系统能够识别并创造更具创造性 / 探索性的问题机会和威胁，以产生新的想法。

图 5-1　创新的过程与阻碍

在人工智能的广阔领域中，其对创新的推动远不止于我们目前所见的。除了上述提及的几个方面，还有更多令人振奋的应用等待我们去探索。

创意生成的新高度

当我们谈到人工智能的创意生成能力时，这并不仅仅意味着它能为我们提供一系列的想法。实际上，AI 已经发展到了可以生成完整故事、艺术作品甚至音乐作品的阶段。通过深度学习和神经网络的结合，AI 现在能够理解和模仿人类的创作过程，产生出具有深度和复杂性的内容。

创造力的全面增强

在创造力的增强上，AI 不仅仅是一个想法的生成器。它还可以作为一个合作伙伴，与人类共同工作，激发新的灵感。例如，在产品设计领域，AI 可以帮助设计师快速生成多个设计草案，然后设计师可以根据这些草案进行进一步的优化和修改。这种人与 AI 的协同工作模式，可以大大提高设计的效率和质量。

构思的深入提炼

在构思的提炼上，AI 不仅仅是一个想法的整合者。它还可以通过分析各种想法之间的关联性和相似性，提出新的见解和视角。此外，AI 还可以预测不同想法在未来可能的发展趋势，帮助企业做出更明智的决策。

解决问题的全新视角

在解决问题方面，AI 的能力更是超乎想象。它不仅可以模拟复杂问题并评估潜在解决方案，还可以从多个角度和层面考虑问题，提供独特的见解和建议。特别是在面对大量数据和复杂场景时，AI 可以快速分析并找到问题的关键点，为企业节省大量的时间和资源。

市场趋势的精准洞察

在揭示市场趋势方面，AI 的能力已经超越了传统的分析方法。通过大数据分析、自然语言处理等技术手段，AI 可以深入挖掘数据中的隐藏信息，发现市场的细微变化和潜在机会。这种精准的市场洞察能力，可以帮助企业更好地把握市场脉搏，制定更有效的市场策略。

人工智能与人类智慧的融合

虽然人工智能在创新方面表现出了惊人的能力，但我们不能忽视人类智慧的重要性。只有将人工智能与人类智慧相结合，才能发挥出最大的创新潜力。因此，在利用人工智能推动创新的过程中，我们需要保持对人工智能输出的审慎评估，并结合自己的专业知识和经验做出最终决策。

人工智能驱动创新的好处

人工智能驱动创新的好处在于它能重塑商业领域的未来。当我们谈论人工智能与创新相结合时，其深远影响已远不止提高效率和生产力、增强市场竞争力或节省成本那么简单。它正在彻底改变我们理解、开发和实施创新的方式，为企业带来了前所未有的机遇。

AI 的引入，极大地提高了创新的速度和效率。AI 可以自动执行大量重复性和预测性的任务，释放人力去专注于更具创造性和战略性的工作。同时，AI 的算法可以迅速分析大量数据，发现人类难以察觉的模式和趋势，为创新提供源源不断的灵感。有一项研究：使用 ChatGPT-4 的专业人士每小时产生 800 个想法。相比之下，没有人工智能支持的工作每小时只能产生 20 个想法。这凸显了利用人工智能进行创新的潜力，其创意产生效率比纯人类团队高出约 40 倍。

AI 驱动的创新为企业带来了显著的市场竞争优势。AI 能够快速生成和优化产品原型，帮助企业快速响应市场变化，满足消费者的多样化需求。此外，AI 还可以通过分析消费者行为和偏好，为企业提供个性化的营销策略，提升品牌影响力和客户满意度。这种快速迭代和个性化服务的能力，使得企业能够在激烈的市场竞争中脱颖而出。

AI 驱动的创新还有助于企业实现成本节约和效率提升。通过自动化和优化流程，企业可以减少人力和物力资源的浪费，提高资源利用效率。同时，AI 还可以帮助企业实现精准预测和决策，降低库存和运营成本，提高整体盈利能力。

AI 驱动的创新还为企业带来了前所未有的数据访问和分析能力。AI 可以处理和分析海量的数据，帮助企业发现隐藏在数据中的价值，为决策提供有力支持。这种数据驱动的决策方式，使得企业能够更准确地把握市场趋势和消费者需求，制定更加精准的战略和计划。

总之，人工智能驱动创新为企业带来了无限的可能性和机遇。通过采用 AI 技术，企业可以加速创新过程、提高市场竞争力、降低成本、优化资源配置、实现数据驱动决策等。随着 AI 技术的不断发展和完善，它将为商业领域带来更多的惊喜和变革。

人工智能驱动创新的未来

人工智能正以其前所未有的速度和深度，推动全球范围内的创新变革，为我们揭示了一个全新的增长时代。随着技术的飞速进步，人工智能已经不仅仅是一个单一的技术领域，而是逐渐渗透到各行各业，实现跨行业的深度融合。从医疗健康到金融服务，从制造业到零售业，人工智能系统正在变得日益智能，为我们提供了前所未有的解决方案和机会。

当我们将人工智能融入创新流程时，企业能够显著提升其运营效率，以更高效的方式实现产品开发和市场投放。这不仅有助于企业节省成本，还能够加强其在市场中的竞争力，获取更多的市场份额。此外，人工智能还能为企业提供海量的数据支持，帮助企业更好地了解客户需求，优化产品设计和营销策略。

然而，尽管人工智能带来了诸多好处，但我们也不能忽视其潜在的局限性和道德考量。在享受人工智能带来的便利和效益的同时，我们必须关注其可能引发的隐私泄露、数据安全等问题，确保人工智能的发展始终符合道德和法律的要求。

人工智能在创新领域的应用，让我们看到了前所未有的可能性。它能够快速地产生具有成本效益和创造性的想法，为我们提供了前所未有的解决方案。然而，尽管人工智能在数据处理和模式识别等方面具有强大的能力，但人类专家的判断力和经验仍然是无法替代的。因此，组织在利用人工智能推动创新的同时，也必须重视人类专家的作用，将人工智能视为一种有价值的工具，而不是完全取代人类。

为了实现人工智能与创新管理的最佳结合，组织需要采用最佳的人工智能实践，并结合人力评估人工智能的输出。通过这种方式，企业可以充分利用人工智能在推动创新方面的潜力，同时确保创新的质量和效果。

AI+ 组织文化：人工智能增强组织文化

人工智能正在对组织文化产生前所未有的影响。随着自动化和智能化的普及，我们的工作方式、团队协作以及决策过程都在经历着前所未有的变化。人工智能不仅可以帮助我们更高效地完成任务，还可以激发新的创新思维和协作模式。想象一下，一个能够实时分析数据、预测市场趋势并自动调整策略的人工智能系统，将如何改变我们的决策方式和业务运作。

然而，人工智能的力量并非仅止于此。它还可以成为我们增加收入、提高投资回报率的有力工具。通过利用人工智能进行市场预测、客户分析以及自动化销售流程，我们可以更加精准地把握商机，提高销售效率和客户满意度。这些都将直接转化为更高的收入和更大的投资回报。

更具体地说，人工智能可以帮助我们实现以下几个方面的高额投资回报率：

精准营销。通过分析客户的购买历史、浏览行为和社交媒体活动，人工智能可以帮助我们制定更加精准的营销策略，将广告投放给最有可能产生购买行为的潜在客户。这将大大提高广告效果和投资回报率。

优化库存管理。通过实时分析销售数据、预测需求变化并自动调整库存水平，人工智能可以帮助我们降低库存成本、减少滞销风险并提高资金周转率。这将带来更高的投资回报率和更健康的财务状况。

提高客户满意度。通过自动化客户服务流程、实时响应客户需求并提供个性化的解决方案，人工智能可以帮助我们提高客户满意度和忠诚度。这将带来更高的客户留存率和更稳定的收入来源。

综上所述，人工智能革命正在深刻地改变我们的工作场所和商业世界。通过有效地运用其力量，我们可以实现更高的投资回报率、更高效的团队协作和更健康的财务状况。

人工智能对企业文化的影响

你有没有深入思考过，当机器不再是简单的工具，而是真正融入我们的工作环境，成为并肩作战的同事时，办公室的日常将会如何演变？人工智能为我们带来便利和效率的同时，也悄然改变着我们对于职场文化的认知和期待。

想象一下，未来的办公室里，人工智能系统不仅能帮助我们处理烦琐的数据，还能敏锐地捕捉到团队成员的情绪变化，预测我们何时可能会感到压力重重或精疲力竭。更进一步，它们能基于海量信息和数据分析，提出解决复杂问题的独特视角和方法。这无疑会大大提升我们工作的效率和准确性，使得团队之间的协作更加顺畅和高效。

然而，人工智能的崛起带来的并非全然是欢歌笑语和酷炫科技的展示。随着这项技术逐渐渗透到商业领域的每一个角落，人们开始担忧自己的工作是否会被取代，是否还能在这个快速变化的时代中找到自己的定位。同时，随着人工智能的深入应用，我们也可能会感到一种被监视的压迫感，仿佛自己的每一个动作、每一个决策都在被无情地分析和评判。

面对这样的变化，我们不得不重新审视自己的工作角色和定位。我们需要学会与机器合作，共同完成任务，而不是简单地将其视为竞争对手或替代品。同时，我们也需要调整自己的心态，接受这种人机之间的新合作模式，并从中寻找成长和进步的机会。

将人工智能作为文化变革的推动者

当一家企业不仅采纳了尖端的人工智能系统，还将其精髓融入其日常运营和企业文化之中，在这种融合之下，合作与效率的潜力将得以全面释放。

以一家在设计领域颇具影响力的公司为例，他们巧妙地将人工智能融入其设计流程。通过利用 AI 对海量的数据进行深度挖掘和精准分类，设计师们得以在庞杂的信息中迅速找到灵感，激发全新的设计思路。这种变革不仅仅体现在设计速度上，更在设计的深度和广度上取得了质的飞跃。他们以前所未有的速度，创造出了引领潮流的作品，为公司赢得了业界的广泛赞誉。

再来看一个客户服务团队的例子。在这个团队中，聊天机器人已经成为处理简单查询的得力助手。它们能够快速、准确地回答客户的问题，极大地减轻了人工客服的负担。这使得客服人员能够有更多的时间和精力去处理那些更复杂、更有挑战性的问题，从而为客户提供更高质量的服务。这种变革不仅提高了客户满意度，还为公司节省了大量的人力成本。

更重要的是，这种与人工智能的深度融合并不是简单的工具使用，而是一种全新的工作方式和生活态度的体现。它让我们看到了人工智能的真正价值——它不仅仅是一个工具，更是一个能够增强我们创造力、提高我们工作效率的伙伴。它与我们并肩作战，共同面对工作中的挑战和困难。在这种关系中，人工智能更像是一个超级成就者，它与我们共享成功的喜悦，也与我们分担失败的痛苦。因此，当我们面对人工智能时，不要将其视为一个与我们竞争的对手，而要看作是一个值得信赖的伙伴。

建立负责任且合乎道德的人工智能文化

当我们谈论人工智能时，伦理和责任这两个词显得尤为沉重。这不仅是因为它们直接关系到我们与技术的互动方式，还因为它们触及了人性、道德和社会公平的核心。当我们把人工智能纳入我们的日常生活中，我们不得不深思熟虑：我们如何确保这项技术不会侵犯个人隐私、加剧偏见或威胁工作保障？

制定明确且全面的指导方针是至关重要的。这些方针应该为人工智能的部署和使用设定清晰的标准，以确保其在各个领域的应用都是公平、透明的。这意味着，无论是医疗、金融、教育还是其他领域，我们都应该有明确的规则和准则来指导人工智能的使用，从而避免潜在的滥用和不当行为。

然而，仅仅有指导方针是不够的。我们还需要深入研究和解决人工智能算法中的偏见问题。偏见可能源于数据、模型设计，甚至是编程者的主观意识。为了确保人工智能的公正性，我们需要从多个角度进行审视和调整，确保算法在做出决策时不会受到偏见的影响。

这就像是为一个团队制定行为准则一样。我们期望人工智能能够成为一个值得尊敬的团队成员，它应该能够公平、客观地对待每一个人，而不是基于偏见或歧视来做出决策。这需要我们在技术设计和实施阶段就考虑到这些因素，从而确保人工智能能够在现实世界中发挥积极的作用。

但是，这并不意味着我们可以完全信任人工智能。虽然我们可以尽力确保技术的公正性和透明度，但人工智能毕竟是由人类设计和控制的。因此，我们需要时刻保持警惕，不断审视和评估人工智能的表现和决策，以确保它们符合我们的期望和道德标准。

我认为关于人工智能是否能够做出不偏不倚的决定的问题，答案并不是简单的“是”或“否”。这取决于我们如何设计、实施和监管这项技术。如果我们能够制定明确的指导方针、解决算法中的偏见问题，并始终保持警惕和评估，那么我们有理由相信人工智能能够在许多领域做出公正、客观的决策。但是，这需要我们共同努力，不断探索和实践。

培育持续学习和适应的文化

在职场世界正在经历变革的时代背景下，拥有紧跟新技能的能力变得尤为重要。对于那些积极拥抱人工智能的公司而言，他们深知持续学习的文化并非仅仅意味着为团队提供一次性的培训课程，而是构建了一个鼓励尝试新事物、深入钻研新知识的生态系统。

然而，这其中的核心远不止课程和证书所能涵盖。真正的关键在于培养一种积极的心态，让员工从内心深处感到对发展的渴望和兴奋。这种附加增长的理念，意味着人工智能为我们带来的不仅仅是行业的洗牌，更是全新的机遇和挑战。

那么，我们如何在这样一个由人工智能驱动的工作环境中，不仅能保持自身的相关性，还能实现个人的蓬勃发展呢？

我们需要摒弃固有的思维模式，以开放的心态接纳新的技术和知识。人工智能虽然强大，但它并不能替代我们的创造力、同理心和批判性思维。因此，我们需要不断地学习，提升自己的综合素质，以适应这个快速变化的时代。

同时，我们应该积极地参与实践，将所学的知识运用到实际工作中。只有通过不断地实践，我们才能更好地理解和掌握新技术，从而在工作中发挥出更大的价值。

我们还需要与同事、行业专家和导师保持紧密的联系，共同分享和学习。在这个信息爆炸的时代，单打独斗已经不再可行。我们需要借助团队的力量，共同面对挑战，共同成长。

我们需要时刻关注行业动态和新技术的发展趋势。只有了解行业的最新动态和趋势，我们才能更好地把握机遇，为个人的职业发展打下坚实的基础。

总之，在人工智能不断改变游戏规则的世界里，我们需要保持持续学习的态度，积极拥抱新技术和新知识。

AI+ 组织文化的三条建议

建议 1：深化团队对 AI 素养的理解与接纳

为了真正发挥人工智能在团队中的潜力，我们需要从基础开始，确保每个团队成员都对 AI 有清晰、准确的认识。因此，启动一个全面的 AI 素养计划至关重要。

这个计划应该包括一系列的培训、研讨会和实践活动，旨在帮助团队成员理解 AI 的基本原理、应用场景以及潜在风险。通过实际案例分析和模拟演练，团队成员将能够更直观地感受到 AI 在日常工作中的实际作用，并学会如何有效利用这一技术来提升个人和团队的绩效。

通过 AI 素养计划的实施，我们能够建立一个对 AI 充满信心和热情的团队文化，让 AI 成为推动我们团队不断前进的重要动力。

建议 2：构建人机协作的新模式，释放团队潜力

在人工智能日益普及的今天，我们需要重新审视人与机器之间的关系。人工智能并不是要取代人类，而是要成为我们

的合作伙伴，帮助我们完成那些繁重、重复且耗时的工作。因此，我们需要构建一种新的人机协作模式，让 AI 成为我们团队中的得力助手。

为了实现这一目标，我们需要对现有的工作流程进行优化和调整。通过引入 AI 技术来处理那些琐碎且耗时的工作，我们可以让团队成员有更多时间和精力专注于战略性、创造性的工作。这不仅可以提升整个团队的工作效率和创新能力，还可以让团队成员在工作中获得更多的成就感和满足感。

建议 3：利用 AI 驱动的反馈工具提升团队效能

传统的年度评估往往无法全面、准确地反映员工在过去一年中的工作表现和发展情况。因此，我们需要引入更加实时、个性化的反馈机制来帮助团队成员了解自己的进步和需要改进的地方。

AI 驱动的反馈工具正是这样一个理想的选择。通过利用性能跟踪和情绪分析软件等 AI 技术，我们可以持续、实时地收集关于团队成员工作表现和情绪状态的数据，并生成个性化的反馈报告。这些报告不仅可以帮助团队成员了解自己的优点和不足，还可以为他们提供具体的改进建议和发展方向。

AI 驱动的反馈工具还可以帮助我们更好地了解团队成员的需求和期望，从而为他们提供更加个性化的支持和帮助。通过关注每个团队成员的独特需求和成长路径，我们可以建立一个更加包容、支持性的团队文化，让每个人都能够在这里实现自己的价值和梦想。

AI Agent（人工智能体）+ 企业：AI 智能体企业实战

AI 智能体（AI Agent）

AI 智能体，作为人工智能领域的核心组成部分，其在现代社会中的影响力和作用日益凸显。这些智能体不仅仅是简单的软件工具或机器，它们更像是我们工作、生活和学习中的得力助手，以其独特的智能特性为我们提供无尽的便利。

AI 智能体的自主性是其核心特点之一。它们能够独立完成各种任务，无须人类的持续干预。这种自主性不仅体现在任务执行的过程中，还体现在任务的选择和决策上。AI 智能体能够根据环境的变化和自身的能力，灵活地选择和执行任务，从而确保任务的高效完成。

AI 智能体的交互性也是其重要特性之一。它们能够与人类进行自然、流畅的交互，理解人类的意图和需求，并根据这些需求提供相应的服务和支持。这种交互性使得 AI 智能体能够更好地融入人类的生活和工作，为我们提供更加贴心、个性化的服务。

AI 智能体的目标导向性也是其独特之处。它们能够明确自己的任务和目标，并不断地追求和达成这些目标。这种目标导向性使得 AI 智能体能够在复杂的环境中保持高效、稳定的工作状态，从而确保任务的顺利完成。

例如，在自动驾驶领域，AI 智能体（即自动驾驶汽车）通过先进的传感器和算法，能够实时感知路况和障碍物，并制定出最优的驾驶策略。这种能力使得自动驾驶汽车能够在复杂的交通环境中保持高效、安全的行驶状态，为人类出行提供更加便捷、安全的选择。

此外，AI 智能体在医疗、教育、金融等各个领域都有着广泛的应用。在医疗领域，AI 智能体能够帮助医生进行疾病诊断和治疗方案制定；在教育领域，AI 智能体能够为学生提供个性化的学习计划和辅导；在金融领域，AI 智能体能够进行风险评估和投资建议等。这些应用不仅提高了工作效率和准确性，还为人类带来了更加便捷、高效的服务体验。

AI 智能体作为一种能够代表用户执行任务的智能实体，在现代科技中扮演着越来越重要的角色。它们通过自主性、交互性和目标导向性等特性，为人类提供了无尽的便利和支持。

人类与 AI 协同的三种模式

未来生成式 AI 带来的人机协同，将会呈现三种模式：嵌入（embedding）模式、副驾驶（Copilot）模式及智能体（Agent）模式（见图 5-2）。

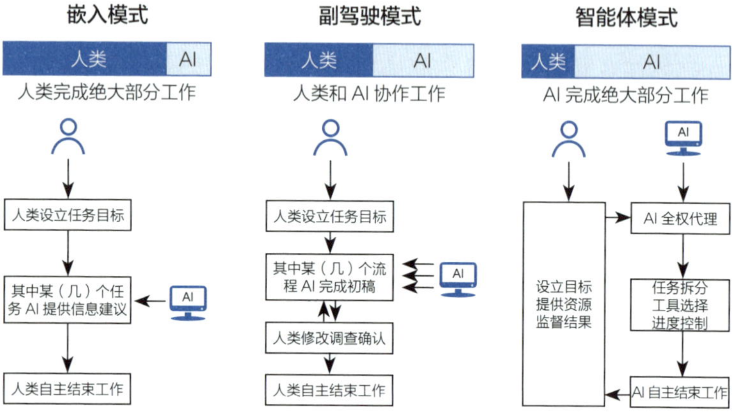

图 5-2　人类与 AI 协同的三种模式

嵌入模式：用户通过与 AI 进行语言交流，使用提示词来设定目标，AI 协助用户完成这些目标。

副驾驶模式：在这种模式下，人类和 AI 各自发挥作用。AI 介入工作流程中，从提供建议到协助完成流程的各个阶段。

智能体模式：由人类设定目标并提供资源，这些资源通常是计算能力，然后监督结果。在这种情况下，智能体承担了大部分工作。智能体模式会成为未来人机交互的主要模式。

嵌入模式

当 AI 以嵌入模式存在时，它仿佛成了应用或系统的“隐形助手”。用户在日常使用中几乎察觉不到 AI 的存在，但 AI 却在背后默默优化着各项功能，为用户提供更加流畅和个性化的体验。例如，在搜索引擎中，AI 算法会根据用户的搜索历史和偏好，实时调整搜索结果排序，确保用户能够快速找到所需信息。在电商平台，AI 通过分析用户的购买历史和浏览行为，为用户推荐最符合其兴趣和需求的商品，极大地提升了购物的便捷性和满意度。此外，在文本编辑器中，AI 提供的语法检查和自动补全功能，能够帮助用户更加高效地完成写作任务，减少因拼写或语法错误而导致的返工。

副驾驶模式

在副驾驶模式下，AI 成了用户真正的合作伙伴，为用户提供各种形式的建议和协助。用户可以根据自己的需求，选择是否采纳 AI 的建议或提示，从而更加灵活地完成任务。这种模式下的 AI 不仅具有强大的智能能力，还注重与用户的交互和合作，确保用户始终保持主导地位。例如，GitHub Copilot 作为一款 AI 编程助手，能够根据开发者的编程习惯和需求，自动补全代码，并提供相关的代码示例和文档链接，帮助开发者更加高效地完成编程任务。同样地，AI 辅助设计工具也能够帮助设计师快速生成草图、优化设计方案，并提供丰富的设计素材和灵感来源，极大地提升了设计效率和创意水平。

智能体模式

智能体模式下的 AI 则更加独立自主，能够像人类一样感知环境、做出决策并执行任务。用户只需要设定目标或约束条件，AI 代理就能够自主完成复杂任务，无须用户过多干预。这种模式下的 AI 适用于需要高度自主性和实时响应的应用场景，如自动驾驶、智能家居和金融交易等领域。在自动驾驶系统中，AI 代理能够实时感知道路环境、车辆位置和交通信号等信息，并根据这些信息做出正确的驾驶决策，确保车辆安全行驶。在智能家居系统中，AI 代理能够智能控制家电设备、调节室内环境，并根据用户的生活习惯和需求进行自适应调整，为用户提供更加舒适和便捷的生活体验。在金融交易领域，AI 代理则能够实时分析市场数据、预测价格走势，并根据用户的投资目标和风险偏好进行自动化交易操作，帮助用户实现资产增值和风险控制。

AI Agent 能做什么？

AI Agent 的核心目标是通过自动化部分人类的工作流程，来应对和解决执行与重复性问题。这不仅释放了我们的双手，让我们从繁重的日常任务中解脱出来，更为我们提供了更多的时间去专注于创新和思考。

在功能方面，AI Agent 展现出了惊人的多样性和深度。它可以自动执行高重复性和高复杂度的任务，如数据处理、报告生成等，极大地减少了人力投入，提高了工作效率。通过大语言模型驱动的决策支持系统，AI Agent 能够分析海量数据，识别出隐藏的模式和趋势，为企业和个人提供精准的市场预测、风险评估等决策支持。

AI Agent 在个性化推荐方面也展现出了巨大的潜力。基于用户自定义的偏好和行为，AI Agent 能够构建出高度个性化的推荐系统，为用户提供定制化的服务。在电子商务平台中，AI Agent 的推荐引擎能够根据用户的购物历史和浏览行为，为用户推荐最符合其需求的商品；在内容推送系统中，AI Agent 则能根据用户的阅读喜好，为用户推送最感兴趣的文章和资讯。

AI Agent 在自助活动领域也展现出了巨大的应用前景。在自动驾驶汽车中，AI Agent 通过先进的导航和决策系统，实现了汽车的自主驾驶；在服务机器人领域，AI Agent 则能够在家庭、医院、学校等场所中，为人们提供各种各样的服务，如清洁、照护、教育等。

AI Agent 通过自动化任务、提供决策支持、实现个性化推荐和执行自助活动等多种方式，解决了许多传统方法难以解决的问题，并在各个领域展现出了广泛的应用前景。

AI Agent 企业生产场景策略

AI Agent 技术进入企业生产场景的策略，分为三大阶段 7 个步骤，此方法来自华为云的最佳实战（见图 5–3）。

初阶：选择问答类 AI Agent 作为起点，使业务部门能够迅速体验到 AI Agent 的效果。通过选择合适的基础模型、Prompt 模板和进行微调，业务部门可以感受到问答类 AI Agent 带来的不同寻常的体验。

中阶：引入相对复杂的 AI Agent，如客服助手、会议助手等，这些应用仍然处于办公领域。通过使用外挂知识库和大小模型的编排，可以满足特定场景的需求。

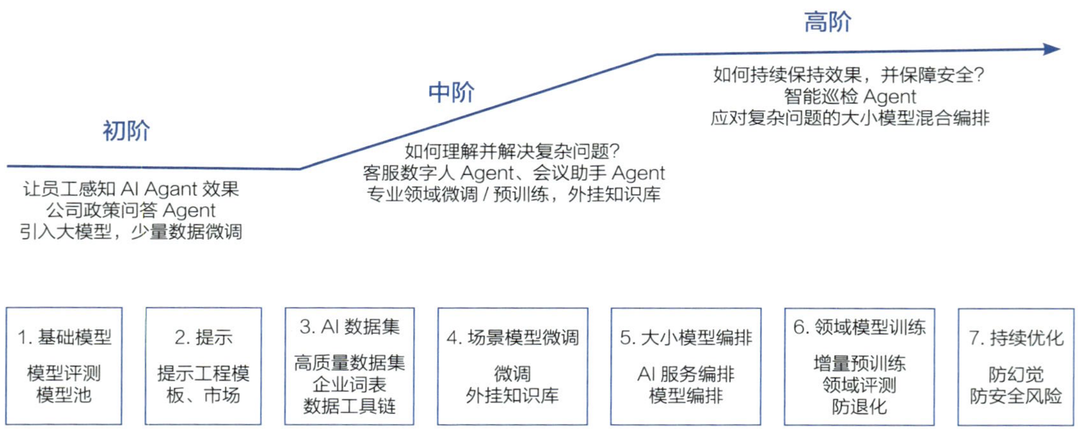

图 5-3　AI Agent 技术进入企业生产场景的三大阶段 7 个步骤

高阶：针对高阶专业场景，例如设备智能巡查 AI Agent，需要根据 AI Agent 和大模型的特性，进一步增加防退化和防安全风险的技术，以确保 AI Agent 在专业领域的稳定和安全运行。

通过这一分阶段、分步骤的方法，不仅促进技术团队对 AI Agent 技术的深入理解，也帮助业务团队识别了 AI Agent 技术在不同业务场景中的应用潜力。

在 AI Agent 的技术实践中，针对企业面临的专业性、协作性、责任性和安全性挑战，以下是一些关键的技术实践：

企业词表的构建。整理和标准化专业术语和特定词汇，为 AI Agent 提供准确的语言和概念框架，以确保其在专业领域的有效沟通和问题解决能力。

外挂知识库的整合。利用企业内部的文档、知识库资源，为 AI Agent 提供丰富的背景知识，增强其在特定领域的专业性和准确性。

防退化机制的实施。定期对 AI Agent 进行性能评估和模型更新，以防止性能随时间退化，确保其长期稳定运行。

模型编排的策略。通过模型编排，实现不同 AI 模型的优势互补，以适应多样化和复杂的业务需求。

防安全风险的措施。采取一系列安全措施，包括数据保护、访问控制和安全协议，以防止潜在的安全威胁，保障 AI Agent 的安全和可靠。

通过这些关键实践，企业能够更有效地利用 AI Agent 技术，提升企业生产场景智能化水平，同时确保技术应用的安全性和可靠性。

企业词表，应对专业性的挑战

为了使 AI Agent 能够深入理解企业生产场景中的问题，特别是行业术语和企业专用名词，建立企业词表是至关重要的一步。这一过程包括：

1. 整理专业术语。收集和整理企业使用的行业标准词汇和企业特有业务名词。

2. 制定数据标准。为确保企业私域数据能够被 AI Agent 有效理解和使用，需要制定一套标准，指导这些数据如何被整合进大模型中。

3. 词表管理与共享。对企业词表有效管理，并在公司内部实现有序共享，减少信息错误和混乱。

企业词表的建立是一个动态的过程，需要随着企业业务的发展和行业知识的更新而不断进行调整和完善。定期的词表更新和维护是确保 AI Agent 长期有效性的关键。

通过这些措施，企业可以确保 AI Agent 在专业性方面的挑战得到有效应对，从而在企业生产场景中发挥更大的作用。

外挂知识库、防退化，应对责任性挑战

为了应对责任性挑战，确保 AI Agent 的答复准确率和严肃性，以下措施是关键：

1. 检索增强生成（RAG）技术的应用。采用检索增强生成技术，通过结合检索和生成的方法，提升 AI Agent 的答复

准确率和质量。

2. 知识库的分类与更新。对外挂知识库进行细致的分类，并根据业务需求设定不同的更新周期。自动化的更新流程和数据工程能力是确保知识库能够定期且快速更新的关键。

3. 数据飞轮的实施。通过数据飞轮机制，定期从业务中获取增量数据和用户反馈，为 AI Agent 提供持续学习的素材。这种能力对于 AI Agent 在各种场景下的表现至关重要，因为知识的及时更新是维持答复准确率的基础。

4. 增量数据与反馈的整合。迅速将收集到的增量数据和用户反馈整合到模型或知识库中，以保持 AI Agent 的知识最新和答复的相关性。

5. 业务流程的整合。将反馈数据的采集作为业务流程的一部分，使业务团队员工能够根据 AI Agent 的表现及时进行调整和优化。这种直接的反馈循环可以回流成为优化 AI Agent 性能的宝贵数据。

通过这些措施，AI Agent 不仅能够应对责任性挑战，还能够实现自我优化和持续进步，确保其在企业中的长期有效性和可靠性。

大小模型编排，应对协作性挑战

为了应对协作性挑战，大小模型的协同工作模式发挥着重要作用。大模型通常擅长于理解、总结和提供高层次的指导，而小模型则更擅长于感知和执行具体的任务。在这个框架下，大模型扮演着团队领导者的角色，负责分配任务并协调团队成员的工作，共同完成复杂的任务。以下是模型编排的实例：

1. **智能运维 Agent。**企业已有的监控小模型负责感知环境并收集数据，然后将信息汇聚到大模型进行深入理解和分析。分析结果再通过现有的 IT API 执行具体的运维操作。

2. **会议助手 Agent。**大模型首先理解与会人员的意图，然后调用不同的小模型和现有的 IT API 来执行会议管理、记录和后续的行动项。

3. **客服助手 Agent。**在更复杂的客服场景中，大模型理解客户的意图后，将任务分配给自己、小模型以及现有的系统 API，进行更复杂的处理和响应。

4. **组合模式的应用。**这些模式可以根据具体问题的复杂性进行组合，以分解问题并选择合适的大小模型和现有系统共同解决问题。

在垂域大模型尚未完全发展成熟时，将大模型、小模型以及现有系统进行组合，是一种实际可行的方法，可以有效地实现企业复杂场景的智能化。

通过大小模型的编排，企业可以更有效地利用现有的技术资源，提高 AI Agent 在协作性方面的性能，实现更高效的业务流程和决策支持。

防安全风险，应对安全性挑战

在 AI Agent 技术实践中，确保安全性是至关重要的，特别是在应对隐私数据保护、模型交互安全和 Agent 应用安全的挑战：

1. 隐私数据脱敏。统一明确隐私数据的种类，并为各类隐私数据提供相应的识别组件。这些组件能够准确识别出敏感数据，并根据隐私处理的基准要求，在训练和推理过程中对这些数据进行脱敏处理。隐私数据脱敏是企业私域数据处理中不可或缺的一步。

2. 模型交互安全。在使用外部大模型时，保障员工与 Agent 交互的安全性至关重要。可以通过建立模型网关对大模型进行统一管理，并构建一个安全隔离带来实现三层过滤机制，确保模型应答的安全性，防止企业内部敏感信息泄露到外部。这包括：①内容安全评分。对大模型的输出结果进行内容检查和评分，持续评估大模型的能力。②信息过滤网。在交互过程中，对检测到的企业敏感信息进行提醒和审计留存。③业务领域可配置规则。允许企业各业务领域根据自身业务情况设置独特的审核规则。

3. Agent 应用安全。Agent 应用的安全威胁可能在以下三个环节中产生：①任务规划时。识别并防范注入攻击。②任务执行前。识别恶意代码，避免破坏性攻击。③ Agent 框架自身。防护框架漏洞和服务越权问题。

为了确保 Agent 应用的安全，需要结合企业现有的安全技术，将 Agent 框架、运行与安全技术紧密结合。在任务规划、执行和 Agent 运行的各个环节中引入相应的安全技术。随着 AI Agent 应用的日益普及，相应的安全理论和技术也将逐步形成体系。

通过这些综合性的安全措施，企业能够确保 AI Agent 技术的安全应用，保护企业免受潜在的安全风险。

AI Agent 在企业生产场景的运用效果

以下是三个具体的案例，展示了 AI Agent 如何助力企业实现数字化转型和提升效率。

案例 1：客服助手

背景：许多企业选择客服作为引入 AI Agent 的起点，因为客服领域具有较好的 IT 化基础、案例库和知识库。客服业务部门面临的主要挑战是在业务量增长的情况下，保持客服人数不变，同时提高客服人员的工作效率。客服助手 AI Agent 的引入旨在提高答复准确率，这是衡量客服场景成功的关键指标。

方案：

第一阶段，技术团队熟悉与验证，使用基础大模型结合外挂知识库，发现需要将企业的最新、最准确的知识整合到 AI Agent 中以提高答复质量。

第二阶段，通过构建企业词表和人工标注，以及对大模型进行微调，提升 AI Agent 的答复准确率到 70%。

第三阶段，标注质量改进，建立标注规范，指导业务部门人员进行高质量标注，将标注工作纳入业务流程，积累高质量的标注数据，将 AI Agent 的答复准确率提升至 80%。

第四阶段，持续自行优化，将作业与标注固化到客服业务流程中，利用持续的反馈数据和增量业务数据，形成作业与训练的双循环，逐步提升准确率至 90%。

成果：通过这四个阶段的实施，客服助手 AI Agent 不仅提高了答复的准确率，还通过持续优化，实现了与客服业务流程的深度整合，显著提升了客服效率和客户满意度。

案例 2：会议纪要生成助手

背景：在办公自动化场景中，自动生成会议纪要是企业业务部门关注的重点之一。然而，仅依赖于 AI Agent 的文本摘要能力，常常难以满足会议纪要的准确性和完整性，尤其是在识别会议重点和提取摘要方面。

方案：

引入语音识别和智能文档解析等先进技术，以提升会议纪要生成助手的效果。

语音识别转写：利用自动语音识别（ASR）技术，将会议中的发言转写成文本。

智能文档处理：通过智能文档解析技术，提取会议议题和相关材料。

结合公司词表：使用公司词表来增强对专业术语和内部用语的理解，确保发言稿的准确性。

发言稿整理：对每个议题和每个人的发言进行整理，形成结构化的发言稿。

发言稿切块与摘要：基于发言稿和会议材料，将发言稿分块，提炼出针对各个议题的意见。进行分段摘要，确保摘要内容的准确性和可用性。

形成会议纪要：将整理好的摘要和意见整合，形成完整的会议纪要。

成果：通过上述流程，会议纪要生成助手能够提供高质量的会议纪要，不仅提高了信息的准确性和可用性，还大大减少了人工整理的工作量，提升了办公效率。

案例 3：生产指挥助手

背景：在企业生产环节，尤其是工业制造领域，设备智能巡检是保障生产效率和安全的关键环节。传统的巡检方法依赖人工检查，耗时且容易出错。AI Agent 的引入，可以自动化巡检流程，提高准确性和效率。

方案：

多轮理解澄清：利用 AI Agent 的多轮对话能力，逐步澄清和理解智能巡检的具体任务目标。

任务分解：通过任务分解技术，将复杂任务拆解为更小的、可管理的子任务：使用预定义的常用子任务来降低任务分解的难度，提高效率。

训练专门的 API 检索器：提升 API 的检索准确率，确保 AI Agent 能够准确地执行 API 调用，与企业系统进行有效交互。

自主规划与决策：AI Agent 需要具备自主规划能力，根据巡检结果进行决策。对识别出的问题进行分析，并指挥相应的处理措施。

长上下文支持： 确保 AI Agent 在多轮交互中能够维持长上下文的连贯性，以处理复杂任务。

成果： 通过 AI Agent 在智能巡检中的应用，企业能够实现更加高效和准确的设备管理，减少停机时间，提高生产效率和安全性。

AI Agent 的未来

基于对 AI Agent 技术进入企业生产场景的挑战、技术实践和场景案例的探索和理解，我们对 AI Agent 在未来企业场景中的应用进行了展望。

企业运营环境的复杂性催生了 AI Agent 技术的多样化发展。预计至少将出现三类 AI Agent，以支持企业在人、事、物方面的智能化需求（见图 5-4）。

人 +AI： 交互型 AI Agent 将逐步承担部分人力工作，提升工作效率。

事 +AI： 事务型 AI Agent 将替代或升级部分 IT 系统，实现企业事务流程智能化。

物 +AI： 面向物理设备的 AI Agent 将推动工业自动化，提升设备的智能化水平。

在 AI 技术不断进化的背景下，AI Agent 实例的数量正以惊人的速度增长。这一趋势使得如何有效地管理数以万计的 AI Agent 实例，并确保它们之间的内容交互和事件监督，成了

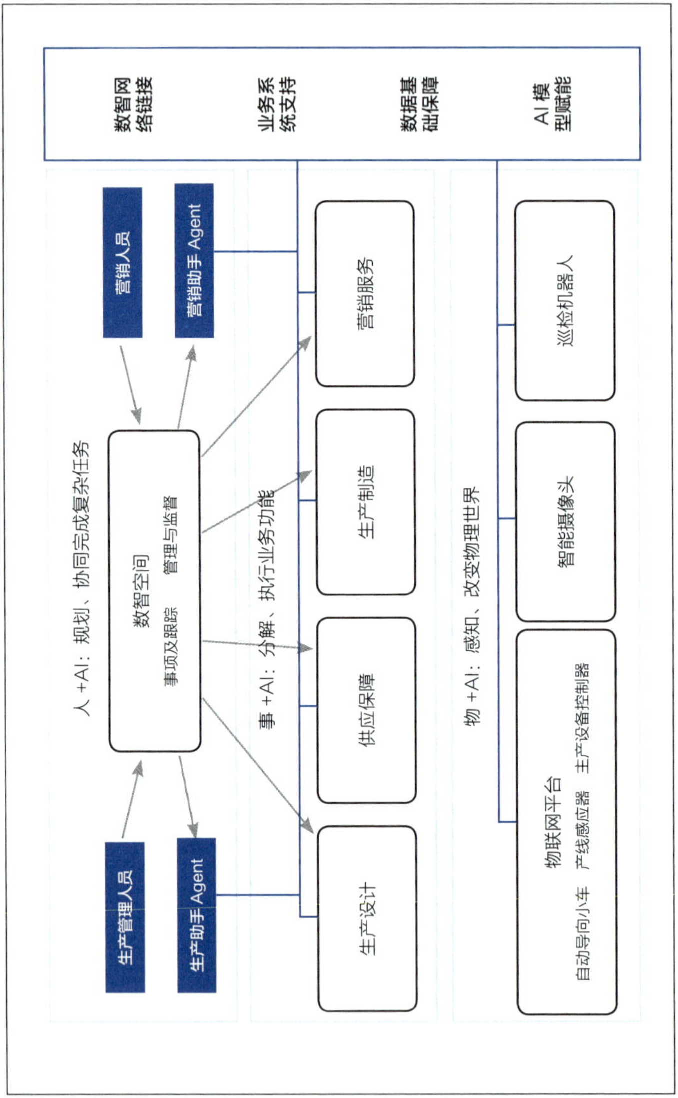

图 5-4　三类 AI Agent 围绕企业生产场景，帮助人、事、物更高效地完成工作任务

一个紧迫且关键的技术挑战。每一个 AI Agent 实例都代表着一种独特的智能单元，它们在网络中协同工作，共同完成任务，这使得对通信协议和机制的优化变得尤为重要。

为了满足 AI Agent 实例之间的协同通信需求，我们需要不断探索更高效、更便捷的通信技术和策略。这不仅涉及网络层面的优化，如提高数据传输速度和稳定性，还包括对通信协议和接口的统一和标准化。构建一个能够兼容多家 AI Agent 运行时的管理和协同通信网络，是实现这一目标的关键步骤。这样的网络将使得不同来源、不同架构的 AI Agent 能够在同一平台上进行无缝的互通互联，从而实现高效协作。

然而，要实现这一目标，我们需要制定统一的标准和规范。这些标准将确保不同 AI Agent 运行时能够在同一平台上遵循相同的规则，从而避免由于兼容性问题导致的性能下降或故障。同时，这些标准也将促进 AI Agent 技术的健康发展，为行业带来更多的创新和机遇。

展望未来，AI Agent 技术有着广阔的发展空间。随着技术进步和市场接受度的提高，我们相信企业生产场景将逐步实现更高程度的智能化。AI Agent 将成为企业智能化转型的重要推手，帮助企业优化流程、提高效率、降低成本，并为企业带来深远的变革和价值。

CERTIFIED

AI领导力

AI LEADERSHIP

CHAPTER 6

「第 6 章」

AI 领导力未来展望

The Future of AI Leadership

创新模块

INNOVATION MOUDLE

CERTIFIED

AI领导力

AI LEADERSHIP

现代商业中的 CAIO 角色

如今，我们已习惯借助 AI 来完成诸如网络搜索、视频获取、知识获取等日常琐事。而随着 OpenAI 的 ChatGPT 和谷歌的 Bard 等先进生成式 AI 工具的涌现，人工智能的强大力量与变革潜能已然掌握在每一个企业的手中。

在现代商业环境中，首席人工智能官（CAIO）成为越来越多企业考虑设立的重要职位。这个角色的出现反映了人工智能技术在各个行业中的迅速发展及其广泛应用。那么，让我们深入探究一下 CAIO 的真正含义——他们的主要职责是什么？他们与其他 C 级高管有何区别？什么样的人才能够胜任这一职位？

CAIO 的职责

CAIO 的工作是制定并监督组织的整个人工智能战略落地，以便使其与企业业务目标保持一致。

职责进一步细分如下：精准识别并捕捉在现有业务流程中融入人工智能的潜力点，进而实现日常任务的自动化、效能的大幅提升及资源的优化配置。同时，积极挖掘并开创由人工智能驱动的新业务领域，不断拓宽企业的发展边界。

在推进自动化的过程中，他们还需精准评估各流程自动化实施的可行性，明确哪些流程已具备自动化条件，哪些流程需重新规划或重构以适应自动化要求。此外，他们还需确保企业具备相应的技能储备和人才梯队，以有效实施人工智能战略，确保战略的顺利落地。

同时，他们还需致力于营造一种由人工智能驱动的创新文化氛围，使每一位员工都能深刻认识到人工智能对企业未来发展的重要性，以及它将如何影响并重塑各自的职责与角色。

他们还需妥善处理与人工智能相关的道德、监管和合规问题，确保企业在人工智能领域的合规运营，为企业的可持续发展保驾护航。

CAIO 主要职责具体包括：

战略规划。制定和实施企业的 AI 战略，确保 AI 技术与公司的整体愿景和目标一致。评估企业当前的 AI 能力，并制订相应的提升计划。

技术领导。引导企业的 AI 技术开发和应用，包括数据分析、机器学习和深度学习等领域。确保 AI 系统的透明性、伦理性和可解释性，以建立用户和公众对 AI 系统的信任。

跨部门协作。与其他高管和部门负责人合作，推动 AI 技术在不同业务单元的整合和应用。建立强大的内部 AI 团队，并促进其与企业其他部门的紧密协作。

人才管理。吸引和培养顶尖的 AI 人才，打造一个高效、创新的 AI 研发团队。提供员工培训和教育，提升整个企业的 AI 素养。

监控和评估。持续监控 AI 项目的进展和成果，及时调整策略以优化效果。评估 AI 系统的性能和影响，确保其符合企业的预期和标准。

CAIO 对组织的影响

提升竞争力：通过正确的 AI 战略和技术实现，企业能够显著提升其市场竞争力和创新能力。AI 可以自动化大量重复性工作，提高效率并降低成本，从而使企业能够更专注于核心业务。

增强决策能力：AI 技术能够处理和分析大量复杂数据，帮助企业在决策过程中更具前瞻性和准确性。通过 AI 驱动的数据洞察，企业能够更好地理解市场动态和客户需求，从而优化产品和服务。

推动业务创新：CAIO 能够识别并实施 AI 驱动的新业务模式和机会，为企业带来新增长点。AI 技术的应用可以极大地改善客户体验，提供更加个性化和高效的服务。

风险管理和合规：CAIO 需确保 AI 系统的安全性和隐私保护，防范潜在的技术风险和法律责任。在快速发展的 AI 法规环境中，CAIO 需要保证企业遵守相关法律和道德标准。

CAIO 与 CDO 有何不同?

CAIO 所承担的大部分职责可以视作 CDO 工作内容的细分领域，特别是他们致力于专注人工智能领域的任务。举例来说，虽然 CDO 会负责领导数据合规性的管理，但在面对涉及人工智能相关数据的问题时，他们往往会将工作交接给 CAIO 来处理。同样地，虽然 CDO 会努力确保组织具备充足的人才和技能以充分利用数据带来的机遇，但 CAIO 则更侧重于填补团队或组织在人工智能领域技能方面的空白。

对 CAIO 的需求源于一个不容忽视的事实：随着人工智能在业务中的广泛应用，与之相关的任务和职责将占据 CDO 或首席技术官工作量的相当一部分，因此需要一位专门的高级管理人员来有效地进行管理和协调。尽管这两项职位所需的技能在某些方面可能看似相似，但它们的工作量却可能大相径庭。随着组织在人工智能应用方面的不断成熟和发展，这种差距还将进一步拉大。

表 6–1 详细对比了 CIO、CDO 和 CAIO 在职责范围、技能要求、战略地位、协作关系以及未来趋势等维度的差异。通过对比我们可以看到，三者在企业中扮演的角色各有侧重，但又相互关联。随着数字化转型和智能化升级的不断推进，CDO 和 CAIO 的角色将逐渐凸显，成为企业创新和发展的关键力量。同时，三者之间的紧密协作对于企业的成功至关重要。

表格强调了不同角色在各自领域中的核心竞争力，如 CDO 的数据洞察力、CAIO 的 AI 技术创新能力等。同时，也指出了随着技术的不断发展和普及，CAIO 的角色将逐渐上升，成为企业创新发展的关键角色。这些观点有助于我们更全面地理解三者之间的差异和联系，以及他们在企业未来发展中的重要地位。

表 6-1 CIO、CDO、CAIO 的对比

维度	CIO（首席信息官）	CDO（首席数据官）	CAIO（首席人工智能官）	说明
职责范围	负责信息技术战略、规划、实施和管理。	负责数据治理、数据策略、数据安全和数据分析。	负责人工智能战略、研发、应用和优化。	CIO 关注基础设施和技术实现，CDO 关注数据资产价值，CAIO 则聚焦于 AI 技术的创新和业务应用。
技能要求	信息技术、项目管理、领导力。	数据分析、数据治理、业务洞察力。	人工智能、机器学习、深度学习、业务创新。	CDO 需具备将数据转化为业务价值的洞察力，CAIO 则需要深厚的 AI 技术背景和创新能力。
战略地位	支持业务运作和数字化转型。	推动企业数据驱动决策和数字化转型。	引领企业智能化升级和创新发展。	随着数字化转型和智能化升级，CAIO 的战略地位逐渐上升，成为企业创新发展的关键角色。
协作关系	与业务部门、技术部门、供应商等合作。	与业务部门、IT 部门、数据科学家等合作。	与业务部门、研发部门、数据科学家、IT 部门等合作。	三者需紧密协作，共同推动企业的数字化转型和智能化升级。
未来趋势	逐步转型为数字化战略领导者。	在数据驱动决策和数字化转型中发挥更大作用。	成为企业智能化升级和创新发展的关键角色。	随着 AI 技术的不断发展和普及，CAIO 的角色将更加重要，成为企业核心竞争力的重要源泉。

如何成为优秀的 CAIO？AI 领导力！

每个 CAIO 的角色都独具特色。举例来说，软件企业的人

工智能战略与政府组织的人工智能战略一定会大相径庭。然而，在选拔专注于人工智能的高级管理人员时，有一些核心素质显得尤为关键。首先，他们必须具备一定程度的技术知识，因为必须深入了解组织正在运用的工具和基础设施。同时，他们还需具备一系列“软”技能，包括沟通、决策、团队合作、创新解决问题以及时间管理。这些汇总出了 AI 领导力，AI 领导力是 CAIO 的必备技能。

此外，他们必须紧跟商业人工智能的最新动态和潜在突破，深入理解人工智能在商业领域的应用和前景。特别是，他们需要洞察生成式人工智能、计算机视觉、自然语言处理等前沿技术对其所在行业的影响以及未来发展趋势。

他们还需具备高度的道德意识，能够应对人工智能使用中的道德问题，以及偏见、隐私和人工智能对人类工作和社会影响等挑战。与任何优秀的高管一样，他们必须是卓越的领导者，能够清晰地传达思想，公正地与人交往，并善于激发团队成员的潜力。

一个高效的 CAIO 将集技术、业务和人际交往能力于一身，这样的复合型人才无疑具有极高的价值。虽然寻找这样的人才可能并非易事，但鉴于人工智能将为经济带来数万亿美元的巨大价值，对其进行投资和正确部署无疑是非常值得的。

总之，CAIO 是现代高管层中最为关键的力量之一，他们以其深厚的专业背景和敏锐的洞察力，为组织的未来发展提供强大的动力支持。

具身智能：人工智能的未来

大型语言模型的卓越应用和持续进步，正在引领着工作方式的深刻变革，人工智能成为助力我们日常工作的崭新潮流。在众多创新中，ChatGPT-4 这一领先的生成式人工智能模型尤为引人注目，它极大地拓展了人们对于 AI 应用场景的想象空间。Sora、Llama、华为盘古、讯飞星火、百度文心一言等大模型也在不同行业中发挥着举足轻重的作用，其潜力远超以往，成为推动行业进步的强大引擎。

然而，业界与学界的诸多专家认为，这些模型并非人工智能发展的终极形态。以 ChatGPT 为代表的自然语言大模型虽然取得了显著成就，但多模态的具身智能才是更为高级的 AI 大模型形式。

“以 ChatGPT 为代表的自然语言大模型并不是 AI 大模型的最终形态，比它更高级的是多模态的具身智能。”

——科技部副部长、中国科学院院士　吴朝晖

作为人工智能领域的重要分支，具身智能正伴随着大模型技术的迅猛发展和硬件成本的降低而备受关注。软硬件技术

的日益成熟，使得具身智能成为科技界的新宠，具身智能机器人更是成为引领科技潮流的新风向标。

什么是具身智能？

三个基本概念。

非具身智能（Disembodied AI，Internet AI）：没有物理身体，只能被动接受人类采集、制作好的数据，即“纸上谈兵”。

具身智能（Embodied AI）：有身体并支持物理交互的智能体，如家用服务机器人、无人车等，即“身体力行”。

具身的（Embodied）：具有身体的，可参与交互、感知的。

具身智能是一种结合了物理实体和认知能力的 AI 系统。这类系统不仅能够进行复杂的数据处理和决策，还能与物理环境进行交互。具身智能的核心理念是将计算智能与感知和运动能力相结合，使机器能够以更加自然和有效的方式理解和操作真实世界中的对象。举例来说，当我们向机器展示大量盒子的图片，并标注它们为盒子时，机器会将这些图片模式识别为盒子。然而，人类是如何认识盒子的呢？我们并非仅仅通过视觉信息，而是通过亲身体验和实践来认知，比如观察盒子的形状，做打开盖子并放入物品等动作。

相比之下，非具身智能则是一种依赖海量数据进行学习的模式。这种智能方式需要人类先对数据进行整理和标注，然后“喂”给 AI 模型进行学习。然而，由于非具身智能缺乏自身的感知和运动能力，它只能被动地接受人类提供的数据，而无法主动探索世界或执行物理任务。这导致了非具身智能在理解事物在物理交互中的真实意义时存在极大的局限性。

具身智能则不同，它拥有支持感觉和运动的物理身体，能够进行主动式感知和执行物理任务。更重要的是，具身智能强调“感知—行动回路”的重要性。这意味着它不仅能够感知世界，还能对世界进行建模，并基于这些模型采取行动。通过不断的验证和调整，具身智能能够逐步深化对世界的理解。这一过程与人类的学习和认知过程高度一致，体现了“纸上得来终觉浅，绝知此事要躬行”的深刻道理（见图 6–1）。

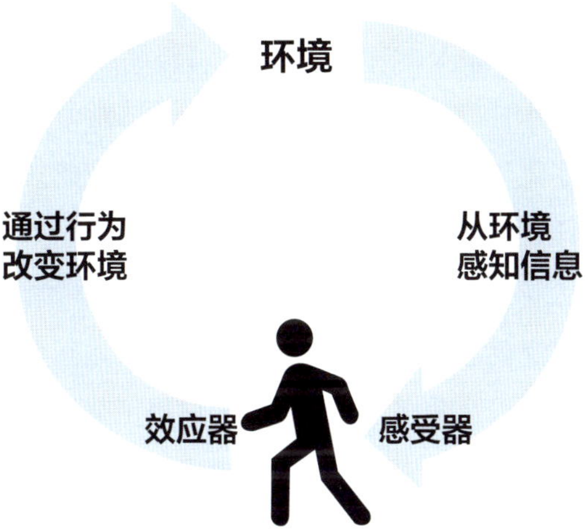

图 6-1　具身智能的运作机制

综上所述，具身智能与非具身智能在认知方式和学习能力上存在着显著的差异。具身智能以其独特的感知和行动能力，为我们揭示了更加真实、深刻的世界面貌。

传统的 AI 通常专注于数据分析、图像识别和自然语言处理等离线任务，而具身智能则更强调实时交互。例如，自主移动机器人、增强现实设备和智能制造系统都可以看作是具身智能的实例。这些系统不仅需要高效的算法，还需要强大的传感器和执行机构来实现动态反馈和调整。

大语言模型——更强大的“大脑”

当前，大语言模型的崛起让人们看到了通用人工智能（AGI）通用智能的曙光，它为具身智能注入了更为强大的“智慧之源”。相较于传统 AI，其缺乏先验知识、理解力和泛化能力的局限，使得机器人无法像人类一样具备常识判断。在过去，机器人执行任务时，需要人类工程师将复杂的指令拆解成一连串简短的程序化步骤，再由机器人一一执行，因此只能应对预设好的特定任务。

然而，大语言模型的崛起彻底改变了这一局面。它与传统机器学习在泛化能力上展现出明显的差异，尤其在复杂任务理解、连续对话以及零样本推理等方面取得了突破性进展。这一变革为机器人的理解力、连续决策能力以及人机交互能力提供了全新的解决思路。

如今，机器人能够更好地理解和运用高级语义知识，自动化地分析任务并拆分成具体的动作。它们不再需要依赖工程师或使用者的逐步指导，而是能够更加独立地完成各种复杂任务。大语言模型的出现，无疑为人工智能领域注入了新的活力，让我们对未来充满期待。

多模态——多功能的“小脑”

人类天生具备多重感官，这充分展现了我们对物理世界的全面感知与深刻理解，而这正是意识和智慧的源泉。相比之下，传统 AI 主要局限于被动观测，如同只依赖“看”（计算机视觉）和“读”（文本自然语言处理）来认识世界，这样的智能体显然缺乏对环境的通用感知能力。

然而，多模态大模型的出现，为 AI 带来了全新的可能。它能够综合 2D/3D 视觉、激光雷达、Voice 声音等多维信息，进行深度积累与分析。基于真实交互，这样的模型为具身大模型积累了丰富的高质量数据，使其能够深度理解外部环境，并将这些理解转化为机器指令，进而控制机器人的行为。

有了这样感知能力更为丰富的“小脑”，具身智能便能更加精准地理解物理世界的本质。这不仅让机器人能够在各种环境中灵活应对，更为 AI 的未来发展奠定了坚实的基础。

具身智能——精准决策和执行的“躯干”

传统的机器人训练方法多采取离线模式，这种模式下一旦遇到训练中未曾涉猎的问题，往往会捉襟见肘。此时，便需要重新收集数据，进行迭代优化，这一过程不仅效率低下，更拖慢了具身智能在现实世界中的实际应用步伐。

然而，随着大模型时代的到来，具身智能模型的训练与测试方式发生了翻天覆地的变化。通过与云服务的紧密结合，我们可以在云端构建虚拟仿真场景，进行端到端的实时训练与测试。这种模式下，端侧的迭代与开发变得异常迅速，极大地加速了具身智能体的进化速度。

在虚拟仿真场景中，具身智能体可以无数次地尝试、学习、反馈、迭代，从而积累对物理世界的深刻理解。这一过程中，产生了大量的交互数据，通过与真实环境的不断交互，进一步丰富了其经验积累。这使得具身智能体在复杂世界中的自动移动能力、复杂任务的泛化能力得到了全面提升。

最终，这些进步在具身载体上得到了完美展现。机器人能够更好地适应环境，更灵活地运用机械“躯干”与人进行交互，为人类的生活和工作带来了极大的便利。

未来的挑战

实现具身智能的道路上仍然布满了重重技术挑战。首要的问题便是人—机器人交互的难题。如何能够打造出更加顺畅、便捷的人机互动体验呢？GPT 等大模型的涌现为我们带来了崭新的思考角度，而多模态大模型的融入，更是极大地增强了机器人对真实世界的领悟能力。

除此之外，具身智能的研究还要求我们的智能体能够将所学策略灵活应用于全新任务之上。这其中的一大挑战便是任务数量的组合爆炸以及系统泛化能力的欠缺。如何攻克这一难题，让机器能够自如应对各种复杂多变的场景，是我们迫切需要解决的课题。

实现通用人工智能的另一大关键难题便是如何让机器能够从自然模态（如视觉、听觉）中汲取关于世界的结构化表征与抽象知识。世界模型作为一种能够将感知与认知有效融合的创新方法，为这一问题的解决提供了新的思路与途径。

然而，具身智能所面临的挑战远不止于此。未来，我们还需要在多个层面进行深入研究与探索，以期逐步攻克这些难题，推动具身智能技术的不断进步与发展。

AI 领导力构建 AI 时代的领导哲学

在 AI 技术日新月异的今天，领导者所面临的挑战与机遇同样巨大。为了应对这些变化，领导者不仅要具备扎实的技术背景和管理能力，更要形成自己独特的领导哲学。领导哲学是领导者在面对复杂情境和重大决策时，所秉持的核心价值观和信念体系。

构建个人的 AI 领导哲学，领导者需要关注人类价值观与 AI 技术的融合。在追求技术创新的同时，领导者不能忽视人类的情感、道德和伦理等价值观。他们需要将这些价值观融入 AI 技术的应用中，确保技术的发展符合人类的利益和福祉。通过这种方式，领导者可以塑造出一种以人为本的 AI 领导哲学，使技术在推动社会进步的同时，也能够更好地服务于人类。

领导者需要具备前瞻性和创新精神。在 AI 时代，未来的发展方向和趋势难以预测。因此，领导者需要具备敏锐的洞察力和判断力，能够及时发现并抓住机遇。同时，他们还需要敢于尝试新的方法和思路，勇于突破传统的束缚和限制。通过不断创新和实践，领导者可以不断完善自己的领导哲学，使其在多变的环境中保持一贯性和有效性。

构建个人的 AI 领导哲学是领导者在 AI 时代保持领导力的关键所在。通过深入了解 AI 技术、关注人类价值观与技术的融合以及具备前瞻性和创新精神，领导者可以塑造出独特而有效的领导哲学，引领团队在 AI 时代不断前行。

什么是领导哲学？

领导哲学是领导者的核心价值观、信仰和原则的集合，它影响着领导者的决策方式、行为模式和与团队的互动。在 AI 时代，领导哲学还需要涵盖对技术伦理、社会责任和创新文化的深刻理解。其组成部分包括：价值观，领导者所珍视的核心价值，如诚信、透明和公平；信仰，领导者对世界、技术和人类潜力的基本信念；原则，指导领导者具体行为和决策的具体规则和准则。

领导哲学的组成部分，涵盖了价值观、信仰和原则三个核心要素。这些要素共同构成了领导者的思维框架和行为准则，指导着他们在工作和生活中做出明智的决策和行动。

价值观是领导哲学的基石。领导者所珍视的核心价值，如诚信、透明和公平，是他们行为的内在动力。诚信意味着领导者要言出必行，言行一致，赢得他人的信任和尊重。透明则要求领导者在决策和行动中保持开放和坦诚，让团队成员了解整个过程的来龙去脉。公平则体现在领导者对待每个团队成员的公正和平衡上，不偏袒任何一方，确保每个人都能得到应有的机会和待遇。

信仰是领导哲学的灵魂。领导者对世界、技术和人类潜力的基本信念，决定了他们的视野和思维方式。一个具有坚定信仰的领导者，能够在困难和挑战面前保持信心，带领团队不断前行。他们相信人类的潜力和能力，相信团队的力量可以战胜一切困难，实现共同的目标。

原则是领导哲学的具体体现。指导领导者具体行为和决策的具体规则和准则，是领导者在实践中遵循的规范。这些原则可能包括团队合作、创新、持续改进等，它们为领导者提供了明确的方向和行动指南。通过遵循这些原则，领导者能够确保团队的稳定性和连续性，同时推动团队不断发展和进步。

AI 时代的领导力挑战

复杂性与不确定性

AI 技术的发展带来了前所未有的复杂性和不确定性。领导者需要在快速变化的环境中做出决策，面对多维度的数据和信息，处理未知的风险和机会。这要求领导者具备更强的洞察力和应变能力。

技术与人性的平衡

AI 技术的应用不仅涉及技术层面的问题，还涉及深刻的人性和伦理问题。领导者需要在追求技术进步的同时，关注员工和社会的需求，确保技术的应用符合伦理道德和社会价值观。

持续学习与创新

在 AI 时代，技术和市场环境不断变化，领导者需要持续学习和创新，保持对新知识和新趋势的敏感度。这不仅是个人发展的需要，也是推动组织持续进步的关键。

构建个人 AI 领导哲学的步骤

自我反思与价值观评估

1. 识别核心价值观

（1）列出对你来说最重要的价值观。

（2）反思这些价值观如何影响你的领导风格和决策。

2. 评估当前领导实践

（1）分析你当前的领导行为与核心价值观的契合度。

（2）识别需要改进的领域。

确立信仰与原则

1. 确立技术信仰

（1）你对 AI 技术的基本信仰是什么？例如，AI 应当如何造福人类？

（2）这些信仰如何影响你的技术决策和战略？

2. 制定行为原则

基于你的价值观和信仰，制定具体的行为原则。例如，确保 AI 应用的透明性和公平性。

融合伦理与社会责任

1. AI 伦理

（1）确立你对 AI 伦理的立场，例如数据隐私、算法公平和透明度。

（2）这些伦理立场如何体现在你的领导行为中？

2. 社会责任

（3）你对 AI 的社会责任感如何影响你的领导决策？

（4）如何在组织中推广负责任的 AI 实践？

建立创新文化

1. 鼓励持续学习

（1）创建一个鼓励学习和创新的环境。

（2）提供资源和机会让团队成员不断发展技能和知识。

2. 激发创造力

（1）通过开放的沟通和协作，激发团队的创造力。

（2）鼓励实验和接受失败作为学习过程的一部分。

构建一套独特的 AI 领导哲学，是迈向卓越领导者的必经之路。通过深入的自我反思，领导者能够清晰确立自己的信仰与原则，为前行之路指明方向。在领导实践中，积极融入伦理与社会责任，不仅有助于维护领导力的一贯性，更能提升领导效能，使之在复杂多变的 AI 时代中熠熠生辉。坚定秉持自己的领导哲学，不仅是个人成长的基石，更是推动团队和组织不断向前发展的强大动力。

结　语

我们站在科技与人文交会的十字路口，回望过去，展望未来，深刻体会到 AI 技术不仅重塑了商业格局，更在悄然间改变了领导力的本质与边界。《AI 领导力》一书，正是基于这样的时代背景，探索了如何在 AI 的浪潮中，重新定义并实践领导力，引领组织和个人迈向更加辉煌的未来。

阅读完本书，仅是一个**启点**，希望能启发更多的读者，在 AI 时代积极拥抱变化，以全新的视角审视领导力，不断自我提升，为构建更加美好的社会贡献自己的力量。

在此，我特别感谢出版社策划主任李清云女士的支持与指导。她的远见卓识和专业精神为本书的顺利出版提供坚实的保障和帮助。

面对未来，我们深知挑战与机遇并存。但正如本书所展现的，只要我们保持学习的热情，勇于探索未知，不断提升自身的 AI 领导力，就能够在 AI 的浪潮中乘风破浪，引领组织驶向更加广阔的蓝海。

愿每一位读者都能成为 AI 时代的卓越领导者，不仅驾驭技术，更引领人文，共同绘制一幅属于全人类的、更加美好、和谐、可持续的未来图景。在 AI 的陪伴下，让我们携手前行，共创辉煌！

希望我们能把："**善用 AI，人人受益！**"的理念传递下去！

与作者交流，邮箱地址：info@aileadership.cn